U0610373

高等院校学前教育专业精品系列丛书

"互联网+"新形态一体化精品教材

# 幼儿园课程与活动设计

总主编　裴指挥

主　编　裴指挥

副主编　张　丽

南開大學出版社

图书在版编目（CIP）数据

幼儿园课程与活动设计 / 裘指挥主编. —天津：
南开大学出版社，2017.7（2020.4 修订）

ISBN 978-7-310-05420-6

Ⅰ.①幼… Ⅱ.①裘… Ⅲ.①幼儿园 – 课程 – 教学研
究 – 教材②幼儿园 – 教育活动 – 课程设计 – 教材 Ⅳ.
①G612

中国版本图书馆CIP数据核字（2017）第165179号

南开大学出版社出版发行

出版人：刘立松

地址：天津市南开区卫津路 94 号 邮政编码：300071

营销部电话：（022）23508339 23500755

营销部传真：（022）23508542 邮购部电话：（022）23502200

\*

北京荣玉印刷有限公司印刷

全国各地新华书店经销

\*

2020 年 4 月第 2 版 2020 年 4 月第 4 次印刷

787×1092 毫米 16 开本 20 印张 389 千字

定价：49.80 元

如遇图书印装质量问题，请与本社营销部联系调换，电话：（022）23507125

# PREFACE 前言

　　幼儿期是人一生身心发展的第一个关键期，适宜的幼儿教育能为儿童个体后续发展奠定坚实的基础，特别是能有力地促进儿童后续的社会交往、自我控制等能力的发展，同时对培养儿童后续的爱心、责任感、自信心和合作精神等具有重要的价值。适宜的幼儿教育还对社会稳定与发展具有战略性意义，因为适宜的幼儿教育能够提高处境不利儿童的生活质量，提升其劳动力素养，降低犯罪率，从而带来巨大的经济效益，保障社会的安全稳定发展。

　　幼儿园课程是幼儿园教育的重要载体，研究、设计与实施幼儿园课程对提升幼儿园教育质量，促进幼儿身心和谐发展具有重要的意义。幼儿园活动是幼儿园实施幼儿教育的主要形式，活动设计与实施的质量决定了幼儿园教育的质量。幼儿的学习是以直接经验为基础，在一日游戏和日常生活中进行的。要珍视游戏和生活的独特价值，创设丰富的教育环境，合理安排一日生活，最大限度地支持和满足幼儿通过直接感知、实际操作和亲身体验获取经验的需要。为此，掌握幼儿园课程的内涵特点、编制原理及相关理论，科学、因地制宜地设计与实施幼儿园教育活动具有重要的意义。

　　本教材在吸收以往相关成果的基础上，较好地体现了《3—6岁儿童学习与发展指南》《幼儿园工作规程》《幼儿园教育指导纲要（试行）》和《教师教育课程标准（试行）》的精神。本教材对培养幼儿教师良好的专业理念、掌握幼儿园课程的内涵特点和编制原理、学会有效地设计与实施幼儿园教育活动、提升幼儿教师课程素养有重要的价值；对促进幼儿教师的专业化成长，保障幼儿健康快乐成长具有重要的意义。

　　本教材体例新颖、条理清晰、案例丰富、操作性强，是集体智慧的结晶，参编人员分别为：第一章（李姗、钟典、王攀），第二章（谢依桐、袁园、裘指挥），第三章（夏梦雪、温丽、裘指挥），第四章（王维、胡新宁、张丽），第五章（郑孝玲、金梅），第六章（傅佳慧、杨芳），第七章（王燕），第八章（傅佳慧、裘指挥），第九章（杨芳）。全书由裘指挥教授统稿。

　　本教材从构思到最终出版得到了编写团队、出版社和编辑的大力支持，教材中引用了国内外同行的一些研究成果，运用了许多所幼儿园的图片和资料，在此一并表示衷心的感谢。

由于编者学识和能力有限，教材定有不成熟之处，敬请大家批评指正，在之后的修订工作中一并修改完善。

江西省高校人文社科重点研究基地——江西师范大学学前教育研究中心　　**裘指挥**

2017年5月1日

# CONTENTS 目 录

CHAPTER **3**

# 国内外主要幼儿园课程流派

CHAPTER **4**

# 中国元素在我国幼儿园课程中的传承

CHAPTER **5**

# 幼儿园一日活动设计

CHAPTER **6**

# 幼儿园晨间活动与离园活动设计

CHAPTER **7**

# 幼儿园集体教学活动设计

# CHAPTER *8*
## 幼儿园活动区活动与户外活动设计

# CHAPTER *9*
## 幼儿园生活活动设计

# 绪 论

## 关键词

课程；幼儿园课程；幼儿园课程改革

## 学习目标

1. 了解课程的内涵及其相关问题。

2. 了解幼儿园课程的内涵及其特点。

3. 了解我国幼儿园课程改革的历史和趋势。

## 内容结构图

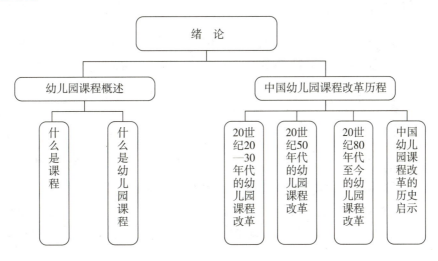

本章首先以课程形成与发展的轨迹为线索，剖析了课程史上几种有代表性的课程概念，并解读了幼儿园课程的内涵及其特点。其次对我国幼儿园课程的改革历程进行了梳理，对各个时期学前教育专家的教育思想进行了阐述。

## 第一节    幼儿园课程概述

 问题导入

同学们到幼儿园进行了一次参观学习，回到课堂上，老师就什么是"幼儿园课程"让同学们发表不同的观点。同学A：幼儿园课程就是幼儿学习的内容；同学B：幼儿园课程就是贴在教室门口的活动安排表；同学C：幼儿园课程是指幼儿园里一切有利于幼儿身心健康发展的各种活动的总和。

问题：你认为什么是幼儿园课程？幼儿园里，诸如来园、离园、进餐等活动是不是课程？幼儿园课程与其他时段的课程相比有什么特点？

理解幼儿园课程的内涵是确定幼儿园课程目标、选择幼儿园课程内容、设计与实施幼儿园课程，以及开展幼儿园课程评价的前提。那么，什么是幼儿园课程？它有什么特点？让我们带着这些问题一起开始下面的学习。

## 一、什么是课程

对课程本质的不同理解，影响着课程的理论研究，更影响着课程的实践活动。因此，要研究课程的相关问题，必须首先回答"课程的本质是什么"的问题。

### （一）课程的词源解读

无论在东方还是西方，"课程"一词早已有之。在我国唐朝时期，孔颖达在《五经正义》里为《诗经·小雅·巧言》中的"奕奕寝庙，君子作之"一句作疏："维护课程，必君子监之，乃依法制。"首次提出了"课程"一词①。

其实早在原始社会，就已经出现了与课程相关的活动，如年长者向儿童传授捕鱼、狩猎、民俗传统等内容就是课程活动。春秋战国时期的教育家孔子开办私学，即是课程实践

---

① 但是，此句中课程的含义与我们现在所说的课程意思相去甚远。《诗经》中的"奕奕寝庙，君子作之"，可直解为"好大的殿堂，由君子主持建造"。"奕奕"形容宏伟状；"寝庙"指殿堂、庙宇，喻伟大的事业；"君子"指有德者。故全句的喻义为"伟大的事业，乃有德者来维持"。孔颖达用"课程"一词指"寝庙"及其喻义"伟业"。所以说，他提出的"课程"一词，远远超出了学校教育的范围。

的例证。除此之外，当时还出现了关于教育进程的记载。比如，《礼记·内则》中的"六年，教之数与方名……九年，教之数日；十年，出外就傅，居宿于外，学书计……十有三年，学乐，诵诗，舞勺；成童，舞象，学射御；二十而冠，始学礼"等。宋代的朱熹在其《朱子全书·论学》中多次提及课程，其中有"宽着期限，紧着课程""小立课程，大作功夫"等内容。虽然他仅是提及课程，并未对其进行明确界定，但意思还是比较清楚的，与我们现在所理解的课程定义极为接近。

在国外，课程（curriculum）一词最早出现在英国教育家斯宾塞（H. Spencer，1820—1903）的《什么知识最有价值》一文中，并将之界定为"教育内容的系统组织"。"curriculum"一词，是从拉丁语"currere"一词中派生出来的，原意为跑道，在教育中转意为学习的进程。古希腊时期的哲学家柏拉图在其著作《理想国》中拟定了从儿童时期到青年时期发展的课程内容与进程。柏拉图还提出了普通人必修的教育内容——七艺，前三艺（trivium）——文法、修辞学和辩证法，后四艺（quadrivium）——算数、几何、天文和音乐。

综上，课程形成的最初时期虽尚未确定一个统一的课程概念，它所概括的主要是教育内容和其进程，并不完善，但为以后的课程本质的探索与研究奠定了基础。

## （二）课程的内涵

随着课程概念的不断发展，人们对于课程的本质认识表现出了不同的特征，那么，当人们运用"课程"这个术语的时候，他们究竟在说什么呢？有些人说课程就是教育的内容或者作为学校评价学生学习效果的教学目标，有些人认为课程是教师使用的一系列教学的策略。对于这两种课程的本质的理解，其区别在于：是把课程作为教育目的，如预期的学习结果；还是把课程作为教育手段，如教学计划。另外一些人认为，无论课程是作为教育手段还是教育目的，和学生的实际学习相比，都无关紧要。以下将不同学者对课程的定义分成几类。

### 1. 课程即学科或教材

最先把知识的系统组织定义成为课程内涵的是英国教育学家斯宾塞，这在一定程度上确立了课程即系统化知识的观点。持此观点的学者强调把有价值的知识系统化以形成一定的科目或学科，并将这些知识传授给学生，以达成教育目标。这种以知识为中心，重视知识及其内在结构的课程就是通常所说的学科课程。贝斯特（A. Bestor）、布鲁纳（J. S. Bruner）、施瓦布（J. J. Schwab）等以及我国的不少专家学者持此观点。

课程即学科或教材的课程观强调学科知识的系统化及其教育进程的预设性，在一定程度上将课程与学科科目混为一谈，将课程视为固定、静态的事物。该课程观在20世纪50年代盛行于美国，因为20世纪30年代以前，美国要素主义教育哲学占据统治地位。要素主义教育者强调以学科为中心和学习的系统性，主张应恢复各门学科在教育过程中的地位，严格按照逻辑系统编写教材。在20世纪50年代末、60年代初，学科或教材的课程观得到了发展。在这一阶段，以布鲁纳、费尼克斯（P. H. Phenix）等为代表的结构主义课程论者为了解决知识激增与学习能力的局限性之间的矛盾，迅速提高美国学生的科学和教学水平，改善美国公民的科学素质，大力提倡以学科知识为中心，强调知识结构的获得，发展学生思维能力的课程。他们主张的是知识的学科化、结构化、专门化，提倡"发现学习"，鼓励学生进行自主探究。这将课程即学科的观点推上了更高水平。当今社会，以知识为中心，强调知识系统化的学科课程观还占据着重要的地位。

### 2. 课程即计划

将"教育计划"或者"学习计划"视为课程是20世纪50年代以来较为流行的观点。美国课程领域的专家乔恩·威尔斯和约瑟夫·邦迪强调："课程即学习计划。据此，由目标去决定什么样的学习是重要的。"这种定义强调的是教育者的意图和计划性，使课程更加科学化。目标计划对课程的实施过程起着引导作用，课程的编制必须有明确的目标且目标必须具体化，这样课程实施和评价的操作性才会更强。"课程即计划"的定义将课程视为教育者在进行教育之前，依照其教育目的为学习者的教育经验而做的计划。计划中包含对教育内容的选择、教与学模式的选择以及学习结果的评价等，以期最终达成教育目的。

综上所述，此类定义将课程视为教育者在进行之前，依照其教育目的为学习者的教育经验而做的计划。计划中包含对教育内容的选择、教与学模式的选择以及学习结果的评价等，以期最终达成教育目的。

### 3. 课程即目标

课程即目标的核心内涵是把课程看作教育者试图达成的一些教育教学目标，或者希望学习者通过学习而获得的学习结果。根据此种课程观，教育教学目标的选择及制定成为核心任务，然后围绕着教育教学目标选择教育内容。该课程定义强调教育的目的性，因此可操作性很强。

该课程观产生的背景是在20世纪60年代，学校十分重视教育计划的实施成效，讲求问责，因此也使得学者在对课程进行定义时，强调课程的实施成效或结果。持此种课程观的学者，在发展课程的时候，先设定课程欲达到的具体目标、学习成果，再拟订课程计划。

### 4. 课程即经验

20世纪20年代，进步主义教育思潮在美国盛行。受美国大教育家约翰·杜威（J. Deway）（图1-1）的经验主义哲学影响，在教育中强调尊重儿童的兴趣及需要，发展儿童的个性，主张以儿童的生活经验为课程。由此，经验课程开始盛行起来。持此种课程观的学者把课程看作学生在教育环境中与教师、工具等相互作用所得到的所有经验。把经验视为课程的观点虽然盛行于美国，但对我国的教育也具有深远的影响。在该课程观的指导下，儿童经验获得的方式是"做中学"，学习与生活密切相关。同学科课程相比，该课程观把出发点放到了学习者身上，实现了课程中心由"物"向"人"的转变。该种课程定义不仅把课程看成一种预先的计划，更加强调学生实际获得的经验，也就是课程的"可实现性"。

图1-1 约翰·杜威
（1859—1952）

## （三）课程的相关问题

在探讨课程理论的相关问题时，常会涉及一些课程的相关问题。例如，课程的实质是什么，课程的最终目标是什么，课程包含哪些内容，等等。这些问题虽然相互之间看似没有什么关联，但是它们几乎贯穿课程编制及研究的始终，所以有必要对其进行专门的说明。

### 1. 隐性课程与显性课程

隐性课程（亦称为潜在课程、隐蔽课程、无形课程等）的概念形成于20世纪六七十年代，关于它的提出有两种说法：一种是由杰克逊（P. Jackson）于1968年在其《课堂生活》（*Life in Classroom*）一书中提出的；另一种是由奥弗利（N. V. Overly）于1970年在其所编的《自发课程：对儿童的影响》（*The Unstudied Curriculum: Its Impact on Children*）一书中提出的。

不同背景的学者从不同的视角探究这两类课程，见解也不尽相同。西方学者曾就三个方面对其进行了区分。第一个方面是课程的计划性，显性课程是有计划的学习活动，而隐性课程是无计划的学习活动，就这一点而言，显性课程的计划性强于隐性课程。第二个方面是学习的环境，显性课程主要是通过课堂教学获取知识，而隐性课程则主要是通过外部环境（包括学校的物质环境、社会环境和文化氛围等）获取知识。第三个方面是学习结果，学生在显性课程中获得的是预期性的知识，而在隐性课程中获得的是非预期性的知识。

显性课程与隐性课程之间并不是对立关系，而是交叉关系。隐性课程并非是不可计划的，它可以经过学校预先有意图的设计，通过分析、整理，将其纳入课程规划之中去[1]。而在显性课程的实施过程中，也常常伴随着隐性课程，因此会出现一些非计划性的、非预期性的教育结果。

### 2. 课程的一元化与多元化

20世纪70年代以来，随着西方国家少数民族地位的提高，各民族文化分外活跃，呈现出多元化发展趋势。

---

[1] 施良方. 课程理论——课程的基础、原理与问题[M]. 北京：教育科学出版社，1996：271.

一元化课程是一种"主流中心的课程"，被认为是一种以占主导地位的民族的文化、历史、观念和经验等为中心而设置的课程。这种课程忽略了其他民族、宗教和文化的族群，具有一定的偏见性。因此，多元化课程在批评一元化课程的基础上应运而生，支持该种课程的学者认为实施多元化课程是社会发展及教育发展的一种必然趋势。这种课程以让儿童参与多元文化社会为出发点，为儿童提供能在多元文化社会中有效活动的知识和技能。

**3. 分科课程与活动课程**

分科课程，又被称为科目课程，是指根据培养目标和科学发展水平，从各门科学中选择适合一定年龄阶段学生发展水平的知识，组成各种不同的教学科目。分科课程将科学知识加以系统组织，使教材根据一定的逻辑顺序加以编排，注重学生在学习过程中对知识和技能的掌握。该种课程强调的是接受学习，具有较强的预设性。

依学校产生和发展的历史考究，分科课程在所有的课程类型中的历史最为长久。夸美纽斯（J. A. Comenuius）倡导"百科全书"式的课程，几乎将科学的各个门类都包括在教学的科目之中。之后，赫尔巴特（J. F. Herbart）和斯宾塞（H. Spencer）分别给予分科课程心理学和社会学的说明。赫尔巴特以培养和引起儿童的兴趣为基础，让儿童通过学习不同的学科而形成观点；斯宾塞则根据他所区分的社会生活所需要的各种活动，安排了相应的课程。

**图1-2　卢梭**
**（1712—1778）**

活动课程与学科课程相对，它打破了学科逻辑组织的界限，以儿童的兴趣、需要和能力为基础，注重儿童的学习过程本身，它常常也被称为"儿童中心课程""经验课程"。活动课程的起源可以追溯到卢梭（J. J. Rousseau）（图1-2）的自然教育思想、裴斯泰洛齐（J. H. Pestalozzi）的教育适应自然原则以及福禄贝尔（F. W. A. Froebel）的儿童自动发展思想。但是，一般来讲，活动课程起源于19世纪末20世纪初欧美的"新教育运动"和"进步教育运动"，其发展历史晚于分科课程上千年。活动课程的代表人物是美国的大教育家杜威，他主张课程的真正中心不是科学知识，而是儿童本身的社会活动，他提出"做中学"，让儿童通过主动活动去获取经验。

分科课程注重通过接受学习让学生掌握基础知识和技能，且容易为教师所掌握，长期以来被广泛运用。但是，它只关注学科逻辑，容易脱离儿童的实际生活。相反，活动课程能以儿童的兴趣和需要为出发点，与儿童的生活相贴近，但它因缺乏严格的计划，不容易使儿童掌握系统的知识。分科课程和活动课程都有各自的优点和缺点，教师在教学过程中应各取所长，不能极端地采取某一种课程，而完全忽略另一种课程。

## 二、什么是幼儿园课程

幼儿园课程的内涵是什么？它与其他各级各类课程相比有什么共性与独特性？

### （一）幼儿园课程的内涵

图1-3　陈鹤琴
（1892—1982）

幼儿园课程的定义和大课程的定义一样有许多不同的说法，但幼儿园课程和其他各级各类课程最明显的区别在于教育对象的特殊性，即以幼儿为教育对象，要求幼儿园课程的开发和组织者更多地基于奠基人的一生发展的视角来关照幼儿园课程。

在我国学前教育的发展史上，有不少学前教育的先驱对幼儿园课程的定义给出了自己的理解。20世纪二三十年代，我国著名的学前教育家陈鹤琴、张雪门和张宗麟等在杜威提倡实用主义思想的影响下把幼儿园课程看成幼儿的经验、活动与生活等。其中，陈鹤琴（图1-3）认为，幼儿园应该给儿童一种充分的经验，且这种经验来源于两处：一种是与物体的接触；另一种是与人的接触。他提倡应该把儿童能够学而且应该学的东西有选择地组织成系统，应该以儿童生活的两个环境（自然环境与社会环境）为中心来组织幼儿园课程。张宗麟认为，从广义上讲，幼儿园课程是幼儿在幼儿园的一切活动，是有助于幼儿发展的各种活动的总和。

我国的学前教育界长期以来沿用的是苏联的课程观，但是从当前学者的观点来看，更多人倾向于认为幼儿园课程是各种经验或活动的总称。儿童既有共性的经验需求，又有个性化的经验需求。因为一方面，儿童的发展有其一定的顺序和规律，在儿童的每一发展阶段，他们的身体、认知、语言、情感和社会性等方面的发展都具有典型的特征，教师要为学前儿童提供灵活的课程，创造良好的学习环境，安排多样化的教育活动，以促进学前儿童的全面发展。另一方面，每个儿童都是独立的个体，有着自己的个性特征和发展特点，教师还要为儿童提供个性化的课程，要符合儿童独特的知识经验，满足儿童的不同需要，以促进不同儿童的发展。

### （二）幼儿园课程的特点

#### 1. 生理性

与其他时期的课程相比，幼儿园课程应更加关注幼儿的生理特点。大脑是儿童社会化的物质前提，学前期是大脑发育的关键期。儿童脑的重量随着年龄的变化以先快后慢的速度增长，出生第一年的脑重量增加最快，3岁以后大脑发育速度递减，到20岁时停止增长。为此，《幼儿园工作规程》指出：贯彻国家的教育方针，按照保育与教育相结合的原则，遵循幼儿身心发展特点和规律，实施德、智、体、美等方面全面发展的教育，促进幼儿身心和谐发展。这里提出的保教结合的主张，要求幼儿园课程更加关注幼儿的生理特点。比如，幼儿园应制定合理的幼儿一日生活作息制度，两餐间隔时间不得少于3.5小时；幼儿户外活动时间在正常情况下每天不得少于2小时，寄宿制幼儿园不得少于3小时；积极开展适合幼儿的体育活动，每日户外体育活动不得少于1小时；加强冬季锻炼；要充分利用日光、空气、水等自然因素，以及本地自然环境，有计划地锻炼幼儿肌体，增强其身体的适应和抵抗能力；等等。

 知识窗

## 人的脑发育

成人大脑平均重量为1400g，新生儿大脑平均重量为360g，为成人脑重的25%；6个月时为700g，是成人脑重的50%；满1周岁时脑重950g，已经接近成人脑重的60%；2周岁时脑重1100g，为成人脑重的75%；3周岁时脑重1250g，已为成人脑重的85%；6周岁时为成人脑重的90%以上[1]。

1岁时，婴儿大脑皮层的新陈代谢活动与成人大脑相似；2岁时，大脑内突触数量达到成人的水平；到3岁时幼儿大脑的活动量约为成人大脑的两倍半[2]。3岁至8岁期间儿童的皮层神经元比之前增加一倍，突触继续增加。4岁时大脑中的葡萄糖代谢水平是成人的两倍[3]。

### 2. 启蒙性

学前教育是终身学习的开端，与其他年龄段相比，学前阶段是人生启蒙的阶段，该阶段的教育是人生中的基础之基础。学前儿童具有主动好学的特点，但学前儿童知识经验相对比较贫乏，以具体形象思维为主，注意力不够集中和稳定，自控能力较差，因此，课程内容必须是浅显易懂的，并且能为学前儿童所理解。如若课程内容难度过高，大大超出了学前儿童的知识经验和认知发展水平，只会使学前儿童在学习上陷入困境。为此，幼儿园课程在整个课程体系中处于奠基石的地位，具有基础性和启蒙性，以保障学前儿童在享有快乐童年的同时促进其身心和谐发展。

---

[1] 窦向亲，赵阳，门赟. 儿童脑发育时期的营养补充[J]. 现代中医药，2004（6）：75.

[2] 周相全，唐浩. 大脑研究对教育的启示[J]. 知识经济，2010（10）：176.

[3] 王爱民，夏明珠，刘文等. 大脑发展研究及其对儿童教育的意义[J]. 幼儿教育（教育科学版），2006（1）：48-50.

情境案例

## 3岁真的可以看大吗

　　1980年，卡斯比和伦敦国王学院的精神病学家对1000名3岁幼儿进行了"面试"，把这些幼儿分为充满自信、良好适应、沉默寡言、自我约束和坐立不安5大类。到2003年，那些孩子26岁时，卡斯比团队再次与他们进行了面谈，并且通过这些人的朋友和亲戚进行了详细的调查，结果如下：当年被认为"充满自信"的幼儿占28%，小时候他们十分活泼，为外向型性格；成年后，他们开朗、坚强、果断，领导欲较强。当年40%的幼儿被归为"良好适应"类，他们表现得自信、自制，不容易心烦意乱；到26岁时，他们的性格依然如此。当年被列入"沉默寡言"类的幼儿占8%，是比例最低的一类；如今他们要比一般人更倾向于隐瞒自己的感情，不愿意去影响他人，不敢从事任何可能导致自己受伤的事情。当年10%的幼儿被列入"坐立不安"类，主要表现为行为消极，注意力分散；如今这些人更容易苦恼和愤怒，熟悉他们的人对其评价多为：不现实、心胸狭窄、容易紧张和产生对抗情绪。还有14%的幼儿被列为"自我约束"类，这类幼儿长大后的性格基本和小时候一模一样[①]。

　　**问题：**案例给你带来的启示是什么？

　　**分析：**生活最重要的时期并非大学时代，而是从出生到6岁这一阶段。人类有着无限发展的可能性，教育的作用在于促进这种可能性的发展。6岁前的大脑就像一块吸水力极强的海绵，尤其是最早的3年，触突会大量地产生和消失，是每个人最重要的学习阶段，奠定了一个人思考、语言、视力、态度、技巧等能力的基础。

### 3. 生活性

　　著名教育家陈鹤琴提出了"大自然、大社会都是活教材"的教育思想。在20世纪早期，陈鹤琴先生就极力反对将幼儿束缚住，过着像"幼稚监狱"的生活，强调幼儿所接触的环境越广，幼儿所获取的知识就越丰富，能力的提高也就越快，倡导让幼儿与自然环境和社会环境充分接触。美国教育家杜威提出了"教育即生活"的著名教育思想，强调幼儿教育要关注幼儿的生活世界，并围绕幼儿生活确定课程内容。课程内容与现实生活越相近，便越能引发幼儿的学习兴趣，幼儿的学习效率也就越高。

---

① Avshalom Caspi，HonaLee Harrington，Barry Milne，James W. Amell，Reremoana F. Theodore，Terrie E. Moffitt . Children's behavioral styles at age 3 are linked to their adult personality traits at age 26[J]. Journal of Personality，2003，71（4）：495-514.

由于幼儿所处的发展阶段使得他们难以理性地做出选择，这就要求教师要对大自然和大社会中的人、事、物进行选择、加工，使之成为学前教育课程的重要内容。自然界中的花草树木、山川河流等都能成为促进幼儿知识增长的良好素材，并调节幼儿的情绪；社会生活中丰富多彩的建筑物也可以成为学前教育的课程内容，给幼儿提供感受美的题材，促进幼儿审美能力的发展；同时，社会生活中不同职业的人群也都是学前教育课程的内容，能加深幼儿对社会生活的理解。

### 4. 潜在性

幼儿具有知识经验相对贫乏、辨别是非的能力与自我控制的能力较低，而且模仿能力强的特点。幼儿园的一草一木、教师的一言一行无时无刻不在影响着幼儿的发展。所有幼儿园的课程不仅体现在有目的、有计划的课程活动中，更体现在环境、生活、游戏以及教师不经意的行为中。换言之，从幼儿的角度看，幼儿园课程总是蕴含在环境、材料及活动之中，这些都会潜移默化地作用于幼儿。如果把幼儿园教师精心设计和组织的课程称为显性课程，那么与其相对的就是隐性课程，这两者共同影响着幼儿的发展，哪一方面的作用都不可忽视。

### 5. 经验性

幼儿园课程更强调直接经验性的特点是由幼儿的生理心理发展、学习和生活特性等因素决定的。课程在实践中要求教师提供的课程内容要直观形象，教学方法多样化，同时要注意幼儿的已有经验，在其已有经验的基础之上让幼儿直接参与到活动中去，以培养幼儿自己动手、动脑以及动口的能力。在活动中感知、体验、探究、思考是幼儿主要的学习方式。

 情境案例

## 为什么你的泡泡吹得大 ①

这天，洪洪（5岁）和亮亮（5岁4个月）一起玩吹肥皂泡的游戏。他们俩每人手拿一小瓶肥皂水，一根麦管，蘸着肥皂水吹起泡泡来。

亮亮对洪洪说："你看我吹的泡泡那么大！"洪洪不甘示弱，用劲吹起来，但怎么使劲也吹不出泡泡来。

---

① 朱家雄. 幼儿园教师参考用书（上海）[M]. 上海：上海教育出版社，2002：56.

亮亮说："我来帮你吹。"于是他们交换了瓶子和麦管，结果洪洪吹出了大泡泡，而亮亮吹不出来了，亮亮连忙要求把东西换回来。

洪洪说："可能是我的管子不好。"于是他去放麦管处换了一根，可还是吹不出大泡泡。

亮亮说："你的瓶子里肥皂水太少了吧？"于是两个人比了比瓶子的水，果然洪洪的太少，他赶快去加了一点，结果还是不行。

洪洪说："我的管子与你的比比看。"一看自己的太长，于是赶紧比着亮亮的管子，剪了一截，结果吹出的泡泡还是不如亮亮的大。然后他又比了比管子的粗细，结果是一样的。

突然洪洪提出要看看亮亮的管子的端头。"啊！我知道了，你的管子一头是斜的呀！"于是他赶紧也去把管子的一头剪成斜的。这下，洪洪果真吹出了一个大泡泡。他高兴地说："剪成斜的，洞洞眼大，泡泡就吹大了。"

**问题：**案例中幼儿学习的方式是什么？

**分析：**这个案例中的洪洪出于游戏的动机，花了很长时间去解决"吹不出大泡泡"的问题。很明显，他解决问题的方法是：一次次提出假设，一次次通过操作来验证自己的假设。最终的成功使他非常高兴，因为他获得了一个经验：管子斜剪，可以使洞眼变大，吹出的泡泡也变大。尽管这不是一个准确的科学概念，但游戏中的探索，其意义就如同一些科学实验。

# 第二节　中国幼儿园课程改革历程

问题导入

在旧中国，幼儿教育是十分幼稚、十分落后的。即使办了一些幼儿园，大多数是搬用外国的一套。陶行知先生在《创设乡村幼稚园宣言书》中，把当时的国内幼儿园的情况归纳为"害了三种大病"：一是外国病，二是花钱病，三是富贵病。他说："视观今日所谓之幼儿园，耳目所接，哪样不是外国货，他们弹的是外国钢琴，唱的是外国歌，讲的是外国故事，玩的是外国玩具，甚至吃的是外国点心。"由此可见，那时的幼儿园，其全盘西化的现象是多么得严重。正因为这个外国病，又产生出花钱病和富贵病，使幼儿园成了富贵人家的专用品。陶行知先生指出的这三种大病，把旧中国那个时候的幼儿园，真是描绘得惟妙惟肖。对于这种情况，陈先生（陈鹤琴）和陶先生是有同感的，他极力反对幼儿园全盘西化，对一些教会办的幼儿园，连教师都是外国人，非常反感。1923年，陈先生在东南大学的支持下，在南京创办了我国第一所中国化的幼儿园——鼓楼幼稚园①。

**问题：** 旧中国这种幼儿教育现状，给当时的幼儿园课程改革提出了什么挑战？

在我国学前教育的发展史上，幼儿园课程的发展主要经历了三次大变革，分别发生于20世纪20—30年代、20世纪50年代、20世纪80年代至今。

# 一、20世纪20—30年代的幼儿园课程改革

## （一）社会背景

在1903年以前，我国还没有建立起独立的学前教育体制，也没有设立专门的学前教育课程，学前教育主要以家庭教育为主。清末新政时期，清政府颁布近代第一个学制——癸卯学制，至此，学前教育体制才正式建立起来。这一时期的学前教育课程主要受到西方幼儿园课程的影响，还没有形成一个完整的符合中国国情的幼儿园课程体系。西方幼儿教育思想主要有杜威、蒙台梭利、福禄贝尔等提出的思想理念，尤其是杜威的实用主义教育思想对我国学前教育各个方面产生的影响最大，幼儿园课程更是如此。

在这些教育思潮的影响之下，我国的幼儿教育先驱都纷纷向西方学习，提倡儿童中心的教育观念，重视儿童的主观能动性，重视儿童的兴趣和满足儿童的需要。以陈鹤琴、陶行知、张雪门为代表的早期学前教育先驱强烈指责当时的幼儿园课程出现的对国外经验的照搬照抄，提倡幼儿园课程的科学化和本土化。

## （二）改革的特点

### 1. 第一次制定颁布全国统一的课程标准

1932年，在经过试验和广泛征求意见的基础上，教育部颁布了我国历史上第一个幼儿园课程标准——《幼稚园课程标准》。该课程标准分为三个部分，规定了幼儿园的教育目标、课程范围及教育方法。由于该课程标准比较全面具体，可操作性强，一直沿用到40年代末，对指导我国各地幼儿园实践活动的开展做出了不可磨灭的贡献。

---

① 陈秀云.我所知道的陈鹤琴[M].北京：金城出版社，2012：237.

知识窗

# 1932年颁布的"课程标准"

1932年，我国颁布的第一个"课程标准"共分三部分[①]。

第一部分为幼稚教育总目标，其内容是：

（一）增进幼稚儿童身心的健康。

（二）力谋幼稚儿童应有的快乐和幸福。

（三）培养个体基本的优良习惯（包括身体、行为等各方面的习惯）。

（四）协助家庭教养幼稚儿童，并谋家庭教育的改进。

第二部分为课程范围，包括音乐、故事和儿歌、游戏、社会和常识、工作、静息、餐点共七项，每项均列有目标、内容及最低限度的要求。例如，游戏一项规定：

## 1.目标

（甲）增进儿童身体健康。

（乙）顺应爱好游戏的自然性向，而与以适当的游戏活动。

（丙）发展筋肉的联合作用，并训练感觉和躯肢的敏活反应。

（丁）训练互助、协作、合群守纪律、公正、耐苦等社会性。

## 2.内容

下列各种游戏的练习：

（甲）计数游戏（如搬运豆囊、抛掷皮球等，可兼习计数）。

（乙）故事表演和唱歌表情的游戏。

（丙）节奏的（如听音而作鸟飞兽走等的游戏）和舞蹈的游戏。

（丁）感觉游戏（闭目摸索、听音找人等练习触觉、听觉、视觉的游戏）。

（戊）应用简单用具（如秋千、滑梯、木马、跷跷板等）的游戏。

（己）模拟游戏（如小兵操、猫捉老鼠等的模拟动作）。

（庚）我国各地方固有的各种代表性游戏。

## 3.最低限度

（甲）能参加群体集合，成行成圈、自觉协调。

（乙）使用图中所设计的游戏器具五种以上。

（丙）知道游戏的简要规则。

---

[①] 国家教育委员会基础教育司. 幼儿园管理工作法规文件选编[M]. 长沙：湖南师范大学出版社，1989：26.

第三部分为教育方法要点，共十七条，其主要内容为：

规定将各科打成一片，实行课程（作业）中心制的设计教学。

幼儿在园时间全日约六小时，半日约三小时。

各种作业可由儿童各从所好，自由活动，但是每日必有一次团体作业，故事、游戏、音乐、社会和自然大都可由教师引导，施行团体作业。

教师是儿童活动中的把舵者、儿童问题最后的裁决者，教师需要细微、全面地观察儿童并记录。

必须充分利用户外的自然和社会环境，并注意设备要合乎我国的民族性，合乎当地社会情形，要适应儿童需要和不违背教育的意义等。

### 2. 幼儿园课程开始走向本土化和科学化

以陶行知、陈鹤琴和张雪门为代表的幼儿教育先驱由于不满当时在国内出现的一系列"外国病"和"富贵病"的问题，因此致力于将课程本土化和科学化。他们首次对幼儿园课程的概念、目的、发展目标、内容，以及课程的编制和评价进行深入研究。关于课程的概念，虽然表述不尽相同，但是都在当时有一定的影响力。关于课程内容，普遍都认为应当以大自然、大社会为中心，来源于儿童生活经验。在课程编制方面，采用"设计教学法"和"单元教学法"。

### 3. 指导思想深受杜威实用主义的影响

杜威主张"教育即成长""教育即生活""学校即社会""从做中学"，重视教育与生活、学校与社会的联系，强调教育的实用性、生活性，反对机械主义、形式主义，这些教育主张在五四运动之后都对中国产生了较大的影响，为日后中国学前教育走向本土化和科学化打开了新的思维空间。

### 4. 课程内容的范围比较广泛，而且具体实用

例如，在游戏课程方面，就包括会拍球、会荡秋千、会上下滑梯、会驾三轮车、会玩跷跷板、会走独木桥等。此外，幼儿每天的生活时间表和活动时间表也有严格的规定。

### 5. 研究成果颇丰，产生了一些重要著作

在西方先进教育思潮的影响下，早期的幼儿教育先驱在不断地实践和实验的基础上，初步地形成了一套符合中国国情的幼儿园课程和模式，产生了许多至今都很有影响力的学前教育著作，如张雪门的《幼稚园的研究》《幼稚园课程编制》《幼稚园组织法》等。

## （三）对中国幼儿园课程改革的影响

20世纪20—30年代的课程改革在杜威的儿童中心理论的指导下，确立了儿童的主体

性，指出课程的设置应当以儿童的身心发展规律为前提，课程来源于儿童的生活经验，一切以儿童为中心。这一时期的课程改革具有划时代的意义，带领中国幼儿教育开始走向正规化、科学化和本土化的道路。

（1）改变了人们对传统幼儿课程的观念。在五四运动爆发之前，国内的教育界以灌输式的传统教育为主，违背幼儿身心发展规律，限制了儿童各方面能力的发展。五四运动爆发之后，从西方传来的先进教育理念批判传统的教育，顺应时代发展的潮流，为后期的幼儿课程发展奠定了一个坚实的基础。

（2）为我国幼儿课程的改革提供了理念基础。我国主要的课程流派，如陈鹤琴的单元课程以及张雪门的行为课程都是在国外的教育理念上建立起来的，可以说是我国本土课程的源头。

（3）推动我国幼儿园课程改革历程。国外学前教育思想的引进，在应用的过程中通过总结经验教训，对我国的学前教育改革提出了一些宝贵的建议。这些经验、建议的提出推动了我国学前教育改革的发展进程。

## 二、20世纪50年代的幼儿园课程改革

### （一）社会背景

新中国成立以后，党中央为了在建设社会主义国家上少走一些弯路，提出向苏联学习的方针。在这一时期，教育部先后聘请了两位苏联幼儿教育专家戈林娜、马努依连来华传授苏联的幼儿教育经验。除了学习苏联的幼儿教育思想，这一时期还对资产阶级的唯心主义思想进行了批判。在这些教育思想体系当中，杜威的实用主义思想首当其冲，受到政治因素的影响。

### （二）改革的特点

#### 1. 课程在全国范围内走向统一

新中国成立前，国内开设的幼儿园课程相对比较混乱，有日本式课程、蒙台梭利课程、美式课程等，尽管在1932年颁布了《幼稚园课程标准》，然而各个地方的幼儿园课程都不一样。新中国成立后，在苏联教育专家的指导下，我国于1952年颁布《幼儿园暂行规程（草案）》，该规程与《幼儿园暂行教学纲要草案》标志着我国幼儿园课程开始走向统一。然而这种统一性走向了极端，各地区规定过死，导致幼儿园课程的僵化，不利于幼儿园课程发展。

#### 2. 指导思想深受苏联的教育经验影响

这一时期，我国幼儿园课程改革主要受到苏联凯洛夫的教育思想影响，过分强调课程的目的性和计划性，强调教师的主导作用，忽视儿童的主体地位，强调知识的系统性和逻

辑性，忽视儿童的主观能动性。在这些教育思想基础上形成了分科教育模式。

### 3. 幼儿园教学体系不断完善

在幼儿园总教育目标的基础上，增加了对处于不同年龄阶段的各科教育的中期目标，以及每一次"作业"的目标。对1932年颁布的《幼稚园课程标准》也做了增加和补充，添加了德育和计算方面的内容和要求。课程目标和内容的翔实度越来越高。具体的实践指导和较为翔实的课程内容在一定程度上因地制宜地满足了当时的需要。

## （三）改革的成果与局限

我国于1952年颁布的《幼儿园暂行规程（草案）》，主要是受到苏联学前课程"分科课程模式"的影响，明确规定幼儿园招收3~7岁的幼儿，并将幼儿园各科分为体育、语言、认识环境、图画手工、音乐、计算，根据规程还制定了幼儿园各个学科具体的教育纲要，突出了课程本身的科学性和逻辑性。与20世纪20—30年代的课程改革相比，该时期的课程建设也取得了一些进展：首先，各学科都获得了独立分科。过去幼儿园课程将两门或两门以上课程结合成一门课程，由于不同课程的教学目的和教学任务不一致，容易混淆，导致教学效果不尽人意。其次，对学前教育的课程目标进行了明确的规定和说明。教育目标明确，教学内容也更加系统化和规范化，学科课程对于教师来说更加容易。这也是由所处的历史环境所决定的，在新中国成立初期，各方面硬件条件还比较落后，这种将学科细化、重视教学效果的学科课程符合当时的国情，对提高幼儿教育质量也起到了不可忽视的作用。

此外，由于学科课程照搬苏联的理论和实践经验，因此存在着很大的局限性和弊端，如存在着小学化、成人化的弊端。大批从事教育工作的人员不间断地对学科课程提出了质疑和批判。

# 三、20世纪80年代至今的幼儿园课程改革

## （一）社会背景

20世纪80年代初，在改革开放政策的影响下，伴随着经济和政治的国际化，学术交流也走向国际化，国外的许多幼儿教育思想、幼儿园课程的基本理论、儿童心理学也传入中国。80年代，我国的学前教育在中国特色社会主义理论及马克思主义教育哲学的指导下，陈鹤琴先生的单元课程重新得到重视和肯定，对杜威教育理论进行再认识，并大力探索符合我国国情的学前教育课程结构。

## （二）改革的特点

### 1. 指导思想深受国外近代心理学、社会生态理论和教育学理论的影响

心理学和教育学体系不断完善，有关幼儿的研究，如皮亚杰的认知心理学、布朗芬布伦纳的社会生态理论对这一时期的课程改革和发展产生了深远的影响，更加强调尊重幼儿的身心发展规律，以及社会环境对个体心理与行为的影响。

### 2. 范围不断扩大

1989年，国家教育委员会颁布《幼儿园工作规程（试行）》以后，改革涉及的地区几乎遍布全国。教育界的理论工作人员以及处于教育一线的幼儿园教师、教育行政人员等加入课程研究与实践的热情空前高涨。有关幼儿园课程的研究也取得了不少成绩，如浙江湖州市朱静怡等的"发展幼儿能力课程"实验，上海仇佩英等的"幼儿园情感课程研究"，以及周洪飞等的"上海市幼儿园新课程改革的理论与实践"，等等。

### 3. 强调理论和实践相结合

20世纪90年代的课程改革的特点带有盲目性，课程改革基本上都是原来课程的"花样翻新"，换汤不换药，无论是课程的实质性内容还是课程的组织形式以及教学方法基本上与之前的没什么区别。但随着课程改革的深入，研究得出了一些比较有见地的看法：课程改革要解决课程内容过于宽泛、零散琐碎、偏深偏难，幼儿和教师负担过重，幼儿教师难以选择适宜的教学内容，幼儿课程"小学化"等问题。要传授幼儿一定的文化知识，培养一些基本的技能，同时也要关注幼儿的情感、能力，培养幼儿的主观能动性。

### 4. 更新优化教育目标、教育内容和教育原则

这一时期，关于教育目标，更加强调幼儿的主体性和个性，强调幼儿基本的学习能力。关于教育内容，明确提出要培养幼儿不断学习和发展自己的能力，以及独立思考和判断的能力，对他人和社会的责任感、合作意识、创新能力、自我保护能力等，为幼儿将来的发展做好铺垫。关于教育原则，注重环境、性情陶冶，活动教育，家园一致教育，多感官教育，尤其注重创设良好的教育环境及实施适宜的教育活动。

### 5. 潜在课程开始走进人们的视野

20世纪末，随着改革开放的不断推进，国外的教育思想也在中国得到了广泛的传播与引进，潜在课程开始进入人们的视野。所谓潜在课程，与平时的幼儿教师有计划、有目的、安排好的课程不一样，是计划之外的课程，但同样对幼儿的发展产生影响。潜在课程的引入拓宽了人们的视野和思路，从而在一定意义上改变了人们传统的课程观念。

### 6. 课程实施途径由单一的上课转向多种多样的教育活动

随着幼儿园课程改革的逐步推进和深入，人们开始转变脱离幼儿实际的做法，逐渐把重点放在各种教育活动上，并对幼儿的一日生活进行改革，如《幼儿园工作规程（试行）》中，就明确把上课改为教学活动，集体教学在一日生活中的比例下降，游戏活动被

看作幼儿的基本活动而受到重视，户外活动时间延长。而变化最大的是把一日生活活动看作课程实施的途径之一，教学活动成为正规的教学活动形式，同其他两种教育活动（游戏活动和生活活动）一起构成幼儿园课程实施途径的统一体。这一转变体现了活动与建构的教育观，即儿童的知识来源于活动，儿童智慧的发展是通过儿童主体的认知结构与物理环境之间的同化、顺应的相互作用实现的。

### （三）改革的成果

20世纪80年代的幼儿园课程改革所取得的最大的成果之一，是1989年国家教育委员会颁布的《幼儿园工作规程（试行）》，明确地规定了幼儿园保育和教育活动的主要要目标："促进幼儿身体正常发育和机能的协调发展，增强体质，培养良好的生活习惯、卫生习惯和参加体育活动的兴趣。发展幼儿正确运用感官和运用语言交往的基本能力，增进其对环境的认识，培养有益的兴趣和动手能力，发展智力。萌发幼儿爱家乡、爱祖国、爱集体、爱劳动的情感，培养诚实、勇敢、好问、友爱、爱惜公物、不怕困难、讲礼貌、守纪律等良好的品德、行为、习惯，以及活泼、开朗的性格。萌发幼儿初步的感受美和表现美的情趣。"

1989年《幼儿园工作规程（试行）》以一种行政的手段将幼儿园课程推向更加科学化、规范化的道路，对于提高学前教育质量的作用是不可否认的。与前一时期的课程改革相比，该时期幼儿园课程的最大特点是更加凸显课程的学科特点和学科特性。课程目标明确指出各学科可以促进幼儿发展的方面；以幼儿的身心发展特点和规律为前提，将"游戏"寓于课程，课程的展开以游戏作为贯穿始终的教学方式。但是，这些课程改革仍然没有摆脱学科课程的框架。

为响应国家素质教育的号召，2001年，教育部颁布了《幼儿园教育指导纲要（试行）》，其中包括幼儿园总的教育目标、教育内容和实施原则。该纲要没有对课程内容进行明确的规定，而是将教学内容以健康、语言、社会、科学、艺术五大领域进行划分。与20世纪80年代相比，幼儿园课程建设取得了进一步的发展。首先，以领域进行整合，课程的针对性进一步加强，有利于课程目标的实现，教学效果更加明显。其次，考虑幼儿的心理发展特点，关注幼儿兴趣的形成。为深入贯彻《国家中长期教育改革和发展规划纲要（2010—2020年）》和《国务院关于当前发展学前教育的若干意见》，指导幼儿园和家庭实施科学的保育和教育，促进幼儿身心全面和谐发展，制定了《3—6岁儿童学习与发展指南》，"旨在引导幼儿园教师和家长树立正确的教育观念，了解3~6岁幼儿学习与发展的基本规律和特点，建立对幼儿发展的合理期望"。《3—6岁儿童学习与发展指南》将幼儿的学习与发展分为健康、语言、社会、科学、艺术五个领域。每个领域按照幼儿学习与发展最基本、最重要的内容划分为若干方面。《3—6岁儿童学习与发展指南》对提升我国幼儿教师素养，实现科学保教起到了重要作用。

## 四、中国幼儿园课程改革的历史启示

牛顿说："如果我比别人看得更远，那是因为我站在巨人的肩上。"全面考察我国学前教育的发展历史，我们可以得到许多启示，总的概括起来就是必须坚持幼儿园课程的本土化，保持幼儿园课程的发展活力，不照搬照抄，努力建设具有中国特色的幼儿园课程体系。

学前教育改革：
回顾与展望
来源：爱奇艺

### （一）坚持幼儿园课程的本土化

所谓幼儿园课程的本土化，就是幼儿园课程既要借鉴历史发展经验，又要看到国外幼儿教育的闪光点，在扎根我国国情的基础上，探索具有国家特色的课程。这就需要我们正确看待我国幼儿园课程的改革历史，做到"取其精华，去其糟粕"。在对待国外引进的教育思想和课程理论时，要保持"洋为中用"的心态，理性借鉴国外的教育思想和理论。历史的教训告诉我们，只有当我们把课程进行本土化改革，我国的课程才能更好地适用于我国幼儿各方面能力的发展。在科技信息发达的今天，我们更应该坚持幼儿课程的本土化，提高课程的适应性。

### （二）坚持独立性与连续性的统一

建设有中国特色的幼儿园课程，不仅要做到不照搬照抄他人经验，同时要保持课程体系建设的连续性。课程改革需要一个漫长的阶段，不是一蹴而就的，只有在不断地摸索中才能保持课程的新鲜和活力，课程体系才能够不断得到完善。在我国课程改革的历程中，许多因素都曾导致课程体系停滞不前，包括战争，以及一些割断历史或历史虚无主义的观点等。课程发展的独立性是连续性的前提，如果在课程问题上缺乏独立思考和创新能力，幼儿园课程也很难有新的突破和进步；同时，课程发展的连续性也是课程独立性的重要体现。

### （三）坚持以儿童为本的基本价值取向

在整个教育系统中，幼儿是诸多要素中最根本的，处于核心地位，其他要素都是围绕这一核心要素而存在和运转的。课程目标突出以儿童发展为本，实质上是把幼儿在原有水平上得到最充分的发展作为一切教育活动的出发点和归宿，把全面提高幼儿的基本素质作为可持续发展的基础。突出以儿童发展为本，不是对社会需求和学科适应的忽视，而是三者之间的辩证统一和整合。社会和个人的关系密切相关，人不能脱离社会而独立存在，课程要适应人的发展、促进人的发展，就必须适应社会发展的需要，才能培养出适应社会发展需要的人才，才有助于促进社会的发展。但不能以适应社会需要为前提而忽视人的发展这一根本价值取向，因为适应社会的需要并不能替代适应人的个性需要，并不能满足人的发展需要。

### （四）培养和提升幼儿教师的课程能力

我国的幼儿园教师教育长期以来存在规模小、层次低、资源缺乏、教师待遇低、流动性大等问题，导致幼儿园教师自身的专业发展不能适应新时期全面推进素质教育的要求，不适应新一轮幼儿园课程改革的要求。在这样的条件下，需要国家、地方、高等院校大力发展和加强幼儿园教师的培养和培训，把幼儿园教师的专业发展落到实处，切实提高幼儿园教师的课程能力。总之，建立规范、高效的幼儿园教师职前职后教育体系，是提高我国幼儿园教师新课程开发能力，保证我国幼儿园课程改革切实有效开展的有效途径，是我国幼儿教育课程现代化改革成功的关键。

### （五）加强课程框架的普及和沟通

学前教育课程不仅涉及幼儿与教师两个主体，家长也扮演着重要的角色，家长的参与能够对课程的有效实施产生影响，然而，不少家长没有足够的兴趣去了解孩子在幼儿园机构中所学习的课程的相关内容，特别是经济发展水平较低的地区，这种情况表现得更加明显。因此，政府及保育教育的相关人员可以通过各种方式来普及幼儿园课程，如通过研讨会和会议的形式让利益相关者了解课程的变化，通过书面推广形式与教职工交流，与家长沟通。

### （六）支持地方构建当地课程

在许多发达国家，没有统一的幼儿园课程，每个幼儿教育机构都可以设计自己的课程，政府只是提供一个参考，向幼儿教育机构推荐一些优质的、被认可的课程框架。也就是说，幼儿教育机构可以根据不同情况，使用政府推荐的课程，也可以自行设计课程。

 **本章小结**

幼儿园课程是幼儿园教育的重要载体。因此，有必要明确幼儿园课程的内涵，理解幼儿园课程的特点和历史发展脉络，树立科学的幼儿园课程观，这是有效设计与实施幼儿园课程的基础。本章首先以课程形成与发展的轨迹为线索，剖析了课程史上几种有代表性的课程概念，解读了幼儿园课程的内涵和特点。其次，对我国幼儿园课程的改革历程进行了梳理，对各个时期学前教育专家的教育思想进行了阐述。

理论知识练习

### 一、名词解释

课程　幼儿园课程　隐性课程　活动课程

### 二、简答题

1. 简述幼儿园课程的特点。

2. 简述学科课程与活动课程的异同点。

3. 简述我国20世纪20—30年代幼儿园课程改革的特点。

### 三、论述题

请结合我国当前学前教育实际，论述中国学前教育课程改革的历史启示。

 实践能力提升

1. 以3~5人为一组，合作研究学习的有效机制，并对幼儿园课程的内涵进行文献梳理，形成调研报告。

2. 深入幼儿园观察，了解幼儿园课程实施的现状，并在课堂上与大家分享。

# 幼儿园课程的编制

**关键词**

课程目标；课程内容；课程组织与实施；课程评价

**学习目标**

1. 了解课程目标的内涵，能够制定出合理的幼儿园课程目标。

2. 学会选择与设计幼儿园课程内容。

3. 能够合理地组织、实施与评价幼儿园课程。

**内容结构图**

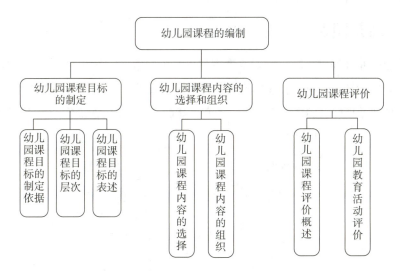

　　幼儿园课程编制在幼儿园课程中处于核心地位，它包括课程目标、课程内容、课程组织与实施及课程评价等要素。本章首先介绍了幼儿园课程目标，分析了幼儿园课程目标的制定依据、层次及表述的注意事项；其次对幼儿园课程内容的选择取向进行了梳理，介绍了幼儿园课程的组织原则；最后对幼儿园课程评价进行了论述。

# 第一节　幼儿园课程目标的制定

## 问题导入

根据联合国新定义的文盲标准，如果你不会看地图、不会使用计算机，那你就会被列入信息时代的"新文盲"之列。新世纪文盲标准分为三类。

第一类，不能读书识字的人，这是传统意义上的文盲。

第二类，不能识别现代社会符号、标识的人。

第三类，不能使用计算机进行学习、交流和管理的人。

后两类被认为是"功能型文盲"，他们虽然受过教育，但在现代科技常识方面，往往如文盲般贫乏，在现代信息社会生活存在相当困难。

问题：联合国新定义的文盲标准给课程目标的制定带来什么启示？

幼儿园课程目标在课程编制中处于核心地位，它既是幼儿课程设计的出发点，又是幼儿课程实施的归宿。幼儿园课程目标的制定涉及制定依据、目标表述等问题。

## 一、幼儿园课程目标的制定依据

在确定幼儿课程目标时，一般要考虑如下几个因素：①幼儿的发展；②社会的发展；③幼儿教育领域知识的特点；④国家及地方的政策要求（图2-1）。只有综合研究这几方面因素，合理地处理好它们之间的关系，才有可能制定出较为适宜的幼儿课程目标。

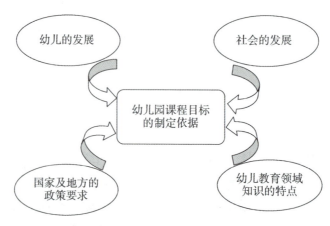

图2-1　幼儿园课程目标的制定依据

## （一）幼儿的发展

研究儿童，把握儿童的身心发展需要和发展规律，能使教育者获得有关课程目标制定的有用信息。儿童心理是有年龄特征的，它是儿童心理在一定年龄阶段中的那些一般的、典型的、本质的特征，它是从许多具体的、个别的儿童心理发展的事实中概括出来的。例如，儿童从出生到成熟的六个时期中，每个时期的社会性和品德发展都有一个一般的、典型的、本质的特征：乳儿期主要是适应时期；婴儿期为品德的萌芽时期，是一个以"好"与"坏"两义性为标准的品德时期；学前期主要是情境性品德发展阶段；学龄初期是品德发展协调阶段；少年期为动荡性品德发展阶段；青年初期品德发展的明显特点是成熟性。[①]这些特征给我们设计幼儿园课程目标提供了心理学基础。

知识窗

### 发现孩子的优势

美国哈佛大学心理学家加德纳教授的"多元智能理论"表明：每个孩子都有自己的智能优势，发现与发展孩子的优势具有重要的意义。

（1）有的孩子具有较好的语言天分，将来可能会成为律师、故事家、作家、诗人、演讲家、政治家、编辑、记者或新闻播音员等。

（2）有的孩子具有较好的数学天分，将来可能会成为数学家、逻辑学家、税务会计师、统计学家、科学家、计算机设计师。

（3）有的孩子具有较强的空间和方位感，将来可以从事猎人、侦察兵、水手、飞行员、外科医生、建筑师、雕塑家、绘图员、棋类运动员或发明家等职业。

（4）有的孩子具有较强的音乐天分，这在作曲家、指挥家、歌唱家、演奏家、乐器制造者、乐器调音师和善于领悟音乐的听众身上有突出的表现。

（5）有的孩子在身体运动方面具有较好的天分，将来可能会成为运动员、舞蹈家、外科医生、赛车手等。

（6）有的孩子在人际交往方面具有较强的能力，将来可能会成为管理者、政治家和宗教领袖等。

（7）有的孩子在亲近大自然方面具较好的天分，这在农民、渔夫、园丁、庭园设计师、环境保护者甚至某些猎人身上得到体现。

---

[①] 朱智贤.儿童心理学[M].北京：人民教育出版社，2009：11.

维果茨基的
最近发展区理论

幼儿园课程目标是对幼儿在一定期限内的学习效果，即发展状况的期望。为建立合理的期望，就必须研究幼儿，了解他们的身心发展规律，关注他们发展的需要，即"理想的发展"与"现实的发展"之间的距离。苏联心理学家维果茨基（L. Vygotsky）提出了最近发展区的概念，它是一种介于儿童看得见的现实能力与并不明显的潜在能力之间的潜能范围。对于教师而言，重要的不是着眼于儿童现在已经完成的发展过程，而是关注儿童正处于形成的状态或是正在发展的过程。因此，幼儿园课程目标的制定要在充分了解儿童的基础上来实现。

## （二）社会的发展

幼儿是在社会生活中逐渐走向社会化的。布朗芬布伦纳的生态系统理论模型将人生活于其中并与之相互作用的不断变化的环境称为生态系统。该系统分为四个层次，由小到大分别是：微系统、中系统、外系统和宏系统。社会发展影响着儿童的发展，儿童的个体发展总是与社会发展交织在一起的。

面对社会发展新的特征（图2-2）和需求，我们大家一起思考：需要从小在儿童身上培养哪些素养？这是一个知识经济时代，我们需要从小培养儿童善于学习、敢于创新的精神；这是一个信息化时代，我们需要从小培养儿童适应社会、学会自控的能力；这是一个开放的时代，我们需要从小培养儿童善于交往、开拓创新的能力；这是一个市场经济发挥决定性作用的时代，我们需要从小培养儿童竞争与合作、诚信与自强的品格；这是一个法制的时代，我们需要从小培养儿童知规用规、享有权利、履行义务的意识。社会发展对人提出的新要求，需要在课程中得到体现。

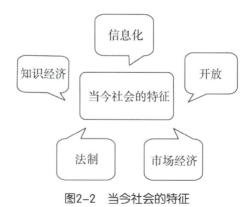

图2-2　当今社会的特征

## 知识更新周期

知识更新周期是指知识更新一次所用的时间，是衡量世界总体发展速度的重要指标，随着社会的发展，知识更新周期越来越短。

联合国教科文组织曾经做过一项研究，结论是：信息通信技术带来了人类知识更新速度的加速。

（1）19世纪需要80~90年；

（2）20世纪70年代以前需要15~20年；

（3）20世纪70年代以后需要5~10年；

（4）20世纪90年代以后需要3~5年。

有研究者指出：如果一个人一年内不接触任何新的知识和信息，其脑袋里70%~80%的信息要被淘汰！

21世纪是知识经济社会，要求人们具备学会学习的能力。因此，我们要有意识地从小培养儿童对知识的兴趣，重视儿童独立学习能力的培养，树立爱学习、终身学习的时代精神。

## （三）幼儿教育领域知识的特点

知识是人类认识的成果，可以帮助幼儿更好地认识自然、认识社会、认识自己，形成一套判断是非对错、判断世间善恶的标准，掌握有效的行动方式。幼儿应该掌握什么知识，主要取决于这些知识所蕴含的教育价值。因此，知识的发展和属性是课程目标制定的重要依据。

各个领域都有不同的侧重点，如健康领域侧重于增强幼儿体质，培养幼儿健康生活的态度和行为习惯；科学领域侧重于激发幼儿的好奇心和探究欲望，发展幼儿的认识能力；社会领域意在增强幼儿的自尊、自信，培养幼儿关心、友好的态度和行为，促进幼儿个性的健康发展；语言领域则侧重于提高幼儿语言交往的积极性，发展幼儿的语言能力；等等。不同的知识具有不同的价值，包括认识价值（了解世界）、发展价值（提高自己，改造世界）、评价价值（形成对人对事的态度）。科学巨匠爱因斯坦早就指出："科学虽然伟大，但它只能回答'世界是什么'的问题，'应当如何'的价值目标，却在它的视野和职能的范围之外。"[①]人文社会科学则担负着培养和提高各学科专业人才的政治思想素质、

---

① 爱因斯坦. 爱因斯坦文集（第三卷）[M]. 许良英，等，译. 北京：商务印书馆，1979：182.

道德素质、人文素质、艺术素质的不可替代的独特责任，使人们形成远大的理想，坚定的信念，正确的世界观、价值观和人生观，并获得观察和解决现实社会问题和矛盾的方法。

同时，不同知识获得的途径是有差异的，有的可直接获得，有的可间接获得。例如，陈述性知识与程序性知识的获得途径是有区别的。陈述性知识是关于"是什么"的知识，以命题及其命题网络来表征；程序性知识是"怎样做"的知识，以产生方式来表征。前者是静态的，它的激活是输入信息的再现；后者是动态的，它的激活是信息的变形和操作。前者速度比较慢，是一个有意的过程，需要学习者对有关事实进行再认或再现；后者激活速度很快，是一种自动化了的信息变形的活动。在很多活动中，二者是结合在一起的。

在制定幼儿课程目标和选择内容时一定要考虑不同领域知识的呈现形态、价值功能和获得途径等因素。

 知识窗

## 知识的类型

世界经济合作与发展组织将知识分为以下4种类型。

（1）知事类（know what）知识，即知道是什么的知识——有关事实的知识。

（2）知因类（know why）知识，即知道为什么的知识——自然原理和规律方面的科学理论。

（3）知能类（know how）知识，即知道怎么做的知识——技术和窍门方面的知识。

（4）知人类（know who）知识，即知道是谁的知识——人力资源方面的知识。

### （四）国家及地方的政策要求

幼儿教育课程是实现幼儿园教育目标的重要内容，为此，在制定幼儿园课程目标时必须考虑幼儿教育总目标的要求。例如，2016年颁布的《幼儿园工作规程》中提出幼儿园保育和教育的主要目标是：促进幼儿身体正常发育和机能的协调发展，增强体质，促进心理健康，培养良好的生活习惯、卫生习惯和参加体育活动的兴趣。发展幼儿智力，培养正确运用感官和运用语言交往的基本能力，增进对环境的认识，培养有益的兴趣和求知欲望，培养初步的动手探究能力；萌发幼儿爱祖国、爱家乡、爱集体、爱劳动、爱科学的情感，培养诚实、自信、友爱、勇敢、勤学、好问、爱护公物、克服困难、讲礼貌、守纪律等良好的品德行为和习惯，以及活泼开朗的性格；培养幼儿初步感受美、表现美的情趣和能力。这些规定是制定幼儿园课程目标的重要参考。又如，2012年颁布的《3—6岁儿童学习与发展指南》，以为幼儿后继学习和终身发展奠定良好素质基础为目标，以促进幼儿德、智、体、美各方面的协调发展为核心，通过提出幼儿学习与发展目标和相应的教育建议，帮助幼儿园教师和家长了解幼儿学习与发展的基本规律和特点，建立对幼儿发展的合理期望，实施科学的保育和教育，让幼儿度过快乐而有意义的童年。不同时期出台的一些政策法规，在制定幼儿园课程目标时要充分考虑。

总之，在制定幼儿园课程目标时，要综合考虑幼儿自身、社会、学科和政策法规等方面的因素，科学地设置目标。

## 二、幼儿园课程目标的层次

幼儿园课程目标的层次是指幼儿园课程目标的纵向结构。理解这一纵向结构具有重要的价值，这是目标从抽象到具体的过程，是实现幼儿园课程目标有效达成的路径。具体如图2-3所示。

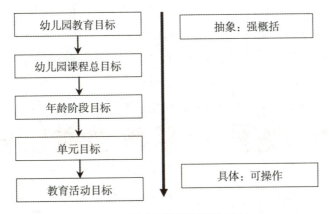

图2-3 幼儿园课程目标的层次

### （一）幼儿园教育目标

幼儿园教育目标是制定和设计幼儿园课程目标的上位要求，幼儿园课程目标最终是为了达成幼儿教育目标。例如，2016年颁布的《幼儿园工作规程》中，幼儿园的任务是：贯彻国家的教育方针，按照保育与教育相结合的原则，遵循幼儿身心发展特点和规律，实施德、智、体、美等方面全面发展的教育，促进幼儿身心和谐发展。幼儿园同时面向幼儿家长提供科学育儿指导。

### （二）幼儿园课程总目标

幼儿园课程总目标是对幼儿园课程总的预期目的的表述，如《幼儿园教育指导纲要（试行）》和《3—6岁儿童学习与发展指南》就对五大领域的课程目标进行了明确的表述。以健康领域的课程目标为例，《幼儿园教育指导纲要（试行）》中强调要增强幼儿体质，培养健康生活的态度和行为习惯，具体有：①适应幼儿园的生活，情绪稳定；

②生活、卫生习惯良好，有基本的生活自理能力；③有初步的安全和健康知识，知道关心和保护自己；④喜欢参加体育活动。《3—6岁儿童学习与发展指南》指出：健康包括身体和心理两个方面，是一种在身体上和精神上的完满状态及良好的适应能力。幼儿阶段是儿童身体发育和机能发展极为迅速的时期，也是形成安全感和乐观态度的重要阶段。发育良好的身体、愉快的情绪、强健的体质、协调的动作、良好的生活习惯和基本生活能力是幼儿身心健康的重要标志，也是其他领域学习与发展的基础。

## （三）年龄阶段目标

年龄阶段目标是指幼儿在三个年龄段分别需要达到的要求。《3—6岁儿童学习与发展指南》从健康、语言、社会、科学、艺术五个领域描述幼儿的学习与发展目标，分别对3~4岁、4~5岁、5~6岁三个年龄段幼儿应该知道什么、能够做什么、大致可以达到什么发展水平提出了合理期望，指明了幼儿学习与发展的具体方向。

例如，在《3—6岁儿童学习与发展指南》中，幼儿动作发展的年龄目标如表2-1~表2-3所示。

**表2-1 目标1：具有一定的平衡能力，动作协调、灵敏**

| 3~4岁 | 4~5岁 | 5~6岁 |
|---|---|---|
| 1. 能沿地面直线或在较窄的低矮物体上走一段距离 | 1. 能在较窄的低矮物体上平稳地走一段距离 | 1. 能在斜坡、荡桥和有一定间隔的物体上较平稳地行走 |
| 2. 能双脚灵活交替上下楼梯 | 2. 能以匍匐、膝盖悬空等多种方式钻爬 | 2. 能以手脚并用的方式安全地爬攀登架、网等 |
| 3. 能身体平稳地双脚连续向前跳 | 3. 能助跑跨跳过一定距离，或助跑跨跳过一定高度的物体 | 3. 能连续跳绳 |
| 4. 分散跑时能躲避他人的碰撞 | 4. 能与他人玩追逐、躲闪跑的游戏 | 4. 能躲避他人滚过来的球或扔过来的沙包 |
| 5. 能双手向上抛球 | 5. 能连续自抛自接球 | 5. 能连续拍球 |

**表2-2 目标2：具有一定的力量和耐力**

| 3~4岁 | 4~5岁 | 5~6岁 |
|---|---|---|
| 1. 能双手抓杠悬空吊起10秒左右 | 1. 能双手抓杠悬空吊起15秒左右 | 1. 能双手抓杠悬空吊起20秒左右 |
| 2. 能单手将沙包向前投掷2米左右 | 2. 能单手将沙包向前投掷4米左右 | 2. 能单手将沙包向前投掷5米左右 |
| 3. 能单脚连续向前跳2米左右 | 3. 能单脚连续向前跳5米左右 | 3. 能单脚连续向前跳8米左右 |
| 4. 能快跑15米左右 | 4. 能快跑20米左右 | 4. 能快跑25米左右 |
| 5. 能行走1千米左右（途中可适当停歇） | 5. 能连续行走1.5千米左右（途中可适当停歇） | 5. 能连续行走1.5千米以上（途中可适当停歇） |

表2-3 目标3：手的动作灵活协调

| 3~4岁 | 4~5岁 | 5~6岁 |
| --- | --- | --- |
| 1. 能用笔涂涂画画<br>2. 能熟练地用勺子吃饭<br>3. 能用剪刀沿直线剪，边线基本吻合 | 1. 能沿边线较直地画出简单图形，或能边线基本对齐地折纸<br>2. 会用筷子吃饭<br>3. 能沿轮廓线剪出由直线构成的简单图形，边线吻合 | 1. 能根据需要画出图形，线条基本平滑<br>2. 能熟练使用筷子<br>3. 能沿轮廓线剪出由曲线构成的简单图形，边线吻合且平滑<br>4. 能使用简单的劳动工具或用具 |

## （四）单元目标

首先，单元目标中的"单元"，可以看成是单元主题活动中的"单元"，单元主题活动不再以单一的学科为主线，而是将各门学科融合到同一个主题的范围之下，设计成一系列的教育活动，以主题为核心，辐射开来，在几天或是几周的时间内进行集中的学习。

其次，单元目标中的"单元"也可以是"时间单元"，它可以指幼儿园课程目标中的学期计划目标、月计划目标、周计划目标等。

 活动场

### 我和小树交朋友（大班）①

**设计意图**

通过孩子与成人的互动活动，让大家都来关心我们的社区环境，从而进一步增强幼儿的环保意识。

**活动目标**

1. 有亲近大自然的情感。

2. 了解各种树木的名称、外形特征及其给人们生活带来的好处。

3. 能根据树木的特征，探索制作树木名片的方法。

4. 发展创造性思维和动手操作能力。

**活动准备**

1. 幼儿已认识过梧桐树、松树、柳树等。

2. 资料片《树木——人类的朋友》及平台展示仪。

3. 为幼儿提供实物图片、小资料卡等。提供操作工具：剪刀、双面胶、彩笔、铅笔、长画纸等。

---

① 毕莹.大班主题活动：我和小树交朋友[J].武汉市教育科学研究院学报，2004（8）：47.

4. 自制树木、树干和树叶娃娃若干。

**活动过程**

**活动一：认识"树木朋友"**

1. 找一找：小手拉大手——走进社区寻找自己喜欢的树。请幼儿和自己的爸爸妈妈在小区内搜集有关树木的资料。

（1）拓印树的肌肤：请家长协助幼儿将纸贴放在自己喜欢的树木的树干上，在纸上用蜡笔擦出树皮的纹理模样。

（2）制作树叶标本：家长和幼儿共同搜集所喜欢树木的叶子并将其制成标本。

（3）树木写生：家长协助幼儿画出自己喜欢的树木外形。

2. 说一说：我的"树木朋友"。

（1）幼儿分组互相介绍、讲解自己搜集的"树木朋友"的有关资料。重点介绍自己是用何种方法搜集的资料，并对照资料讲讲"树木朋友"的名称及外形特征。

（2）各自搜集的资料以小组为单位制成资料卡。

（3）每组请一名幼儿将本组资料卡放在平台展示仪上进行展示，并向集体介绍自己这组搜集了哪些"树木朋友"的资料及它们的特点。

3. 看一看：树木——人类的朋友。

请幼儿观看资料片《树木——人类的朋友》，让幼儿进一步认识各种树木及它们的主要特征和作用。

**活动二：自制树木名片**

1. 以提问的形式引出主题。

（1）教师：我们小区里的树木大家都已经认识了，可还有很多小朋友和大人们不认识它们，也不爱护它们，让我们想一想用什么办法让大家都来认识它们呢？

（2）分组讨论：我们可以用什么方法让大家知道树木的名称呢？幼儿交流自己的想法，教师巡回倾听和指导。

2. 探索制作名片的方法。

（1）出示图片，让幼儿进一步了解树木的名称和特征。

（2）介绍材料，小朋友按意愿进行分组活动。

第一组：为幼儿提供树木资料卡，以及铅笔、彩笔、剪刀等，鼓励幼儿分工合作，参与创造性的制作活动。

第二组：为幼儿提供实物树叶，也可请幼儿到户外采集或进行拓印。

第三组：为幼儿提供已画好的树叶、树干，供幼儿涂色、剪贴。

重点指导：利用各种材料分工合作，创造性地制作各种树木名片，帮助年龄小的幼儿选择材料，鼓励其大胆制作。

3. 幼儿轮流将自己的作品放到平台展示仪上供大家欣赏。

4. 师生共同将幼儿制作好的名片带到社区，挂在相应的树上，继续巩固他们对各种树木名称和特征的认识。

活动三：游戏——"树叶娃娃"找"树妈妈"

1. 出示四种树的树干，请幼儿说出不同树木的名称。

2. 以游戏的口吻请幼儿帮助"树妈妈"找出自己的"树叶娃娃"。

3. 教师介绍游戏名称和玩法。

4. 幼儿开始游戏，教师重点指导幼儿根据各种树木的特点找出"树叶娃娃"并送它们各自"回家"（粘贴树叶）。

5. 唱歌表演《大树妈妈》。

活动四：社区活动——小手拉大手《树木——我们的好朋友》

1. 幼儿向社区居民表演童话剧《小树的苦恼》。

2. 幼儿与居民共同绘制长卷画《树木——我们的好朋友》。

3. 将长卷画放置于社区宣传栏内展览宣传。

### 活动评析

该活动围绕"我和小树交朋友"这一主题，开展了一系列的教育教学活动。从整个活动方案可以看出，其内容与幼儿的先前经验、内容与内容之间都是相关联的，教师为幼儿提供了较为丰富的环境，引发了幼儿与幼儿、幼儿与成人、幼儿与材料等的互动，促进了幼儿的主动学习。与此同时，促进了幼儿的认知、情感、身体等方面的发展。更为重要的是，教师能积极开发家长以及社区的资源，共同协助活动的开展。但该活动主要以教师的预设活动为主，未能看到儿童参与课程设计的影子。

## （五）教育活动目标

教育活动目标是指具体某一活动所要达成的目标，教育活动目标要求具体明确、操作性强。

 活动场

### 快乐的蛋宝宝（小班）[1]

#### 设计意图

让幼儿在欢快、轻松的氛围中自主地探索尝试侧身滚动，获得新知识、新技能，受身

---

[1] 设计者：詹丹丹，江西省南昌市保育院。

体滚动带来的快乐。

### 活动目标

1. 在指定范围内尝试侧身滚动。

2. 在游戏中感受身体滚动带来的快乐。

### 活动准备

1. 幼儿每人一个布袋，套在身上（蛋壳）。

2. 泡沫垫若干（与幼儿人数相同），呈五路纵队摆放。

3. 各种形状的彩色子母贴片若干。

4. 母鸡头饰一个、歌曲《小鸡出壳》、背景音乐。

### 活动过程

1. 情境导入：蛋宝宝出发。

师：蛋宝宝们，跟着妈妈一起出去玩吧！（幼儿听音乐跟随老师进入活动场地）

2. 热身运动：蛋宝宝滚滚操。

（1）指导幼儿尝试用两手臂交替朝着不同方向滚。

师：蛋宝宝可以往前滚，还可以往哪里滚？（往边上滚、后面滚、上面滚、下面滚；可以慢慢滚，还可以快快滚）

（2）教师念儿歌进行热身运动。

师：让我们一起来做蛋宝宝滚滚操吧。（儿歌：蛋宝宝，胖乎乎，骨碌骨碌慢慢滚，往上滚，滚呀滚，往下滚，滚呀滚；蛋宝宝，圆溜溜，骨碌骨碌快快滚，往前滚，滚呀滚，跳一跳，边上滚，转个圆圈滚到家）

3. 蛋宝宝练本领。

（1）蛋宝宝找家。

师：蛋宝宝们要回家了，这些垫子就是我们的家，一个蛋宝宝一个家，找到了就坐在自己家里。

（2）练习左右滚动。

（教师向幼儿展示彩蛋宝宝图片，激发幼儿练习滚动的兴趣。交代规则，自由尝试侧滚）

师：妈妈看一看哪个蛋宝宝滚得又好又不会滚出自己的家。

（个别示范侧滚，引导幼儿观察滚的时候手和脚的动作。儿歌：小手小手放胸前，小脚小脚并并拢，骨碌骨碌滚起来）

师：有一个蛋宝宝滚得真好，我们来看看他是怎么滚起来的。

（以儿歌的形式再次练习侧滚，教师巡回观察幼儿，提示幼儿规范动作）

（3）增加难度，尝试侧身滚。

师：我们把小手缩进蛋壳里，再来试试滚一滚。

4. 游戏——蛋宝宝大变身。

（1）交代游戏玩法和规则。

师：蛋宝宝们快到妈妈身边排好队，一起出发去神奇的小路了，我们要先滚过一条普通小路才能到达神奇的小路呦。

（用泡沫垫拼接成四条小路，在后面的两条小路上撒满各种形状的彩色子母贴片）

（2）教师边示范边讲解游戏玩法。

师：宝宝们看看妈妈是怎么滚过这条小路的。

（3）幼儿随音乐尝试连续侧滚。

师：宝宝们学学妈妈的样子来试一试吧。（幼儿排成两队一个接着一个连续侧滚，提醒幼儿注意游戏安全）

5. 放松运动：小鸡出壳。

幼儿跟随音乐，做放松运动。

师：新年快到了，蛋宝宝们，我们一起来跳舞迎接新年吧！

### 活动延伸

1. 在区域活动时，可以组织幼儿进行侧身滚的大比拼活动。

2. 启发幼儿，想想蛋宝宝还可以用哪些方式滚动，师生进行交流。

### 活动评析

活动以"快乐"为切入口，目标定位准确，符合小班幼儿的年龄特点，让幼儿在游戏情境中感受身体滚动带来的快乐。活动的准备也十分充分，为了使孩子们能很快展开想象，投入到蛋宝宝的角色当中，教师让幼儿穿上和鸡蛋颜色相仿的布袋，并且利用这个有利条件，在游戏环节不断鼓励他们连续侧滚，去粘贴彩色贴片。活动中每位幼儿都有一块大泡沫垫，这样在滚动的时候，一定程度上调控了他们侧滚的范围，避免相互干扰，确保了体育活动的安全。在整个过程中，幼儿通过蛋宝宝练本领、大变身等一系列有趣的游戏，自然而然地完成活动，练习重点动作，掌握难点动作。整个活动始终围绕"滚"这个主线展开，从双臂绕动模仿滚，到身体的左右侧滚，幼儿在滚动中体验到了游戏的快乐，在快乐中不断练习基本的侧身滚技能，在练习中逐步达到了本次活动的目标。

总之，国家对幼儿园教育目标和课程目标做了宏观的表述，要实现宏观目标，必须将其层层分解，逐步转化为具体的、可操作的目标，才能成为教师制订活动计划的有效依据，并通过各种活动，落实到幼儿的发展上。

## 三、幼儿园课程目标的表述

幼儿园课程目标的表述涉及表述的结构、难易度、角度等方面。

## （一）幼儿园课程目标表述的结构要合理

根据布鲁姆的《教育目标分类学》，课程目标可以分为三大类。第一，认知领域，包括知识的掌握和认知能力的发展，分为知识、领会、应用、分析、综合、评价六个层次。第二，情感领域，包括兴趣、态度、习惯、价值观念和社会适应能力的发展，分为接受、反应、价值、组织、性格化五个层次。第三，动作技能领域，包括感知动作、运动协调、动作技能的发展，涉及反射动作、基本动作、知觉动作（动觉、视觉、听觉、协调）、体能（耐力、力量）、敏感性、技巧技能（各种适应能力）和有意沟通（表现动作、创造性动作）等方面。

一般来说，幼儿园课程（活动）目标的内容应包括三个维度——情感、能力、知识。但幼儿园课程（活动）目标不一定都包括这三个维度，或只包括一个维度的内容。下面以《幼儿园教育指导纲要（试行）》中"幼儿社会领域"目标为例进行分析。

能主动地参与各项活动，有自信心（情感目标）；

乐意与人交往，学习互助、合作和分享，有同情心（能力、情感目标）；

理解并遵守日常生活中基本的社会行为规则（知识、能力目标）；

能努力做好力所能及的事，不怕困难，有初步的责任感（情感、能力目标）；

爱父母长辈、老师和同伴，爱集体、爱家乡、爱祖国（情感、能力目标）。

### 1. 情感维度的目标

以"幼儿社会领域"为例，情感维度的目标可包含的内容：良好的态度（认真、充满好奇、一心一意、努力探索等）；良好的亲社会行为（同情心、乐于助人、分享、谦让、关爱、感恩、宽容、责任、诚信、爱护公物、爱护环境等）；良好的个性品质（意志力、自信心、勇气、自制力、自尊心、自主、耐心、细心等）。

情感维度的目标常用的表述"主词汇"有：乐意、愿意、喜欢、保持、养成等。

### 2. 能力维度的目标

以"幼儿社会领域"为例，能力维度的目标可包含的内容：良好的行为习惯、合作能力、交往能力、想象力、认知能力、自主能力、独立能力、生活自理能力、抗挫折能力、是非判断能力、移情能力、自我调节能力、注意力、适应环境能力等。

能力维度目标常用的表述"主词汇"有：学会、遵守、做到、能够、形成、运用等。

### 3. 知识维度的目标

以"幼儿社会领域"为例，知识维度的目标可包含的内容：有关自我意识的知识、情感态度的知识、社会行为的知识、社会环境的知识、社会规范的知识、多元文化的知识等。

知识维度的目标常用的表述"主词汇"有：了解、知道、懂得、意识到、掌握、理解等。

## （二）幼儿园课程目标表述的难度要适中

目标表述的难度要求适中，即目标的设定要符合幼儿的年龄特征和个性特征，同时要兼顾地域文化的多样性，要根据最近发展区的原理来设定目标。

 **情境案例**

### 这位老师制定的活动目标合理吗

某老师制定的活动目标如下。

大班活动目标学习准确使用"谢谢""你好""再见"等礼貌用语。

小班活动目标了解有关台湾的基本知识，了解台湾是我国不可分割的一部分。

**问题**：上述目标的难易程度定位合理吗？

**分析**：大班学习准确使用"谢谢""你好""再见"等礼貌用语，目标的要求过于简单。小班了解有关台湾的基本知识，了解台湾是我国不可分割的一部分，目标的定位过高。

## （三）尽量站在幼儿的角度来表述课程目标

### 1. 从教师的角度表述

从教师的立场出发，描述通过该课程教师对幼儿发展的预期结果，指明教师应该做的工作或应该努力达到的教育效果。通常我们会用到的关键词有鼓励、培养、引导、激发、帮助等。例如，中班活动"弟弟追小鸡"的活动目标：①在体验和理解作品内容的基础上，引导幼儿有感情地念诗歌；②激发幼儿同情、爱怜小动物的情感。

由于课程目标决定着课程设计的方向，因此近年来从教师的角度出发进行目标的表述备受争议，更多的是鼓励从幼儿的角度去表述课程目标，以促使教师的注意力向儿童转移，克服以往教育中教师过多注意自己"教"的行为，而忽视幼儿的"学"和"学的效果"的倾向。

### 2. 从幼儿的角度表述

从幼儿的立场出发，描述通过该课程的学习，使幼儿达到应有的水平以及应该掌握的知识。一般会用到的关键词如下。

（1）知识技能方面：了解、学会、理解、能够、掌握、运用等。

（2）情感态度方面：感受、喜欢、乐于、愿意等。例如，中班活动"鸟儿飞来"的目

标：①尝试用不同的图形组合的方法画各种鸟；②愿意和鸟做朋友，体验关爱鸟类的快乐。

 情境案例

## 有关活动目标的表述

1. 使幼儿体验到在幼儿园生活的乐趣，以及靠自己的能力行动的充实感。

2. 教会幼儿主动同周围的人交往，培养幼儿对他人的友爱之情和信赖感。

3. 知道简单的安全和保健知识，并能在生活中运用。

4. 喜欢参加游戏和各种有益的活动，活动中快乐、自在。

5. 注意倾听对方的讲话，能理解日常生活用语。

6. 让幼儿初步了解小学哥哥、姐姐的生活、学习情况，并使幼儿产生向哥哥、姐姐学习的愿望。

**问题**：上面的目标表述给你带来的感受有什么不同？

**分析**：在这里，1、2和6的表述是站在教师的角度进行的，主语是教师而不是幼儿，给人的感觉是教师要幼儿做什么，强调的是教师的"教"，突出的是教师的主体地位。而3、4和5的主语是幼儿，是站在幼儿的角度来表述的，突出幼儿的"学"，体现了以幼儿为本的理念。为此，要尽量站在幼儿的角度来表述目标。

## （四）幼儿园课程目标表述的形式

### 1. 行为目标

行为目标是指对一些具体的、可操作的行为加以陈述，指明通过学习后学习者所发生的可见的行为变化，如学到的知识、获得的技能等。例如，中班活动"鸟儿飞来"的目标之一是尝试用不同的图形组合的方法画各种鸟。该目标具体明确，操作结果易于观察评估，突出了行为目标之幼儿绘画技能的掌握。但是需注意，幼儿课程目标的表述不宜只有行为目标，还应该涉及情感态度的表现。

### 2. 表现性目标

表现性目标指向人的自主发展和个性化发展，鼓励幼儿运用已有的知识技能拓展并探索自己的观点和情感，培养幼儿的创造性。由于表现性目标更多的是表述态度、情感等较为隐性的发展方面，因此不易于评估。例如，中班活动"鸟儿飞来"的目标之二是愿意和鸟做朋友，体验关爱鸟类的快乐，体现了幼儿情感态度的发展，但是无法用具体明确的标

准去评估，是一个中远期目标。

一般来说，课程与活动目标往往通过行为目标、表现性目标等有机结合来实现与达成。

## （五）课程目标表述需要注意的相关事项

一般来说，幼儿园课程总目标是无法表述得太具体的，只能原则性地指出目标涵盖的范围和方向，其余各层皆应是总目标的具体化。目标层次越低，应表述得越具体、越具有可操作性。

（1）对于某一个活动目标来说，表述要清晰、明确，操作性强，一定要避免过于笼统和抽象，同时要注意与上层目标的紧密关系。例如，大班美术活动"漂亮的小汽车"的目标：①了解汽车的组成部分，大胆尝试涂色；②遵守"红灯停，绿灯行"的交通规则。这里的目标就做到了具体化，而不是笼统地概括为遵守交通规则。

（2）目标的涵盖面广，应包括知识技能培养、情感态度和能力的发展。目标可以有侧重点，但提倡兼顾各个方面。

（3）目标要有代表性，每一条均是单独的内容，不要有交叉重复。

（4）活动目标的数量一般以3条最为合适。目标的顺序可以按重要程度、难易程度、活动进行的顺序等进行排序，也可以按知识、能力、情感方面分别阐述目标，不刻意追求目标顺序。

 **情境案例**

### 某老师制定的中班人际交往活动目标

愿意与人交往；

能与同伴友好相处；

具有自尊、自信、自主的表现；

关心尊重他人。

**问题**：上述活动目标的操作性如何？

**分析**：这里老师所定的分析维度是很好的，但问题是其作为活动目标缺乏操作性，如判断愿意与人交往的具体指标是什么？什么是幼儿能与同伴友好相处？幼儿具有自尊、自信和自主的具体表现是什么？很难进行判断。

我们可进行如下的分解。

愿意与人交往：喜欢和小朋友一起游戏，有经常一起玩的小伙伴；喜欢和长辈交谈，有事愿意告诉长辈。

能与同伴友好相处：会运用介绍自己、交换玩具等简单技巧加入同伴游戏；原意分享大家都喜欢的东西；与同伴发生冲突时，能在他人帮助下和平解决；活动时愿意接受同伴的意见和建议；不欺负弱小。

具有自尊、自信、自主的表现：能按自己的想法进行游戏或其他活动；知道自己的一些优点和长处，并对此感到满意；自己的事情尽量自己做，不依赖别人；敢于尝试有一定难度的活动和任务。

关心尊重他人：会用礼貌的方式向长辈表达自己的要求和想法；能注意到别人的情绪，并有关心、体贴的表现；知道父母的职业，能体会到父母为养育自己所付出的辛劳。

# 第二节　幼儿园课程内容的选择和组织

### 问题导入

某幼儿园大班开设了一节认识桥的教学。首先，教师告诉了幼儿一些关于桥的知识，包括桥的种类（拱桥、斜拉桥、悬索桥、高架桥等），并用课件进行演示；其次，演示世界上各种各样的大桥并告诉他们是用何种方式建造的，图片上有美国的金门大桥、澳大利亚的悉尼大桥、法国的米约高架大桥，以及我国香港的青马大桥等，相当具有视觉冲击，都是幼儿平常见不到的大桥；活动的最后一个环节是动手搭建大桥，教师准备了扑克牌，让幼儿发挥想象，构建自己心目中的桥梁。

幼儿在这堂课中了解到许许多多关于桥的知识，并欣赏了世界上有名的大桥。教师在这节课上也跳出了教案的束缚，查找了大量的关于桥的知识和图片，还设置了相关的建构游戏。可是这节课的效果却不怎么理想，复述环节只有少数幼儿能够说出图片上桥梁的种类。

问题：为什么这节关于桥的教学活动效果并不理想？问题出在哪里？

上述案例表明：幼儿的学习内容要回归幼儿的日常生活，充分体现内容设置的生活性，当他们所学的知识在身边可感知的时候，才能加深他们的印象和对知识的理解；最后一个活动环节给幼儿提供的材料过于单一，且时间过于仓促，导致幼儿建构草草结束，不具备完整性，从而导致教学活动效果不理想。科学地选择与组织课程内容具有重要的意义，接下来，我们一起来学习幼儿园课程内容的选择和组织。

# 一、幼儿园课程内容的选择

## （一）幼儿园课程内容的内涵

幼儿园课程内容是课程内容的一个下位概念，在明确幼儿园课程内容之前我们有必要了解何为课程内容。当今学界是如何定义课程内容的呢？

靳玉乐在《现代课程论》一书中将课程内容定义为：课程内容是作为符合课程目标要求的一系列比较规范的由间接经验和直接经验组成的用以构成学校课程的文化知识体系。而施良方在《课程理论》中把课程内容定义为：课程内容是指各门学科中特定的事实、观点、原理和问题，以及处理它们的方式。

我们不难看出，课程内容是以课程目标为依据的，课程目标为课程内容的选择和组织提供了一个基本的方向。因此，我们将课程内容定义为：根据课程目标，从人类积累的文化科学知识中选择出来，并按照一定的逻辑规律而成的知识体系。

幼儿园课程内容不同于中小学课程内容，不单纯指学科知识和技能，它还包括幼儿在学习过程中所形成的情感、意志、态度、经验、行为等方面。

幼儿园课程内容是实现幼儿园课程目标的手段，对于教师和幼儿而言，其主要解决"教什么"和"学什么"的问题，融合了动态、静态、动静结合的形式。

## （二）幼儿园课程内容选择的取向

### 1. 课程内容即教材

把知识技能作为课程的课程取向，无疑是将课程的重点放在知识技能的掌握以及学科目标达成的基础之上。这种以课程内容为主的取向在传统意义上无疑是受推崇的，如夸美纽斯的泛智论就提出"把一切知识交给一切人"，提倡人人都要掌握广泛的知识，掌握社会知识、自然知识，即所谓百科全书式的课程特点。幼儿园课程内容的知识技能取向即要求教师以教材教参为中心，重点在于掌握课程目标中知识技能目标的达成。这种方式的取向对于幼儿的发展来说有它的优势，也有较大的局限，幼儿园一般不提倡这种取向。

优势：

（1）有助于幼儿更好地学到新知识、掌握新技能。

（2）使教师的授课有据可依，并有更强的目标导向性。

（3）这种知识技能的掌握是可评估的，因此对于幼儿知识技能掌握程度以及教师的教授任务是否完成都有一定的评判标准。

局限：

（1）这种把重点放在教材上的课程取向是静态的，对于幼儿来说形式过于枯燥。

（2）过分注重知识技能的掌握，而容易忽视幼儿意志与情感的培养。

（3）课程内容即教材，说明上课的内容都是预设好的东西，不考虑幼儿的主观感受与幼儿的能动性。

## 2. 课程内容即学习活动

课程内容即学习活动，意味着把主动权交给了幼儿，幼儿可以更好地发挥其主体性。这种观点认为我们不应该只重视教材的知识体系，而应该更多地考虑到幼儿在学习过程中实际应当得到哪些发展。美国教育家杜威强调了"做中学"的观点，他主张在生活中培养幼儿的能力，而不仅仅局限于课本知识。同样，这种以学习活动为主的价值取向也有其优势和局限。

优势：

（1）把学习活动作为课程的主要内容，是一种探究式的、发现式的教学活动，有利于发挥幼儿的主观能动性，主张幼儿在参与中习得知识，使得幼儿对知识体系的形成有了更形象生动的理解。

（2）以幼儿为中心，让其自己探索，能够激发他们的兴趣。

局限：

如果只关注幼儿外显的活动，只注意到学习活动的表象，而忽略了深层次的学习探究，就无法发现幼儿的经验是如何发生的。活动将会流于形式，从而影响教学目标的达成，影响教学质量。

## 3. 课程内容即学习经验

课程内容即学习经验强调幼儿在学习过程中所获得的经验。不同的幼儿对于课程内容会有不同的理解也就会得到不同的体验；同一个幼儿在不同的环境中也会获得相应的体验。在这里，课程不再由专家支配，不再是专家编制的教科书那样的经验，而是由幼儿自己掌握的动态的学习经验。课程内容即学习经验强调幼儿已有的认知结构的情感特征对内容的支配作用。泰勒指出，学习是通过学生主动行为而发生的，学生的学习取决于他们自己做了什么，而不是教师呈现了什么内容，要求学生做什么。当然这种经验也同样有其优势和局限。

优势：

（1）课程内容由幼儿的经验支配而不是由专家的经验支配，强调了幼儿是主动参与者，有利于幼儿主动性的发挥。

（2）尊重幼儿个体发展特点，强调个性丰富、人性化的课程，强调幼儿与环境的互动。

局限：

（1）由于幼儿的心理发展水平有差异，教师很难顾及每个幼儿的发展和心理体验，容易将课程内容泛化。

（2）由于幼儿的年龄有限、经验不足，课程内容总是以幼儿的经验为指导，过于强调幼儿的主导作用，会影响幼儿系统知识的学习以及技能的掌握。

每种课程取向都有其优势和弊端，因此在选择课程取向的时候，应该把它们结合在一起使用，并取长补短，有机结合学科知识、技能、情感体验，充分考虑幼儿年龄特点以及幼儿身心发展水平。

## （三）幼儿园课程内容选择的基本原则

### 1. 目标性原则

课程内容是实现课程目标的手段，内容必须围绕目标来选择。课程内容的目标性原则具体体现在以下几个方面。

（1）要有目标意识。幼儿园课程内容的选择不是想当然地由教师决定，而应该有目标意识，即根据课程目标筛选课程内容。

（2）同一目标由多种形式来实现。课程目标并非教案，只能起到导向作用，因此，教师可以选择不同的形式去实现目标。

（3）同一内容指向多个目标。每个目标不是孤立地去实现的，有知识目标、情感目标等，在实现知识目标的同时，情感目标也获得了相应程度的达成。整个活动是一个连贯的过程，因此课程内容是指向多个课程目标的。

### 2. 基础性原则

幼儿园教育是人一生所受教育的基础，也是学校教育的奠基阶段，幼儿所学的内容是为日后入学打基础的，具有基础性和启蒙性。幼儿园课程内容以基础知识、基础态度及基础行为为主。同时，幼儿园课程内容应该是具体直观的经验，有利于调动幼儿的各种感官来学习。例如，活动中创设不同的情境以调动幼儿的视觉；运用多媒体手段调动幼儿的视觉和听觉；分发给孩子材料，积极调动幼儿的动手操作能力；科学实验活动调动幼儿的嗅觉；等等。

### 3. 适宜性原则

课程内容的适宜性原则是指，一是要符合幼儿的年龄特点，要贴近幼儿的生活；二是要促进幼儿的发展，课程内容要有一定的挑战性，在满足大部分幼儿发展水平下适当增加课程的挑战性。另外还要考虑到个别幼儿的发展水平和文化差异，为他们提供一些特殊的、有针对性的课程。适宜性原则要求我们根据最近发展区的原理选择课程内容。

### 4. 生活化原则

著名教育家蒙台梭利在《人的成长》中提到，"既然儿童自出生起就必须经由环境建构自己，那么他们就应该有机会接触世界、接触人类的外在生活"。

生活化原则要求教育者从幼儿的生活中寻找符合目标的内容，让幼儿在生活中主动学习，获取知识经验。在选择课程内容的时候，教师应该尽量选择贴近幼儿生活经验的材料以及生活化的课程，通过幼儿亲身感受主动学习，从而帮助幼儿提升经验。但生活化的课程内容不能等同于生活本身，要注意课程内容源于生活而又高于生活的原则要求。课程内容应源于、高于和回归幼儿的生活，否则不利于促进幼儿能力的进一步提升。

 活动场

## 逛菜场（小班）①

### 设计意图

让幼儿亲自经历"逛菜场"的过程，在游戏中体验主动与人交往的快乐。

### 活动目标

1. 有礼貌，并能大胆地与人交往。

2. 在游戏中遵守规则，并体验与人交往的快乐。

活动重点：提高幼儿与人交往的意愿。

活动难点：幼儿能主动、礼貌、正确地与人交往。

### 活动准备

1. 4个摆放着不同品种菜的菜架、每人1个小菜篮子、每人4张1元游戏钱币。

2. 8个扮演卖菜者角色的大班孩子。

3. 用于奖励的红花贴纸。

4. 《买菜》《扮家家》的音乐和菜场背景图。

### 活动过程

1. 设置情境，进入"菜场"。

在《买菜》的音乐中进入活动室，激发幼儿买菜招待客人的愿望。

师：今天我们要去菜场买菜，每个宝宝拿好菜篮子，每种菜要1元钱。

2. 买菜游戏，学习交往。

（1）熟悉菜市场环境，并与卖菜的哥哥姐姐打招呼。

师：看看都有什么菜呀？（有鱼、茄子、胡萝卜、辣椒、鸡蛋等）我们怎样和哥哥姐

---

① 设计者：严琼瑶，江西省八一保育院。

姐打招呼呢？

（2）师幼共同讨论如何买菜，学习主动与人交往。

（教师示范买菜的方法，引导幼儿讨论）

引导幼儿使用不同礼貌用语，清楚表达自己的意愿，如"我要买……""请帮我拿……""谢谢"等。

（请个别幼儿示范，学习交往的方法）

（3）进行买菜游戏：卖菜的哥哥姐姐对会主动交流及正确买菜（买一样菜使用1元游戏币）的幼儿及时给予红花奖励。

（4）教师巡回指导，引导幼儿大胆主动地进行交往。

3. 分享交流，巩固交往。

（1）进行小结，交流买菜的经验，分享买菜的快乐。

师：你是怎样买菜的？卖菜的哥哥姐姐为什么会奖给你小红花？

（2）对哥哥姐姐表示感谢。

4. 首尾呼应，自然结束。

（播放《扮家家》音乐离开活动室）

师：把我们买的菜带好，回家做饭吃喽！

## 活动延伸

1. 继续在娃娃家开展"做菜"的游戏，邀请哥哥姐姐到家里吃饭。

2. 在日常活动中鼓励幼儿大胆表达自己的愿望。

## 活动评析

这个活动来源于幼儿已有的生活经验，蔬菜、菜篮等游戏材料的有效投入激发了幼儿游戏的兴趣。在游戏中，孩子积极地与自己的同伴——比自己大的哥哥姐姐和教师扮演的妈妈等多种角色进行互动交往，在多样化的交往环境中学习礼貌用语的使用。孩子在与他人的积极互动中体验与人交往的乐趣，提升自身的交往水平。这个活动可以用"朴实、交往和快乐"这几个词语来概括。

"朴实"的体现首先是选材的朴实，"逛菜场"是来自于幼儿生活的一项行为，也是幼儿期待进行的活动。其次是场景设置的朴实，几个架子，一些蔬菜、菜篮把幼儿带入热闹的菜市场情境，即便是活动中的小红花都是教师日常对幼儿的一种奖励。再次是活动流程的自然、朴实，整个活动的开展似乎就是一次"买菜"任务的完成，没有花哨的刻意安排，没有过多的语言讲解，一切看起来都水到渠成。

"交往"的体现首先是幼儿与教师的交往，"陌生的教师"在活动的驱使下变成了"亲爱的妈妈"，他们大胆、自然地与"妈妈"一起活动，感受到的是浓浓的温馨。其次是幼儿与大班哥哥姐姐的交往，他们在买卖的过程中认识对方，拉近彼此的距离。再次是同伴之间的交往，这样的活动给原来熟悉的伙伴提供了进一步交往的环境，提供了交往的主题。

"快乐"的体现首先是角色扮演的快乐，无论对于老师、哥哥、姐姐，还是小班幼儿，这样的角色扮演都是一种快乐的体验。其次是幼儿获得自豪感和满足感，通过礼貌的交往得到自己想要的菜，并能得到小红花奖励。

**5. 兴趣性原则**

"知之者不如好之者，好之者不如乐之者。"都说兴趣是最好的老师，而学龄前儿童注意力的集中时间有限，因此在选择课程内容的时候，要从幼儿感兴趣的事物中寻找富含教育价值的内容。这样的教学活动才能激发幼儿的兴趣，做到在游戏中学习，乐在其中。

## 二、幼儿园课程内容的组织

幼儿园课程内容的组织是指创设良好的课程环境，使幼儿园课程活动趣味化、有序化、结构化，以产生适宜的学习经验和优良的教育效果，从而实现课程目标的过程。

### （一）幼儿园课程内容的组织方法

幼儿园课程内容组织的基本方法有论理组织法（也叫逻辑组织法）和心理组织法。论理组织法是根据知识的内在逻辑而组织课程内容的一种方法。其有利于学习者获得系统知识和严密的思维训练；计划性较强，教师容易把握，也有利于教师完成预定的教学任务。其缺点是容易忽视幼儿的学习兴趣和需要；与实际生活联系不密切；很难照顾学习者已有经验、学习能力方面的个体差异。幼儿园课程内容的组织不应以论理组织法为主。

心理组织法是以学习者的经验、能力、兴趣、需要为基点来组织编排课程内容的方法。其适合幼儿身心发展规律和个别差异，容易调动学习者的积极性、主动性、理解力；教学内容具有较强的灵活性、变通性，容易及时增补有价值的内容；有利于教师和幼儿一起计划、安排课程活动。其缺点是较少考虑学科自身的逻辑性，较难形成系统的经验；教师把握起来有较大的难度。

### （二）幼儿园课程内容的组织形式

幼儿园课程内容的组织形式主要有三种：以学科为中心的组织形式、以儿童为中心的组织形式、以社会问题为中心的组织形式。不同组织形式下形成了不同的幼儿园课程类型：当课程以学科逻辑为依据、围绕学科来组织，即为学科取向的课程组织；当课程以幼儿的心理逻辑为依据、围绕幼儿的兴趣和发展来组织，即为活动取向的课程组织；当课程以适应或改进社会生活为依据、围绕主要的社会问题来组织，即为社会问题取向的课程组织，目的在于通过课程使幼儿获得完整的生活经验，增强幼儿对生活的适应性。目前我国幼儿园的课程组织形式基本呈现混合状态。

另外，在组织课程内容时，需要考虑几个方面：一是顺序性，即组织学习内容的时间次序；二是连续性，强调后续的学习与先前的经验之间的关系；三是整合性，即加强课程内容之间、内容和幼儿的学习经验之间，以及学习经验之间的有机联系，以帮助幼儿把从各领域所学到的知识和先后获得的各种经验加以统整和贯通。

## （三）幼儿园课程内容的组织原则

幼儿园课程的基本任务是提供一个优化的教育环境，让幼儿在生动活泼、积极主动的学习生活中，奠定一生可持续发展的基础。这个优化的教育环境，首先要反映在幼儿园课程的"蓝图"中。组织幼儿园课程，即绘制出这样一张幼儿园课程方案或计划"蓝图"，这是一个具有整体性、系统性的工作，因此应该遵循课程组织的基本原则。

### 1. 整体性原则

幼儿教育是为人的一生打基础的教育，幼儿学习内容以来自社会、自然的综合性、广泛性内容为主。为此，幼儿园课程内容的组织应遵循整体性原则。根据这一原则，我们不应仅将幼儿园课程组织理解成集体教育活动的编制，而要把集体教育活动与生活活动、自由游戏等各种活动有机地结合起来；不应只考虑"显性"的教育影响，也应充分考虑幼儿可能获得的"隐性"经验；不应把幼儿园课程看作幼儿园内部的教育工作，而应把家庭、社区的教育资源尽量发掘出来。

### 2. 生活化原则

生活化是幼儿园课程的基本特点，它既体现在课程内容的选择上，又体现在课程的组织上。体现在课程内容的选择上，更多指的是课程内容要贴近幼儿的生活经验和生活实际，加强教育与生活的联系，使幼儿园教育生活化；体现在课程的组织上，则更多是指"寓教育于一日生活中"，使幼儿园的生活"教育化"。当然，教育生活化和生活教育化是一个问题的两个方面，不可截然分开。比如，幼儿园的生活中处处蕴含着有价值的教育内容，教师可以随机将这些内容纳入计划、生成课程，这既可以看作教育生活化，又可以看作生活教育化。

### 3. 主体性原则

主体性原则是指要把课程组织成教师主动引导的、幼儿积极参与的教育教学过程。幼儿是学习的主体，只有幼儿的主动参与、主动建构，课程才能内化为他们的学习经验，促进其身心发展。幼儿园课程的组织要充分考虑如何让幼儿在与课程环境（教师、同伴、内容、情境等）的相互作用中主动学习。

## 情境案例

## 探索下沉的奥秘①

　　戏水区里，壮壮正将积木、回形针、吸铁石、雪花片等小玩意儿丢进水里玩儿，还不时地边用手指将浮在水面的积木和泡沫等按进水里，边喃喃着："下去，下去！我要你下去！"过了一会儿，他将一块圆形吸铁石放在一块圆泡沫上，泡沫沉进了水里，他叫了起来："老师，看，泡沫沉下去了！"老师笑着点了点头，静静地站在旁边，没做什么解释。于是他又找来几块吸铁石，放在其他浮在水面的东西上，看着它们一一沉进水里，壮壮开心地叫着："看，吸铁石带着它们一起沉下去啦！"旁边的小朋友们看见了也都凑过来，把沉进水里的铁钉、铁夹、橡皮泥等拿出来，放到各种浮在水面的东西上，不厌其烦地玩着。这时拿小石子的文文叫了起来："老师，方积木上放小石子不能沉下去！""是吗？那请小朋友们仔细观察，哪些沉下去的东西放在方积木上，积木会沉下去？"大家又找来几块同样的积木放在水里，文文拿起回形针、铁夹、吸铁石、小石子、橡皮泥，一一放在方形积木上。大家都说："吸铁石、橡皮泥、铁夹能让积木沉下去，回形针、小石子不能。""那是为什么呢？你们能想办法用回形针和小石子使积木沉下去吗？"见老师提出新的问题，手中还拿着奖励的小贴纸，大家都跃跃欲试。"老师，回形针真的能让积木沉下去吗？""你们想办法试试吧！"孩子们马上动了起来……"老师，好简单，一个小石子和一串回形针太轻了，只要多放一些在积木上，它就沉下去了。"大家七嘴八舌，兴奋地拉着老师去看自己是怎么操作的。"老师，真好玩，积木能浮起来也能沉下去。"这时文文又叫了起来："老师，雪花片这样放进水里会沉下去！""哦，你真棒，做给我们看一下，好吗？""好！"他小心翼翼地操作并解释着，大家都使劲地鼓起了掌。孩子们都沉浸在获得知识所带来的一阵又一阵的快乐中。

　　**问题**：老师的指导方式如何？

　　**分析**：壮壮的好奇心及探索的本能，使他产生了探索未知和解决问题的欲望。而老师对幼儿的好奇心和探索欲望的精心呵护和培植，促使班上其他孩子主动参与到沉浮的探索中来。老师为幼儿创造了安全的探索环境，使他们有了在集体中展示自我的平台，积极主动运用感官，动手动脑进行探索，解决心中的问题和疑惑，促进了幼儿良好个性品质的形成。

---

① 提供者：张小玲，江西省人民政府直属机关第二保育院。

在指导方法上，老师认为要使幼儿积极主动探索应先尊重幼儿的主动权，因而老师没有束缚幼儿的手脚和思维，对幼儿进行填鸭式知识灌输，而是运用暗示、提问、肯定、鼓励的方式进行积极应答，老师的支持和引导使幼儿获得了一次又一次的成功，解决问题的能力得到了进一步的培养，奠定了幼儿自信的基石。

### 4. 活动化原则

幼儿的思维特点决定了幼儿要通过活动来学习，在活动中调动多种感官的参与并进行体验。例如，当我们要让幼儿记住"红灯停、绿灯行"的社会规则时，最好是通过创设情境或让他们直接在马路上进行体验，这样会取得较好的效果。

 活动场

## 糖到哪里去了（小班）[1]

### 设计意图

让孩子们通过实验操作，通过自我观察、亲身体验，理解水的一个特性——溶解。

### 活动目标

1. 初步了解溶解，并能用语言表述现象。

2. 愿意探索操作，发现加速溶解的方法。

3. 喜欢参加实验活动，并从中感受到成功和快乐。

活动重点：了解溶解现象。

活动难点：愿意主动探索，发现加速溶解的方法。

### 活动准备

1. 杯子、吸管、小勺、盘子、抹布。

2. 糖粒、各种饮料粉、冷热白开水。

3. 舒缓的音乐。

### 活动过程

1. 尝一尝，猜猜糖粒到哪里去了。

（1）品尝糖水。

师：大家说说它和平时喝的水有什么不同，它是什么味道的？

---

[1] 设计者：徐鸿燕，江西省南昌市滕王阁保育院。

（2）猜猜糖粒到哪里去了。

讨论：为什么水是甜的？你能在水中找到糖粒吗？为什么看不到？

（3）了解溶解现象。

小结：水变甜了是因为糖粒躲进去了，小朋友看不到是因为它遇到水之后会变得很小很小，小到我们用眼睛看不到它，这就叫溶解。

2. 了解溶解并探索加速溶解现象。

（1）幼儿操作，感受溶解现象。

师：小朋友想不想看看糖粒是怎么溶解到水里的？那我们就一起来试试吧。

讨论：小朋友，你们杯里的糖粒有没有溶解？是怎么溶解的？

小结：糖粒慢慢变小，然后消失不见，溶解在水里了。

（2）探索更快溶解的方法。

师：有没有什么办法可以让糖粒快点变小，快些溶解呢？（教师提供勺子、热水、吸管等材料让幼儿探索操作）

讨论：你用了哪种方法让糖粒更快溶解，成功了吗？

小结：搅拌、晃动和加入热水等方法都可以让糖粒更快溶解。

3. 游戏：我是饮料师。

（1）看看、闻闻各种饮料粉，猜猜它们放到水里会怎么样。

（2）彩虹饮料师。

调配自己喜欢的彩虹饮料品尝，再次感受溶解现象。

4. 说说生活中的溶解现象。

师：回家和爸爸妈妈一起寻找生活中的溶解现象，说说哪些是可以食用的，哪些是不可以食用的。

### 活动延伸

1. 将材料放在区域活动中让幼儿进一步探索，加深对溶解现象的理解。

2. 和爸爸妈妈共同探索有哪些物品是不能溶解的。

### 活动评析

此活动选材来源于生活并回归生活，在目标的设定上符合小班下学期的幼儿年龄特点，符合"生活教育科学化，科学教育生活化"的原则；活动中的设问考虑到了幼儿的实际情况，并在最后强调了安全教育；适宜的材料投放支持幼儿大胆探索。

# 第三节　幼儿园课程评价

 问题导入

对于幼儿园课程评价的功能，不同的人有不同的观点。有人认为评价就是给被评价者定个等级、划分好坏；有人认为评价主要是发现问题、提出改进对策；有人认为评价是一种激励和展示活动……

问题：什么是幼儿园课程评价？你是如何理解幼儿园课程评价的功能的？

教育评价是教育过程中不可或缺的环节。对幼儿园课程进行科学的评价有利于提高教育活动的效率，促进教师的专业化成长。

## 一、幼儿园课程评价概述

### （一）幼儿园课程评价的内涵

《幼儿园教育指导纲要（试行）》明确指出："教育评价是幼儿园教育工作的重要组成部分，是了解教育的适宜性、有效性，调整和改进工作，促进每一个幼儿发展，提高教育质量的必要手段""教育评价是教师运用专业知识审视教育实践，发现、分析、研究、解决问题的过程，也是其自我成长的重要途径"。在这里，评价不再是传统意义上对教师的教育活动和幼儿的学习活动下一个结论的问题，而是要建立促进幼儿、教师、课程与教学不断发展的评价体系的问题，是一个观察现象、发现问题、解决问题和促进发展的过程，也就是人们所说的"发展性教育评价体系"的问题。

从根本上说，幼儿园课程评价是一种发展性评价。幼儿园课程评价综合发挥教育评价的发展功能，运用多种科学的评价手段，诊断出幼儿园课程各环节产生的效果和存在的问题，激励评价者与被评价者发现问题，改进并完善自己，求得发展。发展性评价是针对现行评价存在的弊端并为解决这些弊端而提出来的。以往的评价过分强调评价的选拔功能，而发展性评价更加强调评价的促进功能；以往的评价注重的是一次性的终结性评价，而发展性评价关注的是多次性的形成性评价。

## （二）幼儿园课程评价的特征

幼儿园课程评价的目的是促进幼儿、教师、课程的发展，为此幼儿园课程评价体现出如下特征。

### 1. 以人为本

关注被评价者（幼儿和教师）的需要，以平等、欣赏、乐观和发展（变化）的态度对待被评价者，营造一个民主、增进理解的评价环境，激发被评价者参与评价的主动性，以促使每个个体最大可能地挖掘自身的潜能、发挥自身的价值。尊重个体的独特性，对其发展的独特性给予认可和积极评价。

### 2. 强调发展

对被评价对象发展特征的描述和发展水平的认定，甚至是进行必要的选拔，其目的都是更有利于被评价对象的后继发展。发展性评价强调评价的根本目的在于为发展服务，支持发展，促进发展。这里的发展，不仅包括幼儿，也包括教师和课程。因为幼儿的发展离不开教师的指导，离不开能够为他们提供有益学习经验的课程。

### 3. 注重过程

强调收集并保存表明被评价者发展状况的关键资料，对这些资料的呈现和分析能够形成对被评价者发展变化的认识，并在此基础上针对被评价者的优势和不足给予被评价者激励或具体、有针对性的改进建议。不仅关注结果，更注重过程，强调将终结性评价与形成性评价有机地结合起来，将评价贯穿日常的各种活动中，使评价实施日常化、经常化。

### 4. 关注个体

个体的差异不仅是指某一种结果的差异，还包括生理特点、心理特征、兴趣爱好等各个方面不同的特点差异，在进行评价时应正确地判断每个被评价者的不同特点及其发展潜力，为被评价者提出适合其发展的具体的、有针对性的建议。

### 5. 强调评价主体多元化

评价主体多元化是指，评价者应该是参与活动的全体对象的代表。以评价幼儿在某次游戏活动中的表现为例，评价者应该包括教师、幼儿和其他与该游戏活动有关的人。发展性评价主张评价过程中主体间的沟通和协商，它关注的重心不是结果本身的正确性，而是评价对象对评价的认同和最大程度的受益；主张评价主体多元化，加强自评、互评，使评价成为教师、管理者、学生、家长积极参与、增进理解的交互活动。

### 6. 强调评价内容与方法多元化

人的发展具有多样性和非等级性，发展性评价强调注重评价内容与方法的多元性，以多角度、多侧面地"发现"评价对象的特点、优势。只有这样，"欣赏""乐观"的态度才是真实而非虚伪的，也才能帮助被评价者"自我发现"，进而悦纳自己、拥有自信。

## （三）幼儿园课程评价的功能

由于幼儿园课程评价的根本目的在于促进幼儿、教师和课程的发展，因此应特别强调以下功能。[①]

### 1. 展示

"展示"是发展性评价理论中的重要评价思想。针对传统智力测验强调"标准化"而带来的"不公正"，发展性评价应更多地把评价活动和评价过程看作为被评价者提供的一个自我表现的"平台"，鼓励被评价者充分展示自己的努力和成就。评价者可借此了解、发现每一个人的优势领域和潜能。例如，幼儿可在与有趣、丰富而具有多种挑战性的材料的复杂互动中，充分"展示他们各自特别拥有的智慧"。

### 2. 激励

内容丰富的，能够让每个人的优势领域都得到发挥的"展示"，本身已经具有了一种内在的自我激励作用——增强被评价者（无论是幼儿还是教师）的自信和成就动机，而评价者恰当的、积极的反馈，将使发展性评价的激励作用得到更大的发挥。同时，发展性评价重视质性评价，倡导多元化的评价内容、灵活多样的评价方式（档案袋和成果展示）、评价的日常化和生活化，这不仅有利于确立以发展的眼光看待被评价者的思想，也能让被评价者亲身"体验成长的快乐"。

### 3. 调节

评价的结果只有能够反映被评价者的实际情况，并以恰当的、具有建设性的方式反馈给被评价者，并为其所接受，才能发挥其促进发展的作用。加德纳认为，"除非把评价置于现实生活和社会环境联系中，否则，我们怀疑它能否恰当地代表人类的智能表现"。正因为如此，多元智能理论强调评价的自然性、真实性，强调评价与教学的一体化。受这一思想的影响，发展性评价必须在实际或类似实际的教学情境中进行，以使评价结果更具真实性，更能切实发挥教育评价的反馈、调节功能。发展性评价同时倡导被评价者主动参与评价活动，进行自我评价与反思，这不仅有利于教师的专业发展，课程的改善和教育质量的提高也在其中。

### 4. 导向

发展性评价本身是教育改革的产物，它所体现的评价观折射着一系列新的教育理念。这些新理念必然会融入评价的方方面面，使其随着评价的具体实施过程渗透到教育改革的各个环节，如教育目标的确立、教育内容的选择、教学方式的转变、课程设计模式的变

---

[①] 冯晓霞. 多元智能理论与幼儿园教育评价改革——发展性教育评价的理念[J]. 学前教育研究，2003（9）：5-7.

革、学校（幼儿园）管理和教师教育思想与方式的变化等，从而建构出促进幼儿、教师、课程、学校（幼儿园）共同发展的模式。

 **知识窗**

## 幼儿园课程整体评价标准（价值标准）①

·课程是否能促进儿童与伙伴和成人之间的相互作用和学习，并有利于儿童对知识的建构？

·课程是否能促进儿童在社会性、情感、身体和认知方面的发展，有助于儿童掌握民主社会的价值观？

·课程在帮助儿童学习知识和掌握技能的同时，是否能够使儿童形成对学习的积极态度？

·课程对儿童来说是有意义的吗？是否与儿童的生活有关？是否注重与儿童个人经验的联系并强化这种联系？或者说能使他们从课程中获得直接的经验？

·对儿童的期望和要求是否合理、切实可行？抑或在以后学习或掌握这些内容时会更容易、更有效？

·儿童和老师对课程都感兴趣吗？

·课程是否对多元文化和语言尊重与敏感？课程是否期望、允许和欣赏个别差异的存在？是否有利于形成与家庭的良好关系？

·课程是否以儿童现在的知识和能力为基础并促进他们的发展？

·课程是否在有意义背景中，帮助儿童形成对概念的理解？

·课程是否注重促进各学科之间的联系和综合？

·给儿童介绍的知识按照有关学科标准来看，是否准确、可靠？

·儿童有没有必要学习这些知识？在现阶段学习这些知识是否有效？

·课程能否促进主动学习并且允许儿童做出有意义的选择？

·课程是否能够促进和鼓励儿童探究和提出问题，而不是看重"正确"的回答或者完成任务的"正确"的方法？

·课程是否能够促进较高水平的能力，如思维、推理、问题解决和判断能力的发展？

·课程是否能够促进和鼓励儿童与成人间的社会性交往？

·课程是否尊重儿童对活动、感官刺激、新鲜空气、休息、健康和营养/代谢等的生理需要？

---

① 全美幼教协会（NAEYC）编制。

・课程是否有利于儿童形成心理安全感、信任感和归属感？

・课程是否能够使儿童获得成就和对学习的兴趣？

・课程对儿童和老师来说，是否具有灵活性？

## 二、幼儿园教育活动评价

幼儿园课程最终是通过教育活动来实现的，对幼儿园教育活动进行评价是幼儿园课程评价的主要组成部分，具体可以从活动目标、活动内容、活动准备、活动过程、活动效果与延伸环节等方面进行评价。

### （一）对活动目标的评价

活动目标是开展活动的出发点和归宿，活动目标设置是否科学合理至关重要。对活动目标的评价主要包括：活动目标的内容是否合理、难度是否适中、表述是否清晰、是否具有可操作性等。

 **情境案例**

### 幼儿人际交往活动目标的定位

某老师在制定不同年龄幼儿交往活动目标时是如下定位的。

小班：喜欢和小朋友一起游戏，有经常一起玩的小伙伴；喜欢和长辈交谈，有事愿意告诉长辈。

中班：愿意和小朋友一起游戏；愿意与熟悉的长辈一起活动；有高兴的或有趣的事愿意与大家分享。

大班：有自己的好朋友，也喜欢结交新朋友；有问题愿意向别人请教。

**问题：** 这里的目标难易程度定位合理么？

**分析：** 从案例中可以看出，这里小班的目标表述中用的是"喜欢""经常"等词汇，而中班的定位侧重的是"愿意"，显然目标定位出现了错位，即小班交往目标定位高于中班。我们可做如下修改。

小班：愿意和小朋友一起游戏；愿意与熟悉的长辈一起活动。

中班：喜欢和小朋友一起游戏，有经常一起玩的小伙伴；喜欢和长辈交谈，有事愿意告诉长辈。

大班：有自己的好朋友，也喜欢结交新朋友；有问题愿意向别人请教；有高兴的或有趣的事愿意与大家分享。

活动目标的要求难度适中，即目标的设定要符合幼儿的年龄特征和个性特征，同时要兼顾地域文化的多样性。

目标的表述应符合各学习领域要求和属性。例如，能够完整地讲述"某某"故事，是语言领域的目标表述；能够用筷子敲打出各种各样的声音，是艺术领域的目标表述；养成幼儿"某某"态度，则是社会领域的目标表述。通常鉴定活动是否属于社会领域最显著的标志就是看目标的表述。目标表述要明确具体，重点突出，且要具有可操作性。目标的表述尽量站在幼儿的角度进行，体现的是幼儿为本的教育思想。

对于目标的顺序虽没有统一的要求，但常常可以按目标的重要程度排序，将重要的目标放在前面；按目标实现的难易程度排序，将最容易实现的目标排在最前面，然后逐渐加深难度；按活动进行的顺序排列目标；按知识、能力、情感方面分别阐述目标，不刻意追求目标顺序。

此外，目标语言表达要通顺，目标的数量适中，一般情况下，目标以3条最为合适。目标制定得太少，说明对认知、情感、能力方面的挖掘不够，活动的价值较低；目标制定得太多，易出现书写条理不清晰的问题，并且易出现要求过多，一次活动难以实现的问题。

## （二）对活动内容的评价

活动内容是达成活动目标的重要载体。学者虞永平认为可以从如下方面对教学活动内容进行评价：①内容的年龄适宜性，即所选的内容与特定年龄段幼儿的发展特点是否一致，是否最有利于幼儿的接受和发展。②内容与目标的一致性，它包括质和量两个方面，一方面是指所选的内容是否最大限度地包含了活动的目标，内容和目标间的不一致将直接影响目标的实现；另一方面是指内容容量的适宜性，即活动内容的多少是否最有利于目标的实现，内容过多和过少都是不合适的。③内容的科学性，是指所呈现和解释的活动内容是否科学准确，教给幼儿的知识和概念是否会影响幼儿的进一步学习。④内容的生活性，是指所选择的内容是否适合特定的地域和文化，即活动的内容是否能反映幼儿的现实生活，是否能引发幼儿的有效学习。⑤环境和材料的适宜性，是指与特定活动相对应的环境、材料是否能在质和量两个方面最大限度地支持幼儿的学习，能否满足幼儿探索、操作和交往等活动的需要。⑥内容实际的完成情况，是指在活动过程中预定的内容是否全面完成，有没有完成一些计划外的活动内容，它是在什么特定的情境下发生的，这样合理与否。[①]

---

① 虞永平.幼儿园教学活动的评价[J].早期教育，2005（3）：8-9.

## 认识国旗

某老师在幼儿园大班开展教育活动"认识国旗"时，选择的内容是观察国旗、讲解五星红旗诞生的过程、介绍开国大典等。在实施活动过程中发现，当老师讲解五星红旗诞生的过程、介绍开国大典时，大部分小朋友不能维持注意力，许多小朋友对老师所介绍的内容不感兴趣。

**问题：** 为什么许多小朋友在活动中表现出不感兴趣的情况？

**分析：** 在活动中，小朋友产生注意力不集中、不感兴趣等现象的主要原因是：以讲解的方式呈现五星红旗诞生的过程、介绍开国大典等内容，对于大班的孩子来说，方式较为枯燥，内容偏难，多数幼儿并不能理解。因此，要采用更加丰富的教学方式，简化教学内容，使教育内容符合幼儿认识和发展水平。

## （三）对活动准备的评价

活动准备可从幼儿和教师两个方面进行评价。从幼儿角度看，包括知识准备，主要是观察幼儿有关本次活动的经验丰富程度，是否引导幼儿提前了解相关的知识（如事先参观、要求家长为幼儿提供什么支持等）；物质准备（要求幼儿从家中或社区里带的一些材料、幼儿自己动手制作的玩具等）；动机准备（提早向幼儿介绍相关情境和展现某一问题，引起幼儿对某一现象的关注与好奇）；心理准备（如教师要幼儿形成勇敢的品质，要幼儿介绍一些害怕的体验，教师就需要事先让幼儿能坦然地面对以往自己害怕的经验，让幼儿做好心理准备）。从教师角度看，包括物质准备（各种教具、玩具等）；环境创设准备（座位摆放、环境布置、情境表演、角色扮演等）；知识准备（具有丰富的相关知识，以便随时拓展活动的主题与内容）；情绪准备（根据活动的要求和学科领域的特性调整自己的情绪状态，营造一种积极的心态）。

## 学做小记者

王老师带领大班的小朋友去育新小学开展"学做小记者"活动。小朋友兴高采烈地来到育新小学一年级（2）班。正当大班小朋友要进行采访时，有几位小学生因大班幼儿没有话筒和相机而拒绝接受采访。大班小朋友因不能进行采访而非常着急，甚至有小朋友哭了起来，场面非常混乱。最后，几个小学生提议愿意教大班幼儿做话筒。于是，"学做小记者"活动一下子成了"学做话筒"活动。

**问题：**"学做小记者"活动为什么出现混乱呢？

**分析：**案例中出现的问题，最主要原因是教师在开展"学做小记者"活动之前相关的准备不充分。教师与幼儿提前做的准备应包括：①与学校、班级老师和小学生充分沟通，特别是要求小学生在接受采访时要发挥引导和启发的作用，为弟弟、妹妹树立好榜样；②幼儿人手一支自制话筒和一个采访记录本，老师手里要有一台真实的相机，力争为每一个幼儿拍一张采访的相片；③要准备并进行一段采访情境表演，让幼儿观摩和了解什么是采访。活动前的充分准备是活动顺利进行的关键。

## （四）对活动过程的评价

活动过程具有动态性、情境性和生成性等特点，是体现活动质量、展示教师教育能力的重要环节，因此，对教育活动过程进行科学正确的评价具有重要的意义。对教育活动过程的评价应建立在观察的基础上，虽没有固定的模式，但一般可以从如下几个方面进行考虑。①

（1）教师讲解的适宜性，是指教师对特定活动内容的讲述、解释是否适宜。讲解的适宜性不是用讲解所占时间来衡量的，冗长的讲解反而不利于幼儿对知识的理解和吸收。不清晰的、低层次的或重复的讲解都会使讲解的效果大打折扣。适宜的讲解应有利于幼儿进一步的学习和促进幼儿思考。

（2）教师教学策略的适宜性，是指教师面对特定的教学问题情境，尤其是面对幼儿的学习状况所采用的旨在激励、指导、传授、帮助、启发的具体策略是否合适。这是针对特定的幼儿和特定的问题情境而言的。

（3）教师对幼儿的关注性，主要是指对幼儿在活动中的状况的关注。具体地说，包括对幼儿的现实需要、兴趣、活动投入度、遇到的具体问题等方面的关注。衡量教师对幼儿关注程度的主要内容是对活动过程中幼儿出现的一些重要事项是否注意，并采取包括忽略在内的有效策略。

（4）教师总结和评价的适宜性，是指教师在活动过程中及活动结束后，是否根据需要开展适当的评价。教师的评价可以针对个别幼儿，也可以针对小组或全班幼儿，可以专门评价，也可以在情境中评价，但评价一定要从需要出发，不能流于形式或为评价而评价。

（5）活动环节设置与开展的适宜性。活动的开展一般都有若干个环节，所以要考虑如

---

① 相关内容参考了虞永平教授在《早期教育》发表的《幼儿园教学活动的评价》中的观点，有调整。

下问题：各个教育环节的存在是否有其必要性，是否还缺少什么环节，各个环节的排列顺序是否恰当，各个环节的时间分布是否合理，各个环节采用的教法和学法是否恰当，是否存在可替换的或更好的方法，等等。

（6）活动中互动的适宜性，是指师幼互动和幼儿之间的互动是否充分而适宜，教师的诱导是否有策略性，指导是否有针对性，是否有利于幼儿的探索、发现和创新。

（7）教师的自我监控和调节的自觉性，主要表现为教师能否根据活动的动态情境、复杂性和多变性做出机智的反应，教师能否根据突发事件采取灵活的行动等。

## （五）对活动效果与延伸环节的评价

追求良好的效果是活动的出发点与关键。我们可以从活动目标是否达成、幼儿是否了解相关知识、养成良好的情感态度、表现出一些亲社会行为、掌握一些社会生活技能和行为规范等方面进行评价。同时，幼儿在活动过程能够积极主动地参与，体验到合作、助人的快乐，从而养成与人相处的良好品质，提高幼儿自我控制的能力等，也是我们评价活动效果的主要指标。

一般的教育活动都有延伸环节，为此，加强对活动延伸环节的设置也是非常有必要的。活动延伸是指在教育活动后，教师继续设计一些与此相关的辅助活动，使教育内容渗透到一日生活中，延长幼儿受教育的时间，使教育目标得以更好地实现。活动延伸的形式可以是家园共育、领域渗透、环境创设、区角活动、游戏等。

 知识窗

### 幼儿园教育活动评价表

表2-4为虞永平编制的幼儿园教育活动评价表。

#### 表2-4　幼儿园教育活动评价表[①]

| 评价要点 | | 评价等级 | | |
| --- | --- | --- | --- | --- |
| | | A | B | C |
| 目标 | 目标的年龄适宜性 | | | |
| | 目标的可落实性 | | | |
| | 目标的和谐性 | | | |
| | 目标实际的达成度 | | | |

---

① 虞永平. 幼儿园教学活动的评价[J]. 早期教育，2005（3）：8-9.

续表

| 评价要点 | | 评价等级 | | |
|---|---|---|---|---|
| | | A | B | C |
| 内容 | 内容的年龄适宜性 | | | |
| | 内容与目标的一致性 | | | |
| | 内容的科学性 | | | |
| | 内容的生活性 | | | |
| | 相关环境材料的适宜性 | | | |
| | 内容实际的完成情况 | | | |
| 教师 | 教师讲解的适宜性 | | | |
| | 教师教学策略的适宜性 | | | |
| | 教师对幼儿的关注 | | | |
| | 教师评价的适宜性 | | | |
| 幼儿 | 幼儿的投入程度 | | | |
| | 幼儿的互动机会 | | | |
| | 幼儿面临的挑战 | | | |
| | 幼儿的学习习惯 | | | |

 **本章小结**

　　幼儿园课程编制包括课程目标、课程内容、课程组织及课程评价等要素，它在幼儿园课程中处于核心地位。本章首先介绍了幼儿园课程目标，分析了幼儿园课程目标的制定依据、层次及表述的注意事项；其次对幼儿园课程内容的选择取向进行了梳理，介绍了幼儿园课程的组织原则；最后对幼儿园课程评价的内涵、功能定位进行了梳理，从活动目标、活动内容、活动准备、活动过程等方面对幼儿园教育活动评价进行了论述。

 **理论知识练习**

**一、名词解释**

行为目标　表现性目标　心理组织法　幼儿园课程评价

## 二、简答题

1. 幼儿园课程目标的制定依据有哪些？

2. 如何对幼儿园教育活动过程进行评价？

3. 幼儿园课程目标的表述需要注意哪些事项？

4. 幼儿园课程评价有什么作用？

## 三、论述题

1. 结合实际，论述如何贯彻幼儿园课程组织的生活化原则？

2. 结合实际，论述如何开展幼儿园教育活动评价？

 实践能力提升

1. 以3~5人为一组，深入幼儿园，调研当前幼儿园课程实施过程中存在的问题，并在课堂上与其他同学分享。

2. 深入幼儿园，对幼儿园某一教育活动进行评价，并写出评价报告。

# 国内外主要幼儿园课程流派

**关键词**

陈鹤琴五指活动课程；蒙台梭利课程；高瞻课程；瑞吉欧课程

**学习目标**

1. 了解国内外主要幼儿园课程流派产生的背景与理论。

2. 理解国内外主要幼儿园课程流派的内容与做法。

3. 结合我国具体国情，客观地评价与借鉴幼儿园课程流派相关理论。

**内容结构图**

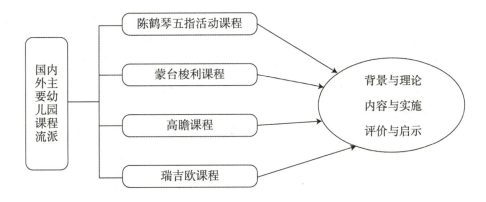

本章关注的课程流派有：陈鹤琴五指活动课程、蒙台梭利课程、高瞻课程和瑞吉欧课程，分别从背景与理论、内容与实施、评价与启示等方面进行论述。

# 第一节 陈鹤琴五指活动课程

## 问题导入

在进步主义教育理论的影响下，陈鹤琴提出了"活教育"的理论。陈鹤琴曾说："什么是'活的教育'？简单地说一句，就是'不是死的教育'。书本教育就是死的教育。"① 陈鹤琴反对向儿童机械地传授书本知识，提倡用活的教材、活的方法、活的课本去教育儿童。他认为儿童具有可塑性，要尽量利用儿童的手、脑、口、耳和眼睛，而不只是让儿童依靠耳朵去听教师的讲授。"活教育"的目的论是"做人、做中国人、做世界人"，方法论是"做中教、做中学、做中求进步"，主张以大自然和社会为活教材。陈鹤琴在"活教育"思想的基础上，开创出了具有重要意义的五指活动课程。

**问题：**陈鹤琴"活教育"思想对当前我国幼儿园课程改革具有什么启示？

陈鹤琴（1892—1982），浙江上虞人，我国著名的幼儿教育家、儿童心理学家。陈鹤琴在杜威的儿童中心课程基础上，结合我国的实际情况，对我国幼儿教育进行了不懈的探索。其中五指活动课程就是具有极大影响力的幼儿课程方案之一。五指活动课程用五根手指来比喻幼儿园五大领域活动，体现了五大领域活动间的相对独立性和有机整体性，对我国学前教育的发展产生了深远的影响。

## 一、背景与理论

### （一）产生背景

传统的中国教育受封建思想的影响较大，将对儿童的教育局限在机械地传授知识方面，忽视了儿童自身的发展规律。

20世纪20年代，西方的一些先进教育思想开始传入我国，激发了我国的教育工作者对幼稚教育的探索。但是，当时我国的学前教育课程设置非常混乱，大多照抄国外的课程模式。本土的幼儿园更像是"幼儿监狱"，学习的内容机械死板，严重束缚了幼儿的发展。

陈鹤琴对国内幼稚教育存在的问题进行了思考，并指出了当时我国幼稚教育存在的弊

---

① 陈秀云，陈一飞.陈鹤琴全集（第五卷）[M].南京：江苏教育出版社，2008：17.

病：①与环境的接触太少，在游戏室的时间太多；②功课太简单；③团体动作太多；④没有具体的目标。①针对这些时弊，陈鹤琴认为中国的幼稚教育需要改革，并积极投身于探索适合我国的幼儿园课程中。

## （二）理论基础

陈鹤琴曾在美国留学多年，在此期间深受以杜威为代表的进步主义教育理论的影响。杜威认为，最好的教育就是从生活中、从经验中学习，教育就是要给儿童提供保证生长和生活的条件，而不是生活的准备，即教育即生活；学校应该为儿童呈现出社会生活，即学校即社会；教育要"从做中学"，强调儿童是通过经验来获得知识的。

五指活动课程主要是把幼儿园课程分成五大类，分别是儿童健康活动、儿童社会活动、儿童科学活动、儿童艺术活动及儿童语文活动，这五种课程犹如五根手指一样，互相联系、相辅相成，共同促进儿童的发展。

# 二、内容与实施

## （一）课程目标

陈鹤琴认为，在编制课程时应遵循以下原则。②

（1）是民族的，不是欧美式的。

（2）是科学的，不是封建的。

（3）是大众的，不是资产阶级的。

（4）是儿童化的，不是成人化的。

（5）是发展的、连续的，不是孤立的。

（6）是配合目前形势和实际需要的，不是脱离现实的。

（7）是适合儿童心身发展、促进儿童健康的。

（8）培养"五爱"的国民公德和民主、团结、勇敢、守纪律的优良品质。

（9）陶冶儿童的性情，培养儿童的情感。

（10）要养成儿童说话的技能。

基于"活教育"理论，五指活动课程目标有以下几点。

首先，要有一个健全的身体。幼儿应当具有健康的身体，养成良好的卫生习惯，并且掌握一些基本的运动技能等。其次，具有合作和服务的精神。要指导幼儿去帮助别人，学会与他人团结合作。再次，发展幼儿的智力，培养其创造力。让幼儿能够手脑并用，用科

---

① 陈秀云，陈一飞.陈鹤琴全集（第二卷）[M].南京：江苏教育出版社，2008：1.

② 陈秀云，陈一飞.陈鹤琴全集（第二卷）[M].南京：江苏教育出版社，2008：457.

学的方法去劳动、去创造。发展幼儿各方面的能力和素养，如提高语言表达能力，提升艺术素养和审美能力，增强幼儿对大自然、对科学知识的认识等。最后，要促进幼儿良好情绪的发展。陶冶幼儿的性情，培养幼儿的良好情感。

## （二）课程内容

陈鹤琴认为自然和社会都可以成为教材的来源，因此，在课程内容上，幼儿园课程可以分为相互关联的5个部分。

（1）儿童健康活动，包括饮食、睡眠、早操、游戏、户外活动、散步等。

（2）儿童社会活动，包括朝夕会、周会、纪念日集会、每天的谈话以及政治常识等。

（3）儿童科学活动，包括植物之培植、动物之饲养、自然现象的研讨、当地自然环境的认识等。

（4）儿童艺术活动，包括音乐（唱歌、节奏、欣赏）、图画、手工等。

（5）儿童语文活动，包括故事、儿歌、谜语、读法等。

这五种活动相互联系，相互促进，犹如五个手指一样，虽有不同，却彼此连通。

## （三）课程实施

在课程组织方面，陈鹤琴认为，"要有目标，又要合于生活"。他提倡每学期应有一个总设计，决定本学期应该注重的目标。同时，每星期也应该有一个预定的课程表，但此项课程表又是可变的，要结合具体的实际情况。另外，他还强调"从做中学"，仅仅通过文字课程是难以求得真知识的，一定要从儿童的实际经验出发，让儿童自己获得知识。

### 1. 整个教学法

针对当时幼儿园教学法混乱的情况，陈鹤琴指出："同一个教师教同一级儿童，教国语的时候，教蜜蜂；教图画的时候，教兔子；教手工的时候，教折船；教唱歌的时候，教《麻雀与小孩》；教故事的时候，教《小猪过桥》。"[①]他批判这种杂乱无章的教学方法没有考虑到儿童的生活及心理，并提倡一种"整个教学法"，即把儿童所应该学的东西整个地、有系统地教给儿童。这种方法以儿童的经验、儿童的心理为依据，在当时无疑是先进的教学方法。

---

① 陈秀云，陈一飞.陈鹤琴全集（第二卷）[M].南京：江苏教育出版社，2008：165.

# 整个教学法案例①

（1）先以实物引起儿童的兴趣：教师需预备一只乌龟、一只或两只兔子。

（2）研究龟兔的生理特点……（自然常识）。

（3）讲故事：《龟兔赛跑》，若儿童有别的龟兔故事尽管可以先讲。

## 龟兔赛跑

一天早晨，有一只乌龟从河里爬到岸上玩，遇着一只白兔子。乌龟说："白兔哥哥早！"兔子也说："乌龟哥哥你早！"乌龟爬得很慢，白兔看不起它，说道："你走得这样慢，实在太不方便。"乌龟回答说："你不要看轻我，我走路最有耐心，恐怕你还不如我呢！"白兔听了哈哈大笑，说道："怪了！怪了！像你这样走路，如何赶得上我，你若不信，我们就来跑跑看。"乌龟说："好得很，那边山上有一棵大树，看哪个先跑到。"

正说的时候，来了一只花猫，乌龟就喊道："花猫姐姐，我们要赛跑，请你来做公证人。"花猫说声"好！"就走过来，举起前脚说："预备！一！二！三！跑！"

白兔提起四脚，好像飞一样，向着大树跑；乌龟也立刻很起劲地一步一步向前爬。白兔跑到半路，回头一看，乌龟远远地落在后面。白兔停下来说道："今天天气真热，且等我休息一下再跑，乌龟爬得很慢，万一追上我，我一跳就可以赶上它。"说了就倒在地上，呼呼地睡熟了。乌龟一刻也不停，爬到那边，看见白兔睡着，就笑了一笑，再往前爬，不多时乌龟就爬到大树底下，坐了下来。白兔醒了，回头一看，不见了乌龟，就拼命地往前跑，跑到树边看见乌龟早在那里，就很惊异地喊道："你怎样会先到的？你怎样会先到的？"

讲故事的时候可以用下面的挂图（图3-1），这种挂图，需放大且需着色，以引起儿童的兴趣。故事讲完后，教师可以把各种手工图，如剪贴图、描画图、拼图、排列图、着色图、穿线图，一种一种地拿出来，给儿童拼看，让儿童做（图3-2）。

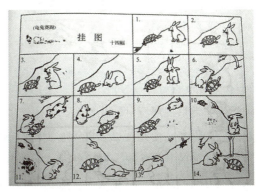

图3-1 挂图

① 陈鹤琴.幼稚教育[M].南京：南京师范大学出版社，2012：85-89.

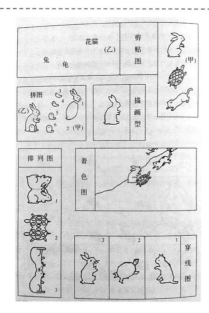

图3-2　各种手工图片

（4）剪贴：儿童可将图3-2剪贴图中（甲）图内龟、兔、猫三种空白图先着色，着色后，剪下来贴在（乙）图的相对应名词上，若贴得不对，就可以教他。这种方法，不但包含剪贴着色，也包含初步的认字。

（5）拼图：教儿童把图3-2拼图中（甲）部分着色后，剪下拼起来，拼成像（乙）部分的兔子一样，这个纸兔子的脚，是能够动的。这种玩法，也是儿童很喜欢做的。

（6）描画：这是一种轮廓图，有两种玩法。一是用铅笔依照轮廓在轮廓图下面的纸上描画一个兔子，然后着色；二是把轮廓图放在一张纸上，用蜡笔在轮廓上左右涂鸦，把空白的地方都涂掉，然后把轮廓图拿开，在下面的纸上就现出一只兔子了。年幼的儿童最宜做这种活动。

（7）排列：儿童可以把图3-2排列图剪下后在桌上或是在沙箱内排列起来，排成一个故事。

（8）着色：年幼的儿童可以把图3-2着色图着色，做学习画图的初步练习。

（9）穿线：这也是一种手工，儿童喜欢的。

（10）表演：儿童可以把这个故事表演一下。

（11）画图：可以叫儿童把这个故事画出来。

（12）课文：课文是绘图的，就是把上面印的故事一节一节地画图，使儿童读起来更加有兴趣。

## 2. 环境的布置

陈鹤琴非常重视环境对幼儿教育的作用。他提倡要布置一个完备的环境，通过增加和改进幼儿园的设备，使儿童可以自发地活动。布置环境，应该以自然现象和社会情境为依据，根据幼儿园的具体状况，鼓励幼儿一起布置，让幼儿能在环境的布置中认识周围的事物。布置幼儿园的环境，可以从大自然、社会中提取材料，甚至可以利用废旧材料来点缀和装饰。

### 3. 教材的运用

在教材的选择上，陈鹤琴主张大自然、社会都可以成为活教材。书本上的知识是间接的知识，而从自然和社会中获得的知识，是直接的知识，更容易让幼儿接受和理解。但是陈鹤琴并不完全否定书本知识，他提倡以大自然、社会作为主要的教材，以课本作为参考资料。

总之，陈鹤琴对幼儿园课程的意义探索深远。在将"活教育"与传统教育做对比时，在教学方面他提到：①多在户外；②领导学生自动研讨；③启发式、诱导式；④自动的；⑤教儿童。[①]这几项原则对五指活动课程的开展具有指导意义。

## （四）课程评估

陈鹤琴反对以分数作为度量学业成绩的单位，他指出："有人说学校里边的各科分数，就是度量学业成绩的单位。他不知道分数的价值是流动的。同是一本卷子，甲以为可得60分，乙以为只应得30分；这是因为甲乙的目光不同。由此可见通常学校所定的分数，不能作为普遍的标准。"[②]

陈鹤琴非常重视课程评价的功能，他和张宗麟、俞选清于1925年共同草拟了《幼稚生应有的习惯和技能表》，其中对幼儿的卫生习惯、做人的习惯、生活技能、游戏运动的技能、表达思想的技能以及日用常识这几个方面做出了详细的要求，对指导幼儿园的课程方面有着重要贡献。

幼稚生应有的
习惯和技能表

此外，陈鹤琴详细阐述了测验的分类和具体的实施方法，并制作了许多观察与调查量表。他结合幼儿的发展特点，亲身进行观察和记录，对我国幼儿教育的发展做出了不可磨灭的贡献。

# 三、评价与启示
## （一）评价

陈鹤琴是开拓中国幼儿园课程理论和实践的先驱者，他在亲身观察和实践的基础上，提出了一系列重要的幼儿园课程思想，对中国幼儿园课程理论的发展做出了重要贡献。虽然在新中国成立后的一段时间内，陈鹤琴的一些教育思想遭到了批判，但是其幼儿教育思想的确有着不可忽视的价值，在20世纪80年代产生了研究陈鹤琴教育思想的热潮。作为我国本土化的幼儿园课程方案，陈鹤琴的五指活动课程具有很强的指导意义。

---

① 陈秀云，陈一飞.陈鹤琴全集（第五卷）[M].南京：江苏教育出版社，2008：23.
② 陈秀云，陈一飞.陈鹤琴全集（第五卷）[M].南京：江苏教育出版社，2008：481.

首先，它从儿童的角度出发，提倡尊重儿童的天性，反对将成人的意愿强加在儿童的身上，形成了科学的儿童观。

其次，在教师观方面，倡导教师应成为儿童的朋友。"一个热爱儿童的教师，他是会全心全意地为儿童谋幸福，持续不断地改进自己的工作的……所以教师对待儿童，不但要热爱，而且态度要公平。"[①]这些都对教师的角色有了具体和详细的要求。

最后，在课程观上，五指活动课程注重儿童的生活经验和社会需求，强调从社会和实际出发。幼儿园的课程不仅要符合儿童的需求，而且要顾及社会生活的需求，幼儿园课程要以儿童的生活经验为基础，同时重视生活，合乎生活。

## （二）启示

### 1. 幼儿园课程改革要从实际出发，立足国情

陈鹤琴的幼儿园课程理论是在他自身实践的基础上发展起来的，他将国外先进的教育思想同国内的实际情况相结合，发展出一套适合我国国情的教育思想。在当今社会，虽然全球化的潮流势不可当，但是在这个更加开放和多样化的时代里，我们要立足本国国情，放眼世界，以开阔的视野和脚踏实地的精神去开创出属于我们自己的教育思想理论。

### 2. 幼儿园课程要以幼儿为主体，发挥教师的指导作用

幼儿才是教育的主体，要尊重幼儿的天性，让幼儿自己动手去获得经验和知识。同时，要发挥教师的指导作用。教师是幼儿的重要伙伴，幼儿的主体作用要在教师的帮助下有意识、有计划地发挥出来。在组织幼儿活动时，教师应坚持幼儿的主体地位，在教师的指导和帮助下，让幼儿亲身去实践并感知，从而获得经验和知识。

 知识窗

## 17条教学原则

陈鹤琴提出了以下17条教学原则。

1.凡儿童自己能够做的，应当让他自己做。

2.凡儿童自己能够想的，应当让他自己想。

3.你要儿童怎样做，你应当教儿童怎样学。

4.鼓励儿童去发现他自己的世界。

5.积极的鼓励胜于消极的制裁。

6.大自然、社会是我们的活教材。

---

[①] 陈秀云，陈一飞.陈鹤琴全集（第二卷）[M].南京：江苏教育出版社，2008：443.

7. 比较教学法。

8. 用比赛的方法来增进学习的效率。

9. 积极的暗示胜于消极的命令。

10. 替代教学法。

11. 注意环境，利用环境。

12. 分组学习，共同研究。

13. 教学游戏化。

14. 教学故事化。

15. 教师教教师。

16. 儿童教儿童。

17. 精密观察。

这突出了以儿童为学习主体的思想，即一个"活"字，一个"做"字，使儿童处于主动学习的地位。

## 第二节　蒙台梭利课程

 问题导入

一个妈妈抱着孩子去郊游，由于天气太热，妈妈流了很多汗，便把外衣脱下搭在了手臂上，于是，这个孩子不安地大哭了起来。孩子之所以有这样的表现，并不是因为妈妈脱了外套，而是因为妈妈把外套搭在了抱着孩子的手臂上。当妈妈把衣服拿走之后，孩子停止了哭泣。

**问题**：案例中的孩子为什么哭泣，又为什么停止了哭泣？请运用蒙台梭利的思想进行解释。

蒙台梭利课程由20世纪意大利著名的幼儿教育家——玛利亚·蒙台梭利（Maria Montessori，1870—1952）创建。她最初研究智力缺陷儿童的心理和教育问题，曾工作于罗马的国立特殊儿童学校，为"缺陷儿童"提供服务。1907年创办"儿童之家"，致力于正常儿童的教育实验，开始了蒙台梭利理论与方法应用于正常孩子的伟大尝试。她撰写幼儿教育著作，开办国际训练课程，对世界各国的幼儿教育产生了深远的影响，促进了现代幼儿教育的改革和发展。

# 一、背景与理论

## （一）产生背景

蒙台梭利拥有雄厚的医学背景，是意大利第一个内科女医生。1896年，作为助理医师的她，主要从事罗马城各个精神病院的访视工作，将智障儿童寻找并集中起来，然后进行治疗。由此，蒙台梭利开始了她在教育领域的探索。蒙台梭利独具特色的教育理念与方法，除了来自于对幼儿的大量观察之外，还受到了法国医学家伊塔和美国精神病医生塞贡的理论和教具的影响。

后来，蒙台梭利将她在观察智障儿童基础上形成的教育理论和方法应用到正常儿童的身上，于1907年在罗马一个贫民窟成立了第一个"儿童之家"。1913年，蒙台梭利首次开办蒙台梭利师资培训班，自此之后，除在世界范围内推广她的理念和方法之外，也积极地进行师资培训。同年，蒙台梭利到美国宣讲其学说，伴随着掌声而来的是争议，影响蒙台梭利学说普及的主要原因之一是教育家克伯屈的批评与反对，这表明当时的学术界未能肯定蒙台梭利学说。加之蒙台梭利要求亲自进行师资培训，教具的制造商也必须由她本人授权制作，种种原因导致蒙台梭利教育在美国的推广受阻。

此外，也有学者认为蒙台梭利学说传播受阻的主要原因是其思想理念与时代潮流不符：蒙台梭利强调儿童的主动学习，而当时认为所有的行为都来自于外部刺激；蒙台梭利强调教育对智力发展的有益作用，而当时普遍认为智力是固定的；蒙台梭利强调三四岁孩子早期经验对将来发展的影响，而当时的观念认为孩子的发展由先天决定，受遗传影响。

至20世纪60年代，苏联人造卫星的发射刺激了美国人，他们在震惊之余开始检讨教育制度和课程。美国教育目标开始转向基本能力的培养，开始重视早期教育。蒙台梭利学说强调的个别化教学、早期学习，符合了20世纪60年代美国的时代潮流，因此，蒙台梭利教育风行于美国。

蒙台梭利学说历经了几起几落，但其对现代幼儿教育的改革和发展所起的重要作用是毋庸置疑的。1952年，蒙台梭利过世前，她已备受尊崇，并三度被提名角逐诺贝尔和平奖。

## （二）理论基础

蒙台梭利的课程模式是在她独特的儿童观基础之上形成和发展起来的。蒙台梭利的儿童观在很大程度上受到了卢梭、裴斯泰洛齐和福禄贝尔的自然主义教育思想的影响，然后再结合自己的观察、实验和自身的生理学、生物学、遗传学和生命哲学理论进行阐述和发挥。

### 1. 蒙台梭利的儿童发展观

蒙台梭利强调儿童与成人之间的不同，两者同样都是人，但是心智完全不同，儿童心智发展到一定标准就达到了成人的心智。因此，蒙台梭利强调对儿童的教育应该看到儿童内在生命发展的步骤，不应以成人的标准来约束儿童。

就蒙台梭利看来，我们人类的发展并不是沿着一个持续的坡道进行的，蒙台梭利强调儿童生长有着既定的"自然程序表"，在发展的过程中无法跳过任何一个阶段。

第一阶段：0~6岁，这一时期为变化期。细分为：0~3岁，无意识吸收期；3~6岁，有意识吸收期。

第二阶段：6~12岁，这一时期为单一成长期，或称为中间期。

第三阶段：12~18岁，这一时期为变化期。细分为：12~15岁，青少年时期；15~18岁，青春期。

18岁以后，将不再有变化，这个人将只会变老而已。

儿童的发展具有阶段性的特点，各阶段之间是一个化茧成蝶的过程，直至达到成人标准。当教育顺着儿童生命发展法则时，儿童就会充满生命力，呈现喜乐、希望、爱、秩序和主动学习的现象；反之，生命力就会扭曲，呈现悲哀、失望、愤怒与被动学习的现象。[①]

### 2. 蒙台梭利的儿童学习观

（1）儿童的学习动力。

蒙台梭利认为人的学习是由"生命的冲动"，即"自然朝外发展的内在潜力"驱动而产生的。当儿童反复操作一个事物，进行同样动作的时候，其心智活动不断变化、扩展，直到儿童得到满意的结果，产生满足感、成就感。同样地，这种内心体验又反过来促使儿童不断地进行自发性学习。[②]

（2）儿童的学习方式。

在蒙台梭利看来，母亲给予儿童的仅仅是身体，是儿童自己利用并吸收周围环境的材料使其塑造成为未来的成人的。成年人通过大脑学习知识，儿童则通过心理能力直接吸收知识。上文提到，0~6岁为儿童发展的第一阶段，蒙台梭利将这一阶段儿童的心智称为"吸收性心智"，其中，0~3岁为无意识吸收期，3~6岁为有意识吸收期。

第一，无意识吸收期。儿童的无意识吸收始于婴儿对环境知识的吸收。婴儿是如何吸

① 简楚瑛. 学前教育课程模式[M]. 新北：心理出版社股份有限公司，1999：7-9.
② 简楚瑛. 学前教育课程模式[M]. 新北：心理出版社股份有限公司，1999：9-10.

收周围环境知识的呢？首先，周围的事物唤醒了婴儿的注意力和热情，把婴儿带入了对某一事物的特殊敏感期。由此，婴儿与周围环境的互动产生。儿童并不是通过主观思想，而是通过他们的天赋来吸收环境知识的。

 知识窗

### 儿童对语言的无意识学习过程[1]

宝宝从出生就开始模仿说话了。他们无数次被成人以一种仅对婴儿使用的幼稚口语"你真是个乖—宝—宝"吸引，开始了无意识的咿咿呀呀。

儿童在学习语言的过程中发生了什么？通过仔细观察就可以发现，儿童天生就具有听取人类声音的能力。不过有人会问，在他周围环绕着各种声音，为什么他会专门听取和学习人类的声音呢？如果婴儿仅仅听取人类的声音，仅仅学习人类的语言，那么人类语言留给婴儿的印象，肯定比其他声音留给婴儿的印象更深。这种印象肯定非常强烈，并且会产生强烈的情感共鸣，婴儿体内的神经随之产生很大的热情，促使婴儿自己将这种声音发出来。

第二，有意识吸收期。蒙台梭利以摄影过程来比喻儿童从无意识到有意识的学习。如同摄影一样，对影像的捕捉是从黑暗开始的，而只有影像被冲洗出来，才能永久地被个体所拥有。儿童从无意识学习到有意识学习的过程也必须通过儿童对一个动作的重复操作，通过此种方式，儿童的有意识心智逐步得到架构。

（3）儿童学习的敏感期。

儿童的敏感期，是指在初期发育阶段所具有的一种特别的感受性。敏感期最初是由荷兰植物学家、遗传学家德芙里斯于生物学界指出的一个事实，各类生物对于环境都有特定的敏感期。比如，毛毛虫在出生后对光很敏感，为了得到强光，它爬到树梢。而树梢有最嫩的叶子，适合幼虫食用。当毛毛虫成长到可以吃较大的叶子后，对光也就失去敏锐的感受力了。蒙台梭利儿童心理发展与这一观点有异曲同工之妙，也有着各种"敏感期"[2]。正是这种敏感性，使儿童以一种独特的、强烈的方式来对待外界事物。在这一时期，他们对一切都充满了活力和激情，能轻松地学会每件事情。他们的每一次努力都能使自己的能力大大增强。

通过观察与研究，蒙台梭利认为儿童的敏感期共有如下8种：秩序敏感期（0~4岁）、感官敏感期（0~5岁）、语言敏感期（0~6岁）、动作敏感期（0~6岁）、细节敏感期

---

① 玛利亚·蒙台梭利. 蒙台梭利教育法[M]. 宏蒙，译. 北京：中国商业出版社，2012：16-18.
② 鲍亚. 蒙台梭利儿童课程研究[D]. 南京师范大学硕士学位论文，2007.

（1.5~4岁）、社会规范敏感期（2.5~6岁）、书写（3.5~4.5岁）和阅读（4.5~6岁）敏感期、文化敏感期（6~9岁）。儿童如果错失了几个敏感期，那他将失去几次使自己更加完美的机会。

在敏感期的驱策下，儿童的学习如能配合其成长的顺序，其学习效果将是惊人的。有关语言、秩序、感官和良好行为发展的关键期在0~6岁，因此蒙台梭利教具中有许多教具是针对这几个特殊能力而发展出来的。

**3. 蒙台梭利的儿童自由观**

蒙台梭利认为她的教育方法是以自由为基础的教学法。蒙台梭利强调儿童有选择自己要做什么和做到什么程度的权利，但是观察她系列教具的操作可以发现，她又强调儿童通过固定程序来使用工具。这也是很多人批判其太压抑或太放任儿童的原因。

蒙台梭利的自由是建立在限制基础之上的。史坦丁以歌德的话来表达蒙台梭利的自由观："自由的无上快乐，不在做你喜欢的事，或环境诱惑你去做的事，而是能在没有阻碍或限制下，以直接的方式做正确恰当的事。"①蒙台梭利认为，一个孩子真正的自由不是做自己想做的事，而是选择做正确的事。

自由与纪律是一体两面的关系，透过老师向儿童展示迈向纪律的途径，之后经长时间的培养，儿童内心会逐渐形成纪律。到了那时候，儿童便能自己选择想做的事，并会自发地集中注意力去做。所以蒙台梭利说：儿童并未被允许去做"任何他喜欢的事"，他只能"自由选择好的与有用的工作"。②

## 二、内容与实施

### （一）教育目的

生物学目的：帮助儿童形成完善的人格。主张教育必须顺从生命的法则进行，协助儿童逐渐地展现其内在的潜力，帮助儿童的智力、精神和体格得到自然发展，实现儿童完善的人格。

社会学目的：建设和谐的新社会。蒙台梭利强调培养幼儿对世界大环境的适应能力。蒙台梭利这里的适应不是一般概念上的适应，而更多的是对世界环境的一种能动创造。她说："当我们探讨人类与环境之间的关系时，我们发现，与其说是人去适应环境，倒不如说人创造一个环境来适应自己。"③她希望通过教育培养完美人格的新人类，进而创造一个美好、和平的新世界。

---

① 史坦丁. 蒙台梭利：生平与贡献[M]. 徐炳勋，译. 台北：及幼文化出版股份有限公司，1992：116.

② 简楚瑛. 学前教育课程模式[M]. 新北：心理出版社股份有限公司，1999：13-14.

③ 蒙台梭利. 家庭与孩子[M]. 何佳芬，译. 台北：及幼文化出版股份有限公司，2000：78.

## （二）教育内容

该部分主要从日常生活教育、感官教育、语言教育、数学教育、自然文化教育等方面入手并结合案例阐述。

### 1. 日常生活教育

在蒙台梭利课程中，日常生活教育是必不可少的一部分。儿童通过在日常生活中的实际体验，逐步获得自身的独立。实际生活对儿童完整人格的形成具有重要的意义：第一，帮助儿童传承国家、民族的风俗习惯和文化传统；第二，帮助儿童实现活动的自主性和熟练性；第三，帮助儿童充分发展智慧；第四，帮助儿童顺利融入集体环境。

蒙台梭利具体的日常生活教育内容包括：基本运动（走、坐、立、搬椅子等）、社交（开关门、打招呼、应答等）、对自己的照顾（穿脱衣、穿拖鞋等）。

### 2. 感官教育

感官教育由触觉、视觉、听觉、嗅觉和味觉五种感觉组成。感官教育作为蒙台梭利教学内容的核心，是一切教育的基础，在幼儿心理发展中具有特别重要的意义：第一，感官教育是智力发展的基础；第二，感官教育是艺术教育的第一步；第三，感官教育可以塑造良好的人格；第四，感官教育能够促进人的心理发育。

 知识窗

### 蒙台梭利教具

"对孩子的照料及对孩子周围环境的安排和处理本身就给我们提供了培养孩子运动神经的主要手段，而感知的培养和语言的训练可以通过我的教学用具来实现。"[①]遵循这个法则，蒙台梭利针对感知训练开发的教具主要由以下工具构成。

1. 三套立体插件。

2. 三套立体图形，尺寸要有区别，还要包括：①粉红色立方体（积木）；②棕色棱柱；③薄板：分两种颜色——绿色的和红蓝相间的。

3. 各种各样的集合立体图形（棱柱、棱锥体、球形、圆柱体、锥体等）。

4. 粗糙表面和光滑表面的矩形小板。

5. 各种布料。

6. 不同重量的木块。

7. 两个盒子，每个盒子中都装有64块颜色各异的小方块板。

8. 装有平面插件的小柜子。

① 蒙台梭利. 蒙台梭利儿童教育手册[M]. 肖咏捷，译. 北京：中国发展出版社，2003：70-71.

9. 三套卡片，上面要有纸糊的几何形状。

10. 一套圆柱形密闭式盒子（音响）。

11. 两套音乐钟和画有五线谱的模板，以及用于标示音符的小圆片。

### 3. 语言教育

语言不是一种材料，而是一个过程。如果我们认为"语言即过程"是蒙台梭利留下的财富，语言范畴会扩大到包括更多的东西——整个学习环境，事实上是整个世界。语言课程变成语境而不再是内容，成为自助餐而非小心翼翼详加规定的食物：通向食品贮藏室的钥匙是孩子自己开口说的话。

蒙台梭利认为语言是人类思想、智慧的产物，而不是上天的赋予。儿童学习语言是在无意识状态下开始的，发展完成之后成为大脑的一部分。语言的学习过程包括听、说、写、读几部分。

（1）听、说教育。

口语经验的充实：分类卡游戏、语言游戏。

口语表达及理解力的发展：说故事、背诵诗歌故事等活动。

（2）写的教育。

书写前的准备练习：用手触摸字母形状，涂画练习、字母砂纸板。

（3）阅读的教育。

阅读训练方法：游戏（配对卡）。

 活动场

### 听、说训练①

当孩子在搭粉红色积木时，教师把握时机：拿起两个最极端的积木——最大的和最小的，给孩子看，同时说着"大的，小的"。连续几次用重复和清楚的发音念出来"这个是大的，大的，大的"。

中断一会儿之后，教师用小测试来检查孩子对这两个词的理解："把大的那个给我""把小的那个给我"，重复一次。然后老师依次指着积木并问："这是什么样的？"最后教师利用下面的方式督促孩子尽可能准确地重复这些词。

——（老师）这是什么样的？

①蒙台梭利.蒙台梭利儿童教育手册[M].肖咏捷，译.北京：中国发展出版社，2003：146-147.

——（孩子）大的。

——（老师）什么样的？

——（孩子）大的。

——（老师）清楚地告诉我，这是什么样的？

——（孩子）大的。

### 4. 数学教育

蒙台梭利认为，在使用日常生活类和感官类材料的过程中养成的顺序性、精确性和对细节的关注，已经为她所说的"数学心智"奠定了基础。"先期必要活动为孩子准备好数学能力所需的精确和逻辑条理。"[①]数学教育包括：算数——数科学；代数——数抽象；几何——抽象的抽象。

在幼儿期，数学教育的主要内容为算术教育，这里主要阐述蒙台梭利算术教育之教具及其使用的目的。

（1）目标：理解10以内的量和数，认识数量和数字。教具：数棒、砂数字板、数棒与数字板、纺锤棒与纺锤棒箱、数字与筹码、基本运算练习使用的数棒。

（2）目标：加强简单加减运算。教具：数棒。

（3）目标：数的组合、分解。教具：小木棒、小方块、筹码等。

### 5. 自然文化教育

孩子的生命需要大自然的力量，他的精神生命需要从大自然中吸取精神养分，自然是人类最好的老师。蒙台梭利认为人类的需求是十分广泛的，人类为满足自身需求与自然互动，而学习世界多样文化即是对自然互动方式的探究。

自然文化教育包括天文与地质、地理与历史、植物与动物以及音乐等内容。在蒙台梭利的教室里，教师为幼儿的主动探究提供了地形的物理模型、拼图等具体直观的材料，为幼儿抽象思维能力的发展奠定了实验基础。

## （三）教育方法

### 1. 有准备的环境

蒙台梭利认为儿童的发展是有机体与"有准备的环境"相互作用的结果，因此，"有准备的环境"是蒙台梭利教育的核心和精髓。"有准备的环境"主要由两部分构成：一是物质环境，二是人文环境。物质环境主要是指蒙台梭利教具、各种符合儿童体形尺寸的室

---

[①] Scott J. The development of the mathematical mind[J]. Montessori Life，1995，7（2）：25.

内设施以及教师自制的各种教学材料；人文环境则主要是指各种有价值的人类文化遗产①。

美国心理学家里拉德教授总结出蒙台梭利教育环境中的六大基本要素：自由；结构与秩序；真实与自然；优美的环境和鼓励儿童对周围环境做出积极、自然反应的和谐气氛；蒙台梭利教具；集体生活的发展。下面主要论述自由、秩序、真实与自然。

（1）自由。自由是必要的，因为只有提供自由，儿童才能随时选择自己感兴趣的活动材料和工作，成人才可以通过观察儿童的兴趣和活动，了解儿童的个性发展，以便随时改进环境来适应儿童的发展需要。因此，蒙台梭利强调在为儿童提供具有完备教材教具的学习环境的同时，要允许儿童自主选择自己感兴趣的工作，这样儿童会专注于自己所选择的工作，并不断地进行重复练习，直到他们的内在需要得到满足，其行为举止符合社会道德的基本要求，达到"正常化"的标准。

（2）秩序。"秩序是天国第一要律"，诗人波普一句话道破天机。蒙台梭利教育非常重视秩序感的培养，一方面是她认为有了秩序感，就可以少浪费生命，另一方面是她强调外在的秩序可以形成内在的秩序，构建清晰的逻辑思维，形成和谐的道德品格。

**知识窗**

## 孩子与儿童小床

蒙台梭利曾记述过一个不到一岁半的小孩的故事。这个小孩在随父母旅行时，总是睡在有栏杆的儿童小床上。可回到家后，他跟母亲一块儿在大床上睡，却出现了许多疾病的征兆。蒙台梭利认为，这个小孩的失调可能有着某种精神的因素。于是，她拿了两只枕头，把它们平行铺开，它们的垂直边就形成了一张像有栏杆的儿童小床，这个小孩竟安静地睡着了，他的病再也没有复发过。在蒙台梭利看来，睡在大床上的这个小孩失去了从儿童小床的两边栏杆所能感觉到的那种支持感，这种感觉的丧失导致了失调和痛苦的内在冲突，从而引发了其身体上的不适。

蒙台梭利特别强调环境必须要有秩序，所以在蒙台梭利的教室里，儿童的活动都按照日常周期进行，他们的活动安排和节奏都是可以预料的，学习材料也有秩序地组织起来，儿童能在自己期望的地方找到活动材料。

（3）真实与自然。蒙台梭利强调儿童心智的发展依赖于对周围环境的观察，因此应该避免成人提供的虚幻世界，在孩子的日常生活中，为孩子提供真实的、自然的、适合幼儿的工具。儿童手中的工作材料应具有一定的重量，并且手感要好，以接近生活中真实物

---

① 杨莉君. 蒙台梭利教育法需要科学地解读和本土化[J]. 人民教育，2004（11）：23-25.

体，要避免使用一些具有虚幻色彩的材料。

蒙台梭利不仅重视室内环境，而且重视大自然在儿童教育中的作用。在蒙台梭利看来，作为大自然一部分的孩子，他必须从自然中吸取养分，以获得身体和精神的成长。为孩子提供接触大自然的条件，"让孩子健康成长的最好方法，就是让他们沐浴在大自然之中。舒适的童装、凉鞋、裸露的下肢就是一种摆脱文明枷锁的方式……既然儿童的肉体生命必然需要大自然的力量，那么他的精神生命也必然需要心灵与天地万物的交融，从而可以直接从生动的大自然的造化能力中吸取养分。达到这一目的的方法，就是让儿童从事农业劳动，引导他们培育动植物，并从中思考自然，理解自然"[1]。

 **知识窗**

### 蒙台梭利教育环境创设与运用的特点[2]

蒙台梭利环境创设与运用的特点主要体现在以下几个方面

（1）典型的蒙台梭利学校包括教室、室外花园、操场、图书馆、起居室、贮藏室。

（2）环境的设置必须适合儿童发展的节奏和步调，提供适合儿童自由操作的各种活动材料。

（3）环境必须是有秩序的、对儿童有吸引力的、美的，同时也必须是能够保护儿童，让儿童有安全感的。

（4）环境创设必须体现与成人世界的联系。

（5）典型的蒙台梭利教室分为日常生活、感官、数学、语言、历史地理、文化科学、艺术表现7个区域，各个区域为儿童提供不同的"工作材料"，并随儿童的发展不断更换，以满足儿童发展的需要。

### 2. 教师

蒙台梭利教育的目的是培养儿童自主完成任务的能力，所以教师的职责是尽量激发儿童的潜能，在儿童能力范围内给予帮助，为儿童提供一个精心准备的、能协助他成长的环境。同时，作为观察者，进行积极的、精心的观察；监督班级活动情形；帮助儿童获得操作教具所必需的技巧。

蒙台梭利认为，幼儿教师应是幼儿权利实现的保障者，幼儿自由活动的观察者，幼儿内在秘密的研究者，幼儿活动环境的创设者，幼儿自我成长的指导者，以及家、园双向合

① 杨莉君.蒙台梭利教育法需要科学地解读和本土化[J].人民教育，2004（11）：23-25.

② 玛丽亚·蒙台梭利.蒙台梭利早期教育法[M].北京：中国华侨出版社，2015：107.

作的联络者。①观察能力应是幼儿教师必须具备的素质。她指出，"生命本身在于运动，为了研究它，探索它的秘密，指导它的活动，就必须观察它，不带先入之见地去了解它"。此外，教师还必须进行实验和研究，对教师来说，研究幼儿已不再是"科学家的耐心或科学家的谦逊的问题，而是所有人的道德问题"。蒙台梭利强调环境的创设，她认为环境是生命现象的第二因素，它可以促进或阻碍生命的发展，但决不能创造生命。为此，教师要给幼儿创造"有准备的环境"②。

### 3. 评估

蒙台梭利教育的评估是以教具为中心的，利用教师的观察和记录，在教师和幼儿中间展开。观察的时候要注意五点：①确定观察目标；②详列观察项目；③做好观察前的准备，如观察地点、持续时间等；④紧密结合观察项目，就观察内容整理成摘要或备忘录等客观性记录；⑤与其他观察者比较后进行综合性判断。

## 三、评价与启示

### （一）评价

美国的珍妮特·沃斯和新西兰的戈登·德莱顿在《学习的革命》一书中就称蒙台梭利教育法是"世界上最好的教育思想"和"世界上一流的幼儿教育"。皮亚杰在评价蒙台梭利时说："蒙台梭利对于智力缺陷儿童心理机制的观察便成了一般方法的出发点，而这种方法在全世界的影响是无法估计的。"作为一种较先进的幼教模式，蒙台梭利教育法对当今世界各国幼儿教育改革与发展产生了重要的影响，这种影响对我国幼教界而言同样是巨大的。③

蒙台梭利强调对儿童的爱、信任和尊重，细致耐心的观察，机智及时的指导。蒙台梭利课程强调个别化的学习、有准备的环境，对世界学前教育发展做出了巨大的贡献，但也存在一些局限性。

### 1. 孤立的感官训练

蒙台梭利强调感官的孤立训练，她设计的感官教具主要是针对特殊的感官能力训练的，利用"困难度孤立"的训练方法发展幼儿的感知。这种做法或许适合有感官、智力缺陷的特殊儿童，但推广到全体儿童身上需要引起高度重视。

### 2. 创造力的忽视

蒙台梭利课程下的儿童虽然有选择材料和操作时间、操作完成度上的自由，但是在具

① 吴振东. 蒙台梭利关于幼儿教师角色论述的启示[J]. 中国教育学刊，2001（4）：58-60.
② 蒙台梭利. 蒙台梭利幼儿教育科学方法[M]. 任代文，译. 北京：人民教育出版社，1993：122.
③ 杨莉君. 蒙台梭利教育法需要科学地解读和本土化[J]. 人民教育，2004（11）：23-25.

体做法和规则上是没有自由的。蒙台梭利要求幼儿按照既定方法操作材料，重视对材料的不断重复练习。这种方法是不利于幼儿创造性发展的。

在蒙台梭利教室的艺术教育方面，也被指为在既定目标下的创作，缺乏自由创作，完全只是实体的复制。

### 3. 社会交流的缺乏

蒙台梭利课程强调每个儿童的个人特色，要求每个儿童自己选择材料、工作，自己进行操作和自我发展，缺乏同伴互动交流的机会。显然，这是不利于儿童社会交往和语言交流的发展的。

## （二）启示

著名比较教育学家萨德勒（Sadler）认为："我们不能随意漫步在世界教育之林，像小孩子逛花园一样从一堆灌木丛中采一束花，再从另一堆采一些叶子，然后企图将这些采集的东西移植到家中的土壤，造就一个有生命的植物。一个民族的教育制度是一个活生生的东西，它是被遗忘了的斗争和苦难的结果，是'久远以前的战斗'的产物。其中隐含着民族生活中的一些隐秘的作用。"①

作为一种世界性的课程流派，蒙台梭利课程有着独特的价值。但是推广的过程中也需要改造，使之符合本国的实际情况。

### 1. 结合本土，加以合理改造

任何一种思想的产生都是有其独特的文化背景的。在蒙台梭利课程的引进和使用的过程中，我们应该消除其中不适合中国幼儿教育实际的部分。只有将蒙台梭利教育思想与本国的实际情况和本土文化结合起来，蒙台梭利课程才能在中国更具生命力。

### 2. 抓住实质，不流于形式

当前，学习和研究蒙台梭利课程的风气在我国盛行，人们希望通过借鉴其优秀的精髓，将之正确运用到实践中去。现实情况是，很多实践者仅仅关注了蒙台梭利教具，没有看到教具背后的教育理念和实质。

---

① Sadler M. How far can we learn anything of practical value from the study of foreign systems of education?[J]. Comparative Education Review，1964（7）：307-314.

知识窗

## 蒙氏感官教具

表3-1　蒙氏感官教具的种类和功能①

| 种类 | 功能 |
|---|---|
| 粉红塔 | 经由视觉建立三次元空间变化、差异的知觉 |
| | 堆高时精神的集中度及敏锐的观察力 |
| | 学习立方体的概念 |
| | 数学教育的间接准备（理解+进位的准备教具） |
| | 手眼协调及肌肉控制力的练习 |
| | 培养逻辑思考力（顺序） |
| 圆柱体组 | 以视觉辨别大小的能力 |
| | 对应、顺序性逻辑思考力 |
| | 写字的预备学习（抓握圆柱可做握笔练习） |
| 彩色圆柱体 | 手眼协调、手臂肌肉控制力 |
| | 以视觉辨别大小 |
| 棕色塔 | 经由视觉建立对三次元空间变异的知觉 |
| | 发展手、眼、肌肉的动作协调 |
| | 学习立方体的概念 |
| 几何学立体 | 感受实体 |
| | 认识各种几何学立体 |
| | 进入学习几何学的准备 |
| | 刺激肌肉的感觉 |
| 构成三角形 | 在三角形的构成及分解练习中，对平面几何图形间的相等概念有进一步的认识 |
| | 培养图形对称的感觉 |
| | 学习几何图形的间接准备 |
| 色板 | 培养分辨颜色的能力，颜色对比及组合的预习 |
| | 培养色彩美感 |
| 重量板 | 培养辨别重量的感觉 |
| | 增进判断力 |

① 魏美惠. 近代幼儿教育思潮[M]. 新北：心理出版社股份有限公司，1995：137-138.

# 第三节 高瞻课程

## 问题导入

下面是高瞻（High/Scope）课程幼儿园一日的时间安排。①

（1）问候时间（时间可变）；

（2）计划时间（10~15分钟）；

（3）工作时间（45~60分钟）；

（4）清理时间（10分钟）；

（5）回顾时间（10~15分钟）；

（6）全体活动时间（10~15分钟）；

（7）小组活动时间（10~15分钟）；

（8）户外活动时间（30~40分钟）；

（9）过渡环节时间，包括入园和离园（时间可变）；

（10）进餐和休息时间（时间可变）。

**问题：** 你认为高瞻课程幼儿园一日时间安排有何优缺点？

---

高瞻早期教育课程模式，于20世纪60年代初由戴维·P.韦卡特和他的同事创立，是与拉瓦特里的EEC课程、德弗里斯—凯米的EEP课程齐名的三种认知中心课程模式之一。20世纪80年代末，高瞻课程在与另外两个认知课程的竞争中脱颖而出，成为美国运用最广泛的课程。得益于其在全世界范围内的推广，高瞻课程在国际上也享有很高的声誉。据统计，在世界各地已有几千所运用高瞻课程的学校。

## 一、背景与理论

从创立之初到现今，高瞻课程的发展历经了三个阶段，是一个不断发展、延伸的课程。

---

① 钱峰. High/Scope课程实践的主要特点[J]. 早期教育（教师版），2014（12）：29-31.

## （一）产生背景

高瞻课程模式始于1962年高瞻佩里学前课程（High/Scope Perry Preschool Program）。这个课程是密歇根州伊普西兰蒂市的佩里小学为3至4岁的儿童开发的课程方案。

20世纪60年代，美国密歇根州伊普西兰蒂市公立学校里一位特别事务负责人韦卡特发现，伊普西兰蒂市的高中生中，来自低收入家庭的学生在学校成就上一直属于失败人群，就此探索原因，最后归因于这些学生在小学时候就没有为未来的学习奠定基础。韦卡特成立特别委员会和三名小学校长开始了共同研究。这个特别行动委员会认为，对三四岁的儿童给予提早干预，有助于其在未来的学校表现。为避免进行此方案而增加学校改革所需的时间，韦卡特认为这种早期介入方案应该独立于公立学校系统之外。于是，1962年，韦卡特在密歇根政府经费的支持下，成立了佩里学前方案。

作为20世纪60年代首批致力于改造低收入处境不利家庭儿童的课程之一，韦卡特强调方案对儿童认知发展的影响。于1971年出版的作为高瞻课程模式初步形成标志的《认知中心课程》一书中，可以看出这段时间高瞻课程主要受到皮亚杰学说的影响，以皮亚杰的认知理论为基础，重点在于发展儿童的认知和智力。

1970年，韦卡特离开伊普西兰蒂公立学校，成立高瞻教育研究基金会。1979年，高瞻教育研究基金会出版著作《活动中的幼儿》。与1971年出版之作相比，1979年之作更加强调儿童作为知识的主动建构者。教育目标上，也不再把眼光仅限于认知和智力的发展，而是以认知发展为中心，提出了儿童社会性和情感发展的全面发展目标。

1979年之后，高瞻课程出版了系列著作，尤其是1995年出版的《幼儿教育》，除了对《活动中的幼儿》做了一些修订之外，还提出了新观点，将儿童的"主动学习"从关键经验之一提升到整个课程发展的核心高度。至此，高瞻课程更加强调皮亚杰理论中建构论的部分。[①]

纵观创立至今的发展历史，高瞻课程是一个不断发展、持续延伸的模式。

## （二）理论基础

高瞻课程模式以皮亚杰学说为主要依据，早期建立在皮亚杰的认知理论基础上，后来重视皮亚杰的建构理论，对社会性和情感的发展也开始重视起来。

皮亚杰的认知发展理论为美国学前高瞻课程的发展确定了科学的方向，丰富了美国学前高瞻课程的内涵，他所提出的儿童发展阶段论、儿童中心论、互动的观点以及关于教师角色的认定对于美国学前高瞻课程都有许多借鉴的价值。

---

① 徐小龙. HIGH/SCOPE学前课程模式近二十年的发展[J]. 学前教育研究，2001（4）：73-75.

### 1. 根据儿童的发展阶段对儿童进行教育

高瞻课程模式要求教师要以儿童的认知发展为依据，为儿童提供各个发展阶段所需的材料，以适应每个年龄段儿童的发展状况。这一思想来源于皮亚杰（图3-3）的四阶段论，根据这一理论，儿童的认知发展过程是有一定的顺序和规律的，各个阶段都涉及一定的技能和局限性。这四个阶段包括：感知运动阶段、前运算阶段、具体运算阶段和形式运算阶段。皮亚杰的四阶段论（孩子认知的发展具有一定的顺序性和规律性，不能跳跃式发展，必须从一个阶段发展到另一个阶段）为课程教学提供了指导，使采用高瞻课程模式的教师知道何时该向孩子提供何种材料。[1]

图3-3 让·皮亚杰
（1896—1980）

### 2. 主动学习的儿童观

皮亚杰认为，儿童按照自己已有的知识和经验在与周围环境互动的过程中，逐步建构起新的个人关于外部世界的知识和体验，而不是复制已有的观点和理论，从而使自身认知结构得到进一步的发展。在认知发展的过程中，儿童与环境的互动是必不可少的。皮亚杰把儿童看成主动的和好奇的，认为学校要开展一些互动和实践课程，课堂要为学生提供足够的材料，鼓励孩子充分地发挥好奇的天性，促进他们数学、科学和其他领域知识的发展。皮亚杰认为，知识并不是把信息从一端输入，然后进行编码、记忆、提取和应用，而是自身建构的过程，是在与环境、人和事相互交往的过程中发展的，这称之为"交互作用"。[1]

由此，高瞻课程模式强调成人必须为幼儿提供能够主动学习、建构知识的环境，成人扮演的角色是幼儿学习的支持者、观察者和引导者。高瞻课程模式倡导幼儿的主动学习，韦卡特等认为："儿童的知识来自他们与各种思想的互动，来自他们对物体和事件的直接经验，同时也来自他们把逻辑思维应用到这些经验的过程中。"[2]

### 3. 开放的教师观

在高瞻课程中，教师是幼儿主动参与式学习的支持者、鼓励者和引导者，要求教师和幼儿一样积极、主动，和幼儿共同讨论、设计活动，为幼儿的操作提供所需的材料，发散幼儿的思维以引导其自主解决问题。在这种课程模式下，幼儿与教师共同承担学习的任

---

① 闫颖. 美国学前高瞻课程模式研究[D]. 哈尔滨师范大学硕士学位论文，2013.

② Weikart D P，Schweinhart L J. The High/Scope curriculum for early childhood care and education[A]. *In*：Roopnarine J L，Johnson J E. Approaches to Early Childhood Education[C]. Upper Saddle River：Pearson Education，Inc.，2005：237.

务，发展新技能。高瞻课程模式特有的师生互动——教师一边鼓励幼儿达成不同阶段的发展目标，一边启发幼儿不断设定新目标——使高瞻课程与以儿童为中心的课程区分开来。

## 二、内容与实施

随着高瞻课程模式的不断发展，其教育目的也相应地出现阶段性的变化：1971年以前更强调儿童的认知发展，为将来的学业成长提供帮助；1971—1979年，强调"运算要素"，制定了"皮亚杰式"教育目标；1979年至今，其总目标仍是认知性的，但也强调主动学习、情感和社会性方面的发展。总的来说，高瞻课程的主要目标围绕着认知能力的发展。

### （一）教育内容

高瞻课程模式中儿童的学习内容依据58条关键发展指标（key developmental indicators）来安排。这些学前关键发展指标囊括了五大领域（学习方式，语言、读写和交流，社会性—情感发展，身体发展和身心健康，艺术和科学），并且每个领域都有具体细分[1]。

#### 1. 学习方式

学习方式的关键性经验如下：做出选择、计划和决定；学会表达游戏中遇到的问题并加以解决。

 **情境案例**

### 鼓励幼儿做出选择、计划和决定，并表达出来[2]

这是某位家长送孩子入园时与老师的交流：早晨在来幼儿园的路上，丽萨说她今天要和玛格丽特在娃娃家玩，她们要做有很多芝士和奶油糖果片的披萨。她也很清楚地知道自己要用什么材料。她告诉我说老师昨天在路上捡到了一些小的棕色卵石，那些就是奶油糖果碎片。我上周买的泡沫（用来包新餐具）就是芝士。

---

[1] 安·S. 爱泼斯坦. 学前教育中的主动学习精要：认识高宽课程模式[M]. 霍力岩，等，译. 北京：教育科学出版社，2012：68.

[2] 安·S. 爱泼斯坦. 学前教育中的主动学习精要：认识高宽课程模式[M]. 霍力岩，等，译. 北京：教育科学出版社，2012：171.

问题：成人该如何为幼儿提供有效支持？

分析：案例中，丽萨在来幼儿园之前就已经决定了今天要和谁玩、玩什么和怎么玩，明显地表明了自己对于一日活动的计划性和决策性，把自己视为行动者。此时，对幼儿的支持就是创设一个鼓励做出选择的环境和固定的一日生活流程，在每日的计划—工作—回顾流程中鼓励儿童依据自己的兴趣做选择和表达意图。

## 2. 语言、读写和交流

语言、读写和交流的关键性经验如下：向别人讲述对自己有意义的体验；描述物体、事件和关系；从语言运用中获得乐趣：听故事、诗歌，编故事；用各种方式书写：画、涂、使用类似字母的符号、自创拼写及正确拼写；通过各种方式阅读：阅读故事书、标志和符号；口述故事。

 情境案例

### 鼓励幼儿和他人进行交流①

卡尔：（试图将高尔夫球座塞到泡沫塑料里）我没办法把它们塞进去。

赖安老师：尤兰达之前做过这件事，或许她可以解释一下她是怎么做到的。

尤兰达：你要使劲敲一下。

卡尔：你是怎样敲的呢？

尤兰达：你只要很用力地敲一下。

卡尔：什么？

赖安老师：（对尤兰达说）你可以演示一下吗？（卡尔和赖安老师看着她）

尤兰达：看着。你把它推进去（她把球座部分塞进塑料泡沫），然后你从顶部重重地敲一下。你把它敲进去！（她连续地用球棍敲它，并把它递给卡尔）给，现在你试试。

卡尔：（用他的高尔夫球座和球棍做同样的动作）看，我也敲！

问题：赖安老师是怎样处理幼儿的问题的？

---

① 安·S. 爱泼斯坦. 学前教育中的主动学习精要：认识高宽课程模式[M]. 霍力岩，等，译. 北京：教育科学出版社，2012：183.

分析：案例中，老师抓住时机，创造同伴交流的机会，把解决问题的机会抛给群体中的其他幼儿，鼓励幼儿和他人交流；适时引导，帮助幼儿交流的顺利开展。

### 3. 社会性—情感发展

社会性—情感发展的关键性经验如下：关照自身需求；用语言表达情感；与其他儿童和成人建立人际关系；创造和参与合作游戏；处理社会性冲突。

### 4. 身体发展和身心健康

高瞻课程的身体发展和身心健康领域的关键发展性指标包括：非移动性运动（原地运动：屈体、转体、扭动、晃胳膊），移动性运动（非原地运动：跑、跳、踏步、爬），携物运动，在运动中表现创造力，用语言描述运动状态，按指令运动，感受和表达稳定的节拍，按统一的节拍连续运动。

### 5. 艺术和科学

高瞻课程在艺术领域的关键发展性指标包括如下几个方面。

（1）视觉艺术领域：将模型、图片和照片与真实场景和事物联系起来，用黏土、积木和其他材料造型、绘画和涂鸦。

（2）戏剧艺术领域：模仿各种动作和声音，玩假装游戏和角色扮演游戏。

（3）音乐领域：随着音乐做活动、探索和辨认声音、探索歌声、自创旋律、唱歌、演奏简单的乐器。

高瞻课程在数学领域的关键发展性指标包括如下几个方面。

（1）序列：比较属性（较长/较短；较大/较小）；将一些事物依序排列，并叙述其间的关系；经由尝试错误，进行两个序列的配对。

（2）数字：比较两组事物的数量，判断谁多谁少或是不是一样；一对一配对；计算物品的数量。

（3）空间：填满与倒空，拆装物体，改变物体形状和排列（包裹、弯曲、拉长、垒高和围绕），从不同的空间视角观察人、场地和物体，在游戏场、楼房和社区中体验并描述物体的空间位置、方向和距离，解释绘画、图片和照片中的空间关系。

## （二）教育方法

这部分内容主要从三方面进行论述：学习环境、成人角色、一日常规生活框架。

### 1. 学习环境

我们生活着的环境影响着我们的行为，一个舒适的环境会吸引我们参与其中。同样地，早期环境与我们成人的工作环境相似，幼儿需要在具有吸引力、舒适的环境里进行探索，获得新技能。

（1）学习空间的设置。

高瞻教室具有很高的辨识度，每个教室内部都利用标签的形式划分了兴趣区，标签可以是文字、图片或实物。而且，教室里的设施和材料也贴了标签，并按照一定的分类方式进行收纳。

把空间划分为不同的兴趣区。首先，空间应该具有吸引力：柔和的光线、悦目的图案和色彩等。其次，根据幼儿的天性对区域进行划分：积木区、娃娃家、艺术区、玩具区、读写区、沙水区、木工区、运动和音乐区、数学和科学区、电脑区和户外区；各个区域用标签注明，用低矮的分界物区分。须注意的是，高瞻项目中并没有对区域的数目做硬性的规定。总的来说，与其设置多个操作材料有限的区域，还不如区域少一点，但每个区域投放可多样化操作的材料。当幼儿园的空间面积较小的时候，教师可以适时更换区域。

（2）材料的选择与提供。

材料应该多样且丰富，不仅要有专门为幼儿设计的材料（玩具、攀爬设备等），还应该有日常生活中的物品（锤子、电话等）；不仅要有特制材料，还应该有天然、回收的材料；家长也可以参与游戏材料的提供，参与孩子的幼儿园生活；保证每个区域材料数量充足，避免儿童由于材料不够而产生冲突，缩短游戏时间。须注意的是，幼儿园要配置材料置放柜，让幼儿自由取用，并且学会整理，帮助幼儿完成"发现—使用—归还"这一过程。

**2. 成人角色**

高瞻课程强调幼儿的主动参与式学习，幼儿的角色为主动学习者，教师要做的就是提供一个支持性的氛围。在这个环境下，教师与幼儿合作，教师作为支持者、合作者参与幼儿的主动学习。同时，高瞻课程也很强调家长的参与。

**3. 一日常规生活框架**

可以说，高瞻课程并没有一套明确的教育方法，但是有一个完整的框架指导着每日活动的进行。在这个框架的指导下，幼儿的日常活动相对固定，偶尔会根据幼儿的兴趣做相应调整。这样的环境能够让幼儿增强安全感、控制能力和独立性，有助于幼儿责任感的培养。

（1）计划—工作—回顾。

计划—工作—回顾是高瞻课程的核心，让幼儿有机会阐明他们活动的目的，教师能够密切地参与其中。

计划——表明目的，这是一个教师与幼儿合作的过程，通常为10~15分钟。在这个环节，幼儿需要利用行动（拿起纸笔）、手势或言语向教师说出自己的想法和意图。教师给予幼儿积极反馈，遵照幼儿的想法帮助他们完成计划，然后在教师的鼓励下继续制订计划，进行下一个工作。

工作——实施计划。幼儿实施计划的时间通常为45~60分钟。"游戏即儿童的工作"，但这个"工作"以计划的方式来实施，更具有目的性。在"工作"过程中，幼儿通过小组合作的方式参与到社会情境中，学习解决问题的方式，建构知识，发展新技能。同样地，教师通过对游戏的观察，能够为幼儿游戏提供更好的支持。

回顾——反思。进行回顾的时间通常为10~15分钟。让幼儿聚在一起，回顾自己的活动，交流、分享体验。回顾方式可以是口头表述，也可以是绘画等其他方式。

（2）集体活动时间。

在集体活动时间，教师向幼儿介绍新的材料、活动，激发幼儿的兴趣，让幼儿在工作时间继续探索这些活动；全部幼儿和教师一起游戏、唱歌等，在增进同伴间社会性交往的同时，也为幼儿与成人之间的互动提供了机会。

（3）小组活动时间。

小组一般由6~8个幼儿和一名固定教师组成，小组活动持续15~20分钟。活动内容的选择可以根据幼儿的兴趣、经历，或教室的新材料等决定。活动计划虽然由教师制订，但幼儿也可以献计。在活动过程中，教师要掌握幼儿活动的进展情况并给予积极的反馈。当幼儿遇到问题时，教师可以通过开放性的提问方式来发散幼儿的思维，促使幼儿自己找到解决问题的方法。

## （三）课程评价

高瞻课程的评价模式是一种真实性评价。真实的评价基于课程活动的真实场景中孩子们的表现，它不是实验的、测试的或重复训练后的再演，也不是被教师预设的孩子们的见机行事，而是活动的自然状态。

为了收集真实的资料，以便对孩子进行发展评价，高瞻课程主要采取以下方法：①客观的观察。②用轶事记录法收集信息。③真实有效的评估工具，如"儿童观察记录量表"中有6个条目、32个观察项目，每个观察项目下有5个发展水平。另外，高瞻课程"项目质量评估量表"中，评价的内容涉及两个层面、7个部分、63项，每一项的评分范围从最低到最高共分成5个质量水平，包括"教室观察"层面的学习环境、一日流程、师幼互动、课程设计和评估，以及"机构观察"中家长参与和家庭服务、员工资质与培训、项目管理。[①]

高瞻课程以团队合作的方式对儿童的实践进行评估。教师、保育员、园长、校车司

---

① 钱峰. High/Scope课程的评价[J]. 早期教育（教师版），2014（10）：12-13.

机、厨师、家长、课程专家及评估人员等都可以成为评估团队的人员。[①]

# 三、评价与启示

## （一）评价

诞生于20世纪60年代的高瞻课程，现已闻名遐迩，成为学前教育领域举足轻重的幼儿园优秀课程模式。

高瞻课程为世人了解学前教育事业的价值做出了重大贡献。正是基于对高瞻课程模式中学前儿童的长期追踪研究，发现了优质学前教育方案的价值：提高儿童的受教育年限、增加国家税收、降低福利开支和预防犯罪。正是对高瞻课程模式教育效果的持续研究，让世人了解并认同了学前教育的重要价值。

## （二）启示

### 1. 转变幼儿教师角色

高瞻课程把皮亚杰学说作为其理论基础，强调幼儿的自主参与式学习，注重幼儿的主动建构，教师是幼儿学习的鼓励者、引导者和支持者。高瞻课程的核心是"计划—工作—回顾"，在这三个环节中，幼儿表达自己的目的、意愿，教师不是教学活动的制定者，而是幼儿学习活动的合作者，帮助幼儿学习，幼儿与教师处于同级的地位。高瞻课程中教师角色给我国幼儿教育改革的一个启示是：改变传统教师观，让教师由威严的上位者成为幼儿学习的合作者，成为幼儿的朋友。

### 2. 创设丰富的学习环境

在教室里，高瞻课程为幼儿提供各种兴趣区域，有目的、有组织地提供各种材料，并特别提供与当地社区和文化相关联的材料。各个兴趣区域既相对独立又相互敞开，各种材料都有标示。这种做法有利于幼儿在操作材料时将各区的材料联系起来使用，为幼儿的创造力发展提供空间。同时，材料用完后便于清洁、整理，便于归位。[②]

### 3. 争取家长的参与，在家庭与学校之间建立良好的关系

高瞻课程十分注重家长的参与，提供各种各样的、有意义的机会，以帮助家长参与其中。研究表明，家长参与对于幼儿在学校表现十分重要。我们要综合利用各种教育资源，共同为幼儿的发展创造良好的条件。

---

① 钱峰. High/Scope课程实践的主要特点[J]. 早期教育（教师版），2014（12）：29-31.
② 刘晓花. 美国的高瞻课程（High/Scope）[J]. 课程教材教学研究（幼教研究），2012（1）：53.

## 第四节 瑞吉欧课程

 问题导入

瑞吉欧课程中教师观的内容体现如下。

教师是幼儿的倾听者；

教师是幼儿的观察者；

教师是幼儿的伙伴与向导；

教师是幼儿活动材料的提供者；

教师是幼儿行为的记录者和研究者；

教师还是一个实践的反思者。

问题：这种教师观给我们的幼儿园教育带来什么启示？

瑞吉欧·艾米利亚是意大利北部的一座小城市，以其低失业率、低犯罪率、高收入、诚信有效率的地方政府机关，以及高品质的社会服务而闻名。在马拉古齐的发起和倡导下，经过政府、社区民众、各种专业人员等的不懈努力，瑞吉欧形成了一套具有特色的、创新的教育体系。这种教育体系在世界范围内产生了深刻的影响，为幼儿教育理论与实践做出了不可磨灭的贡献。瑞吉欧教育体系也不断吸引着教育工作者的目光，使更多的人投入到对它的研究中去。

## 一、背景与理论

### （一）产生背景

第二次世界大战后，意大利政权进行了重新改组。在民间，也兴起了由家长团体自行运作的学校，瑞吉欧·艾米利亚就是其中一个。在马拉古齐的倡导下，民众依靠自己的双手建起了学校。

在瑞吉欧，社区民众的高度责任感和参与度也对瑞吉欧教育体系的发展起到了重要作用。幼儿教育工作者、社区、家长之间的互动交流，保证了各界的参与，使教育不再只是教育工作者的责任，而是需要联合各界，共同努力的。这种民主合作的传统是瑞吉欧教育体系形成和发展的有力保障。

## 知识窗

家长参与的形式①

· 成立家长委员会，定期与教师见面。

· 傍晚或下午的恳谈会，教师与家长分享和讨论孩子的学习情况。

· 校方与家长共同设计和安排庆祝活动。

· 在学年初，让家长了解学校情况和课程安排。

· 家长与孩子合作收集暑假期间有意义的经历和感想，在秋季开学时由孩子带回学校，以书、笔记、文件夹或收藏盒等形式展示。

· 为家长提供寻找和收集教学材料的机会。

· 家长志愿者参加学校的活动，保持和美化教室环境，同孩子们分享他们的爱好和技巧，如烹饪、讲故事和弹吉他等。

除了这些固定形式，还以其他方式与家长沟通，以便通报学校情况，邀请他们积极参与。学院、学校坚持以书面交流的方式与家长联系，主要有以下几种形式。

· 日志——周一至周五每天张贴的一份迷你文件，内容包括孩子们的谈话和作品，一个或一组教师的观察记录、讲解或对家长的提问。

· 发放到每个家庭的小宣传单和致家长书，宣布重要信息或邀请家长参与活动（内容通常由孩子们记录完成并配有插图）。

· 家长教师委员会的会议记录。

· 学校简讯《拼贴画》上刊登每周一信。

· 对某项工作的连续报道，一般编写成小册子或连续的板报。

## （二）理论基础

瑞吉欧教育体系受到多种理论的影响，其中影响最大的当属以下几种。

### 1. 以欧美为主流的进步主义教育思想

瑞吉欧教育体系的创始人马拉古齐受欧美进步主义教育思想的影响较深，其中包括杜威、克伯屈等的思想。杜威是进步主义的代表人物，他主张以儿童为中心的教育理念，倡导教育要尊重儿童的各种能力、兴趣和经验，教师要充分了解并尊重儿童，不能施加成人的权威。

杜威同样强调从"做"中学。传统的教育太注重课本的教学，忽视了知识和生活经验

---

① 露易丝·博伊德·卡德威尔. 把学习带进生活——瑞吉欧学前教育方法[M]. 刘鲲，刘一汀，译. 上海：华东师范大学出版社，2006：46-47.

的关系。杜威倡导儿童要在"做"中掌握知识和经验。瑞吉欧的教育工作者们同样反对单向地对儿童进行课本教学，主张把知识融入孩子的日常生活中，其中方案教学便是瑞吉欧的一项重要举措。

同时，杜威还认为，学校本身就应该是一个民主社会。"民主不仅仅是一种政府形式，它首先是一种共同生活的方式，是一种共同的交流和分享经验的方式。"[①]不得不说，瑞吉欧教育体系中所倡导的社区、家长、教育工作者之间的民主合作是受了这一观点的影响。

**2. 皮亚杰、维果茨基的建构心理学理论**

皮亚杰的建构主义的观点认为，知识来源于主客体的相互作用，儿童可以在与周围环境的相互作用中，主动建构起对外部世界的认识。在这种相互作用中，产生认识上的不平衡，并在"平衡—不平衡—新的平衡"这种循环下得到提高和发展。

维果茨基认为，社会交往在儿童的心理发展中起到重要作用，人与人之间的交往是人高级心理发展的源泉和动力。瑞吉欧重视社区、家长、教育工作者等各方面的合作互动就体现了这一点。

此外，维果茨基的"最近发展区"理论也对瑞吉欧的教育理念产生了影响。最近发展区指出了儿童发展的两种水平，一种是儿童已经达到的发展水平，另一种是儿童可能达到的发展水平。而落在最近发展区中进行的教育才能促进儿童的发展。瑞吉欧的教育工作者在"教"与"学"中更重视学生的"学"。在方案教学中，教师会在学生主动学习的过程中，根据方案适当地增加难度。教师并不主导一切，而是选择适当的时机，去引导儿童不断地探索和解决问题，从而获得一定的提高和发展。

此外，瑞吉欧教育体系还受到其他一些理论的影响，如加德纳的多元智能理论、布鲁纳的教学思想、布朗芬布伦纳的教育生态学观点，以及谢弗的关于语言和社会的互动关系理论等。

正是在这些思想和理论的启发与影响下，瑞吉欧结合自身实际，通过不断的实践而发展出一套影响世界的教育体系。

瑞吉欧课程流派主张儿童是独立的个体，是积极主动的学习者，儿童有自己独特的学习方式，他们能够在与外部世界的相互作用中主动建构自己的知识经验。瑞吉欧课程流派提倡幼儿教育是全社会的教育，需要社区的支持和家长的参与。瑞吉欧课程来源于儿童的生活，儿童在学习的过程中能够获得解决问题的知识与技能。瑞吉欧课程是整合的、个性化的。

---

① 约翰·杜威. 民主·经验·教育[M]. 彭正海，译. 上海：上海人民出版社，2009：80.

## 二、内容与实施

### （一）课程目标

瑞吉欧教育体系追求的教育目的是让儿童能够健康、幸福地成长，将儿童的主动性和创造性看作其快乐成长的前提和核心。受杜威的教育思想和皮亚杰认知主义理论的影响，瑞吉欧教育体系强调儿童是拥有主动学习的愿望的，儿童在与环境的相互作用中，不断地获得经验和知识。因此，瑞吉欧教育体系注重为幼儿提供自主探索的空间，也提倡将幼儿置于更广阔的社会文化历史的背景之中，使其在与外界的互动中健康、快乐地成长。

瑞吉欧教育颇具人文主义特色的课程目标，也许用他们所描述的今天儿童的内在特征来表述更为合适，这就是：让儿童"更健康、更聪明、更具潜力、更愿学习、更好奇、更敏感、更具随机应变的适应能力，对象征语言更感兴趣、更能反省自己、更渴望友谊"[①]。

### （二）课程内容

瑞吉欧教育的课程内容并没有明确规定，课程内容多来源于生活，来源于周围的环境，一般没有事先准备好固定的教材，经常是选择幼儿或者老师感兴趣的现象或问题作为课程的内容。对于年龄小一点的孩子，还可以从事其他一些活动，如自发性的游戏或者手工等。日常生活是课程内容取之不尽的资源。"瑞吉欧的课程实践表明，并非经验的新颖或奇异决定儿童的兴趣和学习的意义；恰恰相反，充分地揭示日常生活的意义对幼儿更具深刻的价值和趣味。广场上的狮子雕像、城市中的雨和雨中的城市、人群、影子……都是儿童探索的好题目。"[②]

瑞吉欧教育体系的儿童观、教师观和教育观来源：《向瑞吉欧学什么——〈儿童的一百种语言〉解读》

除了围绕自己感兴趣的事物和问题开展研究（"项目工作"）外，儿童，尤其是年龄小一些的孩子还从事许多其他活动：积木游戏、角色游戏、听故事、游戏表演、烹调、家务活动以及穿衣打扮等自发性的活动，还有许多如颜料画、拼贴画[③]。

这种课程内容来源广泛，以幼儿的兴趣为出发点，让幼儿在轻松快乐的氛围下发现和学习，注重培养幼儿的探索能力，体现了科学性和开放性，有助于发展幼儿的各方面能力。

---

① 冯晓霞.幼儿园课程[M].北京：北京师范大学出版社，2000：194-195.

② 何媛，张丽.意大利瑞吉欧课程模式[J].学前教育研究，2003（2）：64.

③ 冯晓霞.幼儿园课程[M].北京：北京师范大学出版社，2000：195-196.

### （三）课程的组织与实施

瑞吉欧课程与教学主要是以方案教学的方式开展的。所谓方案，是指一个或一群孩子针对某个主题所做的探索活动。每一种方案都具有如下4个特点。[1]

（1）它是一种要求师生共同合作计划的活动。

（2）它是以一个问题为中心的活动。

（3）它是一种生产性的探索活动。

（4）它是一种评价性的和有目的的练习。

方案教学强调"关系"和"合作"，鼓励幼儿与环境中的人或物进行有意义的互动，也强调幼儿通过主动参与自己的研究方案，获得经验和知识。在方案教学中，教师的作用是利用环境引发幼儿的学习动机，为幼儿提供材料，并且要选择适当的时机，合理地介入幼儿的活动，教师是活动的提供者和参与者。

方案教学的主题通常来源于幼儿的生活和日常经验，会以幼儿的兴趣为出发点。瑞吉欧方案教学的主题经常会由某个事件、某个孩子的想法引发出来，而教师从旁引导并提供材料。

方案教学能够帮助幼儿全面深入地理解他们的周围环境以及他们生活经验中的一些事物与现象，使幼儿通过方案主题的活动获得与周围环境的互动，从而有助于幼儿学习和掌握技能，积累更多的知识和经验，发展他们主动探索和创造的精神。

学者王春燕认为：瑞吉欧的方案教学与一般意义上的方案教学是有一些区别的，其区别之处在于以下3点。[2]

（1）一般意义上的方案教学是一种以目标为导向的教学方式，强调的是目标，儿童解决问题能力的提高是方案教学的最终目的。瑞吉欧的方案教学强调的是互动，强调儿童在主题探索活动中与教师、同伴的互动，强调学校与家庭、社区间的互动，强调儿童在主题探索活动中多种多样的、对世界的表达方式，尤其是视觉语言的表现方式。

（2）一般意义上的方案教学强调的是教师个体的学习，而瑞吉欧的方案教学则强调教师集体协作的学习，强调以集体的力量进行工作。

（3）一般意义上的方案教学强调"做"的要素，强调"过程"与"步骤"，而瑞吉欧的方案教学则强调意义的分享、经验的分享。

---

[1] 屠美如. 向瑞吉欧学什么——《儿童的一百种语言》解读[M]. 北京：教育科学出版社，2002：8.

[2] 王春燕. 学习瑞吉欧重在把握其教育理念——瑞吉欧方案教学的教育精髓[J]. 学前教育研究，2002（5）：42-44.

## 三、评价与启示

### （一）评价

瑞吉欧的课程体系立足于本土的实践，既有理论知识的基础，又能够在实践中具有很强的操作性，引发了世界各国幼儿教育者们的思考。

瑞吉欧课程体系的影响是深远的，但我们不能盲目照搬。要结合我国实际情况，联系具体的文化背景，去思考瑞吉欧带给我们的有益之处。首先，要树立正确的儿童观。儿童是具有主动精神的，我们要尊重他们，从旁引导他们。其次，要明确教师的作用。教师不是将书本知识简单地传授给儿童，教师应该是孩子学习的参与者、观察者和引导者。教师要去了解儿童的想法和兴趣，为儿童提供活动的物质和材料，在适当的时机介入孩子的活动，成为活动的一员。

任何一种课程方案都具有自己的特色，需要结合具体的实际情况来展开。只有立足于本土实践的课程，才能真正焕发出课程的魅力，从而真正满足教育的需求。

### （二）启示

首先，我国学前教育所依赖的理论基础需要进行反思。瑞吉欧成功挑战幼儿教育中各种相对对立的关系，并使之形成独特和谐理论的基础。瑞吉欧结合了意大利的文化传统，并且将杜威、皮亚杰、维果茨基等的闪光理念融会贯通，完美地应用于幼儿教育实践。

其次，在和谐的幼儿教育理念中，教师与幼儿应得到很好的协调，这是我国学前教育值得关注的一点。我国的学前教育在处理这两者的关系上走过了一个漫长的路程：由"教师"中心，到"儿童中心"，再到"双主体中心"；从教师主导，到教师主导作用的前提下，发挥儿童的创造性，再到儿童中心论，人们对儿童和教师在教育中的作用与地位的研究一直处于困惑之中。从瑞吉欧教育中可以看出，"以儿童为中心"的真义不是单纯地放任儿童，强调的是儿童发展必须有一定的空间，离不开成人的引导。要建立儿童、教师、家长、社区相关人员的多主角中心，从过去的个体中心走向团体中心，从实体中心走向关系中心。[①]

最后，和谐的幼儿教育离不开幼儿园、家庭、社区的和谐互动。我国传统的幼儿教育往往把教育的内容、幼儿的世界限制于同伴、教师和其他成人，却把幼儿与更广泛的家庭、社会隔离开来。这是对幼儿的禁锢，因为它把幼儿学习的场所界定在成人化的教室里、成人的知识里，而社会中更丰富的知识却无法进入幼儿的视野。瑞吉欧的社区管理模式强调幼儿园、家庭、学校和社区间相互融合与互动学习，社区作为一种强大的支持系统

---

① 裘指挥. 来自瑞吉欧理念的思考——关系和谐中建构幼儿教育[J]. 学前教育研究，2003（Z1）：18-20.

加入到学前教育事业中来，充分展示了一种开放的、互动的、民主的管理理念。此外，瑞吉欧的项目活动和独特的环境设置对我们处理幼儿学习与游戏，也有很大的启发。①

## 本章小结

幼儿园课程流派是关于幼儿园课程理论研究与实践经验的智慧结晶。对幼儿园课程流派的理念、内容、实施等方面的梳理，对于我国开展幼儿园课程研究和实践具有重要的借鉴价值。为此，本章分别从背景与理论、内容与实施、评价与实施等方面对陈鹤琴五指活动课程、蒙台梭利课程、高瞻课程和瑞吉欧课程进行了论述。

## 理论知识练习

### 一、名词解释

五指活动课程　敏感期　整个教学法　方案教学

### 二、简答题

1. 蒙台梭利课程的主要内容有哪些？

2. 高瞻课程一日常规包括哪些内容？

3. 瑞吉欧教育体系中教师的主要角色有哪些？

4. 简述瑞吉欧课程的特点。

### 三、论述题

1. 试述五指活动课程的内容并评价五指活动课程。

2. 结合实际，谈谈瑞吉欧教育对我国幼儿园课程改革的启示。

## 实践能力提升

1. 收集更多的国内外幼儿园课程流派信息，进行分享讨论。

2. 以小组为单位，收集不同幼儿园课程流派的具体活动案例。

---

① 裘指挥. 来自瑞吉欧理念的思考——关系和谐中建构幼儿教育[J]. 学前教育研究，2003（Z1）：18-20.

# 中国元素在我国幼儿园课程中的传承

**关键词**

中国元素；民间文学；民间美术；民间节日习俗

**学习目标**

1. 了解幼儿园课程中的盲崇现象。
2. 理解中国元素的内涵与特点。
3. 了解中国元素在幼儿园课程中的传承。

**内容结构图**

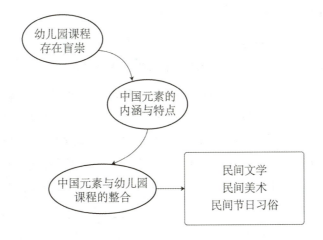

本章首先对我国幼儿园课程中的盲崇现象进行了分析；其次对中国元素的概念、特点进行了解读，剖析了幼儿园课程需要融入中国元素的原因；最后从民间文学、民间美术和民间节日习俗等方面进行了运用探讨。

# 第一节　幼儿园课程需要融入中国元素

 问题导入

在课堂上，同学们就蒙台梭利教育在我国幼儿园中运用的相关情况进行了讨论。有人认为，有的幼儿园较好地把握了蒙台梭利教育思想的精髓，强调对儿童的爱、信任和尊重，并细致耐心地观察，机智及时地指导幼儿学习。有人认为，有的幼儿园片面地夸大蒙台梭利教育的功能，忽视了蒙台梭利教育存在的诸如"分割孤立的感官训练""创造力培养忽视"等不足。有人认为，有的幼儿园的蒙台梭利教育脱离了中国文化实际，在我国演变为面向社会高收入家庭的高收费教育。

问题：你认为当前我国幼儿园在运用蒙台梭利课程及有关国外课程中存在哪些问题？

引进西方幼儿园课程模式，对学习先进理念、借鉴优秀做法具有一定的参考价值，但当前幼儿园课程中也出现了一些误区与盲崇现象。

## 一、幼儿园课程中的盲崇现象

在我国幼教界，对蒙台梭利教育法的应用存在着一些不科学的地方。首先，有贵族化倾向。蒙台梭利教育本质上是平民化的，不需要贵族化的包装。学者杨莉君指出：蒙台梭利教育法最初是为处境不利的儿童设计的，今天在我国演变为面向社会高收入家庭的高收费教育，这恐怕是有违蒙台梭利教育法初衷的。由于蒙台梭利教育法所投放的教具较常规课程更多，保教人员工作量加大，在幼儿园的班级管理中需要的人手增加，每班需多配备1至2个保教人员，因此进入蒙台梭利班的孩子，除保教费之外，生均每月稍多收点费用，属合理收费。但据调查，我国幼儿园的蒙台梭利教育班，往往生均每月多收500~1500元或更多，这样就异化了蒙台梭利教育法，将一种完全平民化的教育换上了贵族化的外包装。[①]其次，忽视了蒙台梭利教育法固有的局限性而盲目地追捧、夸大其功能。蒙台梭利教育法毕竟脱胎于智障儿童的训练方案，再加上这种教育法的结构化程度较高，所以儿童的行为常被高结构化的活动限制，不利于发挥儿童的主体作用。蒙台梭利教育法的教学过程有其固定的程式，缺乏与同伴协商合作的机会，忽视儿童的情感陶冶和社会化过程。蒙台梭利教具的操作具有固定的程式和规定的步骤，可能会束缚和限制幼儿的创造性，同时在操作的

---

① 杨莉君.蒙台梭利教育法需要科学地解读和本土化[J].人民教育，2004（11）：23-25.

过程中要求幼儿尽量少说话，会阻碍幼儿语言的发展，甚至导致幼儿性格孤僻。最后，幼儿园蒙台梭利教育实践中存在着重形式而忽略其教育精髓的现象。例如，我国开展蒙台梭利教育的幼儿教育机构中，大部分管理者、教师和父母似乎都以是否使用蒙台梭利教具为标准。有的幼儿园在移植蒙台梭利教育法时，误认为将蒙台梭利教具摆放在教室的各个区域就是蒙台梭利教育法了。实质上，蒙台梭利课程的核心在于观察、了解儿童发展的内在需要，以确定其个别化教学的目标，而后提供适宜的环境，满足不同儿童的需要。儿童，是课程组织的中心，而不是教具的操作者。[①]

当前幼儿园双语教学也存在着一些问题。幼儿园双语教学的对象是学龄前儿童，这个教育阶段有很大的特殊性，再加之理论支撑较少，因此从一开始开展就饱受争议。但由于幼儿双语教育顺应时代发展要求，同时满足了家庭和社会对幼儿英语教育的需求，因此很多幼儿园致力于开办"双语教学"的特色课程来吸引生源。目前幼儿园双语教学工作取得了一定的成绩，积累了一些有价值的经验和做法，但也存在一些问题。例如，调查发现，超过60%的幼儿园并没有真正弄懂双语教育的概念和内涵，把英语当作一门学科教学，每周安排两三次英语课，这在本质上仍属于外语教学的范畴，而不是真正意义上的双语教学。这使得英语语言学习没有和生活联结融合，没有融入幼儿的学习和生活中，缺乏真实的双语教学轻松的氛围，影响幼儿双语教学的健康发展。另外，幼儿园的双语教学师资水平也是一个较突出的问题。双语教师的作用超出了传统教师的使命，他们不仅要熟练掌握汉语和英语两种语言，还要具备幼儿教育的专业知识，熟悉幼儿心理，掌握幼儿教学法，能根据幼儿的特点，采取适宜的双语教学方式。近几年的幼儿双语教师多是引进大专或本科英语专业毕业生，英语语言素养较高，但这些教师普遍缺乏幼儿教育的相关知识背景；而部分幼儿园聘请外籍教师，但外籍教师也存在不懂汉语、文化背景不同的缺陷，很难有效地与幼儿互动和沟通。另外，双语教材、双语环境与双语教学评价方式等方面都存在着一些问题。

## 二、中国元素的内涵

何为中国元素，目前尚没有专门的著作以及科学统一的界定。

首先，从字面上理解，《辞海》并没有收入"元素"这一词，而是分别对"元"和"素"做了解释。所谓的"元"，即"基本的"之意；"素"，即"构成事物的基本成分"之意。中国元素中的"中国"不仅仅是国家的名字代号，更多的是整个中华民族文化的代表和象征。综上所述，从词义来解释中国元素，即"构成中华民族文化的基本组成部分及体系"。

---

[①] 杨莉君.蒙台梭利教育法需要科学地解读和本土化[J].人民教育，2004（11）：23-25.

通过文献检索发现，凡是在中华民族融合、演化与发展过程中逐渐形成的，由中国人创造、传承，反映中国人文精神和民俗心理，具有中国特质的文化成果，都是中国元素，包括有形的物质符号和无形的精神内容，即物质文化元素和精神文化元素。这一概念指出了中国元素的独特性、历史性和两种表现形式——物化形态和观念形态。

2004年，中国社会科学院、北京师范大学文学院、北京大学中文系、中国民俗学会等相关单位的专家学者围绕"中国元素在哪里"的主题进行了集思广益的探讨。各位专家学者虽然没有对中国元素的内涵进行具体科学的界定，但是他们将"非物质文化""民间传统文化""现成的物品、精神（无形的风俗、制度）""被赋予现代价值的一种特定观念存在"①等作为中国元素的表现形式，积极倡导保护民间文化及其生态环境。

学术界对中国元素内涵的相关论述不胜枚举，本书采各家之言，对各家的观点进行相关的比较和整合，认为中国元素具有以下特点。

（1）它有两种表现形式——物质文化元素和精神文化元素。

（2）它是传统文明与现代文明的融合，是动态发展的。中国元素并不仅仅指中国过去灿烂的历史文明，还与时俱进地容纳了现代社会人所创造的独属于中华民族的物质文明和精神文明，此外还包括现代人对古代传统文明的继承式的创新和改造。

（3）它具有多元性。中国是一个拥有悠久历史、广阔地域、56个民族的国家，自然风貌、民族文化等具有多元性。中国元素植根于多元化的生态环境，其结构体系的组成要素呈现多样化的特点，它包括中国历史、中国地理、中国语言、中国艺术、中国风俗、中国科技、中国文学、中国精神等要素。

以动态的、全面的眼光对中国元素的内涵进行把握是有效地将中国元素渗透到幼儿教育的前提。除了把握上述特点之外，还要积极避免以下常见的理解误区。

首先，幼教工作者往往容易将中国元素等同于"中国传统"，仅仅将学习中国古代的传统作为教育内容的选择。但值得注意的是，传统总是以一种静态的方式存在，要真正将中国元素有效地运用在幼儿教育中，应该在时间上赋予"中国传统"延续古今、不断成长的生命意识，将传统与现实社会相结合，服务于现实。中国元素的实践和研究并不意味着高喊"恢复传统""复兴中华文化"的口号，不意味着对传统的再体验，而是将传统置于历史演进的进程中，让传统在当下发挥作用。②例如，幼儿园将中秋节作为教学内容时，不仅要向幼儿介绍中秋节的来源、寓意、传统食品等知识，更可以开展一些类似"和爸爸妈妈制作月饼"的亲子活动，积极地促成高品质的亲子关系的形成，让孩子体验"团圆"的乐趣。其次，中国元素是政治、经济、文化、社会等元素的综合体，并不只是以文化元素

---

① 刘魁立.中国元素在哪里[N].社会科学报，2004-09-09（8）.

② 陈培爱.中国元素与广告营销[M].厦门：厦门大学出版社，2010：6.

为代表。因此，幼教工作者应该综合地从代表中国特色的政治、经济、文化、社会元素中发掘可利用的教育资源。

综上所述，我们将中国元素界定为：无论是古代还是现代，凡是体现中华民族特有的文化精神和价值观，能够反映国家尊严和民族利益的形象、符号、行为及习俗的内容都可称为中国元素。它是抽象和具体的统一，它代表一种抽象的文化和精神，通过各种具体的符号表现出来。幼儿教育需要借助具体的、反映中国元素的外在符号给予幼儿适宜的教育。本书将从能够反映中国元素的民间文学、民间美术、民间节日和习俗、民间科技等方面做相关介绍。

## 三、将中国元素融入幼儿园课程

文明和精神的传承及延续是一个国家、一个民族得以生存、振兴的精神之源。教育担负着传承中华民族文明和精神的重要使命。《幼儿园教育指导纲要（试行）》要求："适当向幼儿介绍我国各民族和世界其他国家、民族的文化，使其感知人类文化的多样性和差异性，培养理解、尊重、平等的态度。"将中国元素融入幼儿教育中，具有客观的必然性，也具有独特的价值和意义。

首先，丰富幼儿教育课程内容、教育手段和方式。我国是一个多民族国家，各民族在漫长的历史中创造了各具特色的音乐、文学、工艺、科技、游戏等数不胜数的灿烂文化。各具特色的民族文化和地域文化植根于生活，贴近孩子的家庭生活和社会生活。丰富的音乐、文学、工艺、科技、工艺、民俗等是幼儿园课程内容选择的巨大资源库。孩子在学习经过筛选的课程内容时，通过手工、舞蹈、表演、欣赏等多种教育方式，在生活化的场景中学习综合性经验。

其次，使幼儿传承民族文化。随着经济全球化的深入，各国的政治、文化等方面的交流日益增多，资源透明度和共享性提高。我国的本土文化和传统遭到外来文化的严重冲击，特别是随着电视媒介和互联网的大规模普及，孩子能够快速地了解、接收和学习各种多元文化。比如，很多孩子喜欢过圣诞节、万圣节等国外的节日，但对中国的中秋节、春节、重阳节等一系列的传统节日却是兴趣寡然，了解甚少。将中国元素融入幼儿教育，从教育的基层培养幼儿的民族性，让孩子在感受中国文化、喜爱中国文化的同时，萌发民族自豪感，让民族文化精神得以传承。这也是贯彻《幼儿园教育指导纲要（试行）》提出的对孩子进行爱国主义和中华民族优良传统教育的必然要求。

最后，中国元素能够提升孩子的审美能力和创新能力。中国的传统文化特别是民间文化凝结着不同时期人们的智慧和汗水，是创新的产物，它的生活性、活泼性、稚拙性、夸张性、情景性能够极大地调动孩子的积极性，在活动的参与中提升对传统文化的审美能力，孩子能够用自己独特的语言对传统文化进行不同形式的表达和创新。例如，民间童谣

（拍手歌）、谜语、听说游戏等本身内容贴近生活，孩子能够在明快的节奏和优美的语言中感受祖国的人情风貌，而且能够根据自己的经验对童话、儿歌等进行改编，这些都给予孩子进行创新实践的机会。

既然中国元素对幼儿、幼儿教育具有如此重要的作用，那么在将中国元素和幼儿园进行整合时，就要对其中的内容进行整合，取其精华、去其糟粕，选择的内容要符合幼儿的身心发展水平，把握好深度和广度。

**知识窗**

## 中国元素在动画角色中的应用与表现

### 1. 水墨画元素的动画角色运用

水墨动画——
小蝌蚪找妈妈
来源：网络资料

水墨画与动画艺术相结合的传统由来已久，其中经典动画片《小蝌蚪找妈妈》是不得不提的。该经典动画片的创作者将我们国家的传统水墨画技术和现代动画结合得完美无瑕。该影片反映了我们国家水墨写意花鸟画的意境，将一代名师任伯年、齐白石等的小蝌蚪作品活灵活现地展现在银幕上。可以说是《小蝌蚪找妈妈》让原来"神动"的水墨画，变成了"形动"的动画，成就了中国动画史上一个不小的奇迹，是水墨画元素在动画角色中运用的里程碑。

### 2. 剪纸元素的动画角色运用

相对于水墨画元素在动画人物角色上的应用，剪纸元素的出现频率就相对较低了。但是，也并不妨碍其有出彩之作。特别是20世纪60年代的动画片《猪八戒吃西瓜》就是借鉴吸收了民间剪纸文化的最好例子。该类型的剪纸动画在角色设计上富于装饰美感，色彩明快、鲜亮，又不失乡土气息。这对于动画角色情感的表达和渲染来说是良好方式，是一种独特的艺术形式，正为越来越多的人所接受。

### 3. 皮影元素的动画角色运用

中国动画中的人物设计，往往与皮影艺术有异曲同工之妙。众所周知，皮影以单一的线条，反映出人物的面部特征，注重是点线面的结合，外形具有卡通画的特征。以皮影戏中的《龟与鹤》为例子，其中的鹤所显示出来的细长的脖子，优美的线条感，整体的造型十分和谐，且与丹顶鹤的傲慢本质相符合。动画片也借鉴了皮影中的人物造型艺术，通过点面结合来给卡通化人物造型。当然，皮影的颜色搭配也常常被用于动画的尝试中。好的颜色搭配可以达到角色好的面部形态以及身体语言的效果，让其能够更好地表情达意。比如，动画片《狐狸与乌鸦》就是将皮影艺术进行化用，通过最常见的黑色、红色、青色、黄色和白色的搭配，将狐狸和乌鸦的性格表现得一览无余。对于皮影戏的借鉴，是现代中国动画发展的又一可行性方法，值得更多人去实践。

## 第二节　中国元素与幼儿园课程的整合

 问题导入

　　重阳节，又称重九节、晒秋节、"踏秋"，为每年的农历九月初九日，中国传统节日。庆祝重阳节一般包括出游赏秋、登高远眺、观赏菊花、遍插茱萸、吃重阳糕、饮菊花酒等活动。

　　《易经》中把"六"定为阴数，把"九"定为阳数，九月九日，日月并阳，两九相重，故曰重阳，也叫重九。重阳节早在战国时期就已经形成，自魏晋重阳气氛日渐浓郁，备受历代文人墨客吟咏，到了唐代被正式定为民间的节日，此后历朝历代沿袭至今。1989年，农历九月九日被定为老人节，倡导全社会树立尊老、敬老、爱老、助老的风气。2006年5月20日，重阳节被国务院列入首批国家级非物质文化遗产名录。

　　**问题：** 如何把重阳节文化精髓与幼儿园课程进行有效的整合？

　　幼儿园课程在借鉴国外先进模式的同时，也要重视富有民族和地域特色的文化资源在幼儿园课程中的开发和实现。中国元素的表现形式——民间文学、民间美术、民间节日习俗等具有较好的德育、审美、游戏等功能，为此，幼儿园课程要与中国元素有机整合。

## 一、民间文学与幼儿园课程的整合

　　民间文学是"五四"新文化运动后出现和流行的学术名词，是指民众在生活文化和生活世界里传承、传播、共享的口头传统和说辞艺术。我国有着丰富的民间文学资源，包括神话、史诗、民间故事、民间传说、民间小戏、民间歌谣、民间小说等民间文学。《3—6岁儿童学习与发展指南》指出，要"引导幼儿感受文学作品的美"。民间文学拥有多种题材，为发展幼儿的语言表达、阅读能力，提升其欣赏和表演水平提供了丰富的教学资源。

### （一）成语"狐假虎威"系列活动

　　战国时代，当楚国最强盛的时候，北方各国都惧怕他的手下大将昭奚恤，楚宣王感到奇怪，便问朝中大臣，这究竟是为什么。当时，有一位名叫江乙的大臣，便向他讲述了下面这段故事："虎求百兽而食之，得狐。狐曰：'子无敢食我也！天帝使我长百兽，今子食我，是逆天帝命也。子以我为不信，吾为子先行，子随我后，观百兽之见我而敢不走

乎？'虎以为然，故遂与之行，兽见之皆走。虎不知兽畏己而走也，以为畏狐也。"这个故事被记载在《战国策·楚策》中，是成语"狐假虎威"这一典故的来源。后来人们经常用这一个词来讽刺那些借着别人的权势招摇撞骗、欺负别人、作威作福的人。

"狐假虎威"这一成语，以故事化的形式将深刻的道理表现得清晰透彻、简单，易被孩子理解，故事中涉及的各种动物形象孩子也喜欢，符合孩子具体直观的学习方式。围绕"狐假虎威"这一成语，幼儿园可以开展相关的主题活动，如通过开展语言活动"狐假虎威"，让孩子理解成语的含义，能够讲述故事内容；利用动物头饰开展表演活动，让幼儿能够在表演中大胆地表现自我，在说一说、唱一唱、演一演中深化对成语的理解，体验学习成语的乐趣。下面将相继对上述的两个活动做相关的介绍。

活动场

## 大班语言活动——狐假虎威

故事：狐假虎威

**活动目标**

1.理解故事内容，了解"狐假虎威"的含义。

2.丰富词语"得意扬扬""摇头摆尾""东张西望""半信半疑"。

**活动准备**

"狐假虎威"PPT；字卡"得意扬扬""狐假虎威""摇头摆尾""东张西望""半信半疑"；狐狸、老虎、小白兔、小松鼠等小动物头饰若干。

**活动过程**

1. 谜语导入，引起兴趣。

教师出示谜题："远看像只猫，生来脾气暴，张开大嘴一声吼，吓得百兽都发抖。"引出故事的主角之一——老虎，激发孩子的好奇心。

教师引导语："可是在森林里发生了一件奇怪的事，有一只动物比老虎还厉害，小动物们见了它都跑了，想不想知道它是谁？到底发生了什么事？"

2. 出示"狐假虎威"PPT，让幼儿理解故事内容。

（1）结合每一幅图片，进行有感情的讲解，语言生动，表情丰富，激发幼儿兴趣。

（2）讲解过程中可适当让幼儿来猜想故事内容。例如，老虎扑过去把狐狸给抓住了。让小朋友猜一猜老虎会不会把狐狸吃了？若没有，狐狸会怎样对老虎说呢？（进一步激发幼儿兴趣）同时可以让幼儿大胆地表述自己的想法。

（3）讲解故事的同时，出示相应的字卡，"摇头摆尾""东张西望""半信半疑""得意扬扬"，教师用丰富的肢体语言和表情来表现这些词，让幼儿加深对词语的了解。

3. 结合图片、头饰、字卡，复述故事情节（重点指导和鼓励幼儿用恰当的表情、动作、语气来复述对话）。

（1）一只狐狸从老虎身边窜过，老虎扑过去把狐狸逮住了。提问："老虎为什么要抓狐狸？"（让幼儿模仿抓这个动作）

（2）请小朋友复述狐狸跟老虎之间的对话。提问："狐狸对老虎说了什么？"鼓励幼儿在复述时表现出狐狸眼珠骨碌碌一转想坏主意的样子。

（3）让孩子尝试模仿狐狸"摇头摆尾""神气活现"的样子，老虎"东张西望"的样子。

（4）提问："为什么小动物都被吓跑了？"（提示孩子们模仿其他小动物遇见狐狸和老虎害怕地逃跑的样子）

（5）你认为小动物们是害怕老虎还是害怕狐狸呢？（理解"狐假虎威"成语的含义）

（6）这是一只怎样的狐狸？一只怎样的老虎呢？

4. 完整讲述故事，请个别幼儿续编故事。

教师总结：这个故事告诉我们不能随便相信陌生人的话，不能像狐狸一样说谎骗人，欺负小同伴。

### 活动分析

"狐假虎威"这个成语故事中，动物的性格特点十分鲜明，儿童化的对话能能够帮助孩子理解成语的含义。故事短小精悍，情节丰富，也适合幼儿表演。

## 大班表演活动——狐假虎威

### 活动目标

1. 敢于大胆地用相应的语气、语调和动作表现狐狸和老虎的形象。

2. 在表演中能够学会与同伴进行协商与合作。

3. 通过观看和表演成语故事，进一步理解成语的含义。

### 活动准备

1. 经验准备：儿童熟悉故事的主要情节，掌握角色的对话内容。

2. 物质准备：大森林的环境创设、狐狸和老虎等动物头饰若干、背景音乐和故事旁白等音像资料、相应的表演服装。

### 活动过程

1. 师幼共同复习故事内容，重点复习故事人物对话。

指导要点：

教师提供上次语言活动的故事PPT，帮助幼儿复习故事的主要情节。在此过程中，要不断请幼儿用恰当的表情和语气复述对话内容。

2. 分配故事角色。

指导要点：

（1）根据自主自愿的原则，合理分配故事的角色，指导幼儿尝试用轮流合作的方式解决冲突。

（2）让没有分配到角色的幼儿通过控制音乐、参与报幕、搬动布景、当小主持人等方式全方面地参与到表演游戏当中来。

3. 排练故事。

指导要点：

（1）表演组的幼儿在PPT图片的提示下表演故事，熟悉故事情节和对话，创编相应的动作。

（2）在排练过程中注意幕后工作人员各方面的配合工作是否顺利进行。

（3）鼓励幼儿对表演中出现的问题和困难进行协商、讨论和交流。

4. 成语故事表演。

在此环节，完整地表演故事，鼓励幼儿在表演完剧本之后进行后续的故事创编。

**活动分析**

本次活动是在前一个语言活动基础之上进行的，孩子们能在表演的过程中大胆地表现自我，体会到合作的乐趣，在玩中学，深入领悟成语的含义。

在活动结束之后，教师可以组织幼儿制作一张海报和一些邀请函，请中班和小班的孩子们甚至是自己的爸爸妈妈来观看他们的表演。这样的活动在内部加强了不同年龄段孩子之间的沟通，在外部又加强了家园合作。

## （二）民间神话传说"八仙过海"系列活动

"八仙过海，各显神通"一词来源于流传较广的汉族民间传说八仙过海。这个故事最早见于杂剧《争玉板八仙过海》，相传白云仙长有一回于蓬莱仙岛牡丹盛开时，邀请八仙（汉钟离、张果老、韩湘子、铁拐李、吕洞宾、何仙姑、蓝采和及曹国舅）及五圣共襄盛举，回程时铁拐李建议不搭船而各自想办法通过东海，后来人们用"八仙过海，各显神通"来比喻那些依靠自己的特别能力而创造奇迹的事。

《3—6岁儿童学习与发展指南》中指出，要在阅读中发展幼儿的想象力和创造力，引导幼儿感受文学作品的美。"八仙过海"这个神话故事情节富有传奇色彩，为幼儿阅读能力和听说能力的发展提供了一个机会。故事发生地是在中国山东的蓬莱（北临渤海、黄海），因而可以通过一系列的主题和区域活动，将这个神话故事纳入幼儿园课程中，让孩子在欣赏故事的同时，萌发对祖国大好河山的热爱之情。

活动场

## 中班语言活动——八仙过海

### 活动目标

1. 了解故事的基本情节，能够复述故事内容。

2. 丰富词汇"八仙过海，各显神通"。

### 活动准备

1. 活动前知道八个神仙的名字及各神仙所拥有的宝物。

2. 磁性图片：八个宝物；一张大图片：八仙图；故事录音带。

故事：八仙过海

### 活动过程

1. 介绍蓬莱岛，引出故事的主人公——八仙。

（1）师：小朋友，在我们国家的东边，有一座海岛，人们叫它蓬莱岛。那里住着很多神仙，你们看，天上腾云驾雾飞来飞去的人就是——神仙。每个神仙都有各自的宝物。这儿有些宝物，你们认识吗？（教师出示八个宝物，幼儿分别讲述）

（2）师：说神仙，神仙就来了，看看有谁呀？谁会将宝物送到各个神仙的手中呢？（教师出示八仙的图片，引导幼儿讲述八仙的人物特征，将各个宝物与八个神仙匹配）

2. 欣赏故事《八仙过海》并提问。

（1）教师讲述故事第一段，提问：你们猜猜八仙会怎么过海？吕洞宾是怎么提议的？那么八仙会如何利用宝物过海呢？请你和旁边的小朋友讨论一下。（幼儿讨论后，请他们讲述自己的想法）

（2）教师讲述故事第二段，听完提问：八仙是怎么利用各自的宝物过海的？

（3）完整地听一遍故事（教师放故事录音）。

听完提问：谁来给这个故事取个好听的名字？（《八仙过海》）

这个故事中还藏了一个成语"八仙过海，各显神通"，你们知道各显神通是什么意思吗？（引导幼儿发表自己的看法）

3. 请一些幼儿复述故事内容，重点复述人物的对话。

4. 播放背景音乐，请幼儿进行角色表演。

## 交流活动——说说我知道的神话故事

### 活动目标

1. 能根据自己搜集的故事和阅读经验，大胆、积极地向同伴介绍神话故事。

2. 学会倾听，接受同伴分享的经验。

### 活动准备

1. 相关的神话故事绘本。

2. 家长和幼儿共同搜集神话故事内容。

### 活动过程

1. 在图书区投入相关的神话故事绘本故事图书，引导幼儿阅读图书。

2. 交流与分享活动。利用生活活动时间鼓励幼儿大胆地在同伴面前讲述自己熟悉的神话故事（可以是图书区投放的绘本故事，也可以是家长和幼儿共同搜集的故事）。

## （三）感恩父母系列教育活动

《二十四孝》描述了历代24个孝子从不同角度、不同环境、不同遭遇对父母尽孝的故事。由于后来的印本大都配以图画，故又称《二十四孝图》，为中国古代宣扬儒家思想及孝道的通俗读物。其中的亲尝汤药等故事表现了孩子对父母的关心，但是其中的"郭巨埋儿""老莱娱亲"等却是残害了儿童的生命，践踏了儿童的尊严。对《二十四孝图》中的故事进行筛选，将其运用到幼儿教育中，既能激发孩子对父母的感恩之心，也是对传统文化的继承和深化。

随着社会的进步和经济的发展，人才的竞争愈加激烈。父母为了让孩子能够适应未来激烈的社会竞争，为孩子包办了很多事情，只让孩子一心一意学习。"衣来伸手，饭来张口"的孩子们难以感受到父母为其做出的巨大牺牲。中国自古提倡仁孝，古代上至皇帝，下至百姓都对自己的父母十分孝顺，从汉文帝为母"亲尝汤药"，到王祥不计前嫌，为继母"卧冰求鲤"，都体现了孩子对父母的感恩之情。利用传统文化中的仁孝故事对孩子进行感恩教育，具有必然性和可行性。

活动场

### 中班语言活动——亲尝汤药

故事：亲尝汤药

### 活动目标

1. 能够理解故事情节，大胆地讲述故事内容。

2. 体会汉文帝对母亲的感恩之情。

### 活动准备

故事视频，《感恩的心》伴奏。

### 活动过程

1. 谈话导入。

教师以生病为话题，引导幼儿回顾爸爸妈妈照顾自己的场景。

教师导入："宝贝们，你在生病的时候爸爸妈妈是怎么照顾你的呢？"（幼儿讨论）

教师总结："当我们生病的时候，爸爸妈妈总是为我们做很多事情，今天，我们要认识一个新朋友，他的妈妈生病了，我们来看看他是怎么照顾妈妈的？"

2. 播放视频，欣赏故事内容。

教师提问：

这个故事中讲的人物名字是？（刘恒）

他是怎么照顾妈妈的？

他为什么要这么关心妈妈呢？

3. 讲述故事情节，创编人物对话。

（1）幼儿集体复述故事情节，熟悉故事内容。

（2）根据故事情节，创编人物对话。

4. 播放音乐，表演故事。

教师请个别幼儿根据创编的人物对话表演故事，其余幼儿欣赏。让幼儿在音乐和故事表演中感受刘恒对母亲的关爱。

5. 集体讨论，结束活动。

教师：如果你们的爸爸妈妈生病了，你们会为爸爸妈妈做些什么呢？（幼儿讨论）

教师总结：当我们生病的时候，爸爸妈妈经常为我们做很多事情，如果爸爸妈妈生病了，我们要像刘恒一样，关心他们，让他们的病好得更快！

## 中班美术活动——爸爸妈妈和我

### 活动目标

1. 以绘画的形式回顾爸爸妈妈关心"我"的事情。

2. 激发幼儿对父母的感恩之情。

3. 能够大胆地用语言表达对父母的爱。

### 活动准备

水彩笔、画纸若干、范画一幅。

### 活动过程

1. 回忆故事《亲尝汤药》，导入主题。

师：刘恒为了妈妈的病好得快一点，每天都陪着妈妈，帮妈妈尝尝药苦不苦，小朋友们还记得当你们生病的时候，爸爸妈妈是怎么照顾你们的吗？

2. 出示范画，引导个别幼儿分享经历。

（1）出示范画。

师：小朋友们都还记得爸爸妈妈是怎么照顾自己的。我的妈妈也快过生日了，我画了一幅画送给妈妈当作生日礼物，你们看看画上画了什么？（出示范画）

（2）引导幼儿分享经历。

师：你们能说说当你们生病的时候，爸爸妈妈是怎么照顾你的吗？

3. 发放材料，进行绘画。

（1）教师提出绘画要求。

师：每个小朋友都可以把爸爸妈妈照顾你的情景画出来。

（2）幼儿自由发挥，教师来回指导。

4. 根据画面内容相互交流故事内容。

教师给予孩子充分的交流时间，让孩子相互分享故事。

5. 自然结束活动。

教师小结：今天大家画的画可以带回家送给爸爸妈妈。

我国民间文学中存在着很多类以"狐假虎威"为代表的成语故事，如亡羊补牢、盲人摸象、刻舟求剑等，还有广泛流传的民间故事。我们可以对这些成语和故事进行进一步的筛选、整合，将其纳入幼儿园课程中，通过主题教学、区域活动、环境创设，以及美工、童话剧表演等形式让孩子在玩中学，体验民间文学的美。此外，通过上述一系列的主题综合活动，促进孩子在认知、道德、情感和社会性等方面的发展。

## 二、民间美术与幼儿园课程的整合

民间美术是指，创造者基本上是从事物质生产的人民群众，以美化环境，丰富民间风俗活动为目的，在日常生活中应用、流行的美术。[①]民间美术的典型代表艺术形式有剪纸、刺绣、印染、雕塑、版画、年画等。这些多彩民间美术形式表达了人民群众的心理、愿望、信仰和道德观念，也成为人们装饰、美化社会生活的重要手段。《3—6岁儿童学习与发展指南》提出，要创造条件让幼儿接触多种艺术形式和作品。民间美术源于人民群众的生活，直观形象，传播范围广，让幼儿欣赏、学习、体验这些美术形式，尝试制作美术作品，对发展幼儿发现美、创造美的能力和发扬民俗文化具有重要意义。本部分重点介绍剪纸艺术在幼儿园课程中的运用。

作为中国民间传统节日形式的剪纸艺术历史悠久，对孩子能力的发展不可小觑。正如

---

① 万虹.图解民俗大全[M].呼伦贝尔：内蒙古文化出版社，2012：328.

陈鹤琴先生说的："剪纸可以让孩子一是可以养成独自消遣的好习惯，二是可以练出手筋。"即剪纸可以培养孩子的注意力，锻炼其小肌肉。此外，剪纸作品中美的元素（如对称美）也能培养孩子欣赏美、创造美的能力。下面将介绍剪纸在幼儿园课程中的开展情况。

简说"剪纸"

 活动场

## 亲子活动——欣赏美丽的剪纸作品

### 活动目标

1. 欣赏各种剪纸作品，感受剪纸作品的图案美、色彩美和对称美。

2. 通过专业人士的演示，初步了解剪纸的基本过程和工具的使用方法。

3. 幼儿在家长、教师的指导下尝试剪纸，感受剪纸带来的乐趣。

### 活动准备

1. 邀请精通剪纸的专业人士和家长来园参加活动。

2. 幼儿园和家长共同搜集各种剪纸作品。

3. 操作材料：各色彩纸、白纸、铅笔、剪刀、刻刀、胶水、干抹布等若干，剪纸作品的幻灯材料。

### 活动过程

1. 展示剪纸作品，幼儿和家长自由欣赏。

教师：这些作品我们称之为剪纸。小朋友们知道他们是怎么来的吗？

（家长和幼儿讨论）

2. 从图案、结构和色彩来讨论和交流剪纸作品。

（1）欣赏剪纸作品的色彩美。

教师：请小朋友们说说这些剪纸作品的颜色有哪些？

幼儿：彩色的、红色的、黄色的等（红色最多）。

家长：颜色很鲜艳、亮丽。

教师：古代的人剪纸多用红色的纸，一般是过年、结婚等重大喜事的时候，人们用剪纸特别是红色的剪纸作品来表示吉祥和喜庆。

（2）欣赏剪纸作品的图案美。

教师：请大家看看这些剪纸都像什么？（教师引导幼儿观察剪纸的形状）

幼儿：像花、人、兔子、鸟、房子……

家长：还有一些神话故事传说图、风景图，而且都很夸张……

教师总结：小小的一张纸，人们可以用它剪出很多东西，如动植物等，还能将这些个体进行组合，构成一幅有故事的完美的作品。

（3）欣赏剪纸作品结构的对称美。

教师：大家看看这些图案有没有什么特别的地方呢？比如，这朵花有什么特别呢？（老师利用多媒体展示对称的花）

教师发给每个幼儿一些对称的图片，然后让他们自己折一折，感受对称的特点。请幼儿交流自己的发现。

幼儿：我折的时候发现左边和右边是一样的，重合在一起了，上面和下面的图案也是一样的，可以重合的。

3. 请专业人士展示剪纸的方法。

教师：大家想不想知道这么美丽的、看起来又很复杂的剪纸作品是怎么来的？今天我们请来了李老师给我们演示一下怎么剪纸。

4. 讲解剪纸的方法和过程（图4-1）。

图4-1　部分剪纸作品欣赏

教师提问：刚刚李老师用到了哪些工具？她是怎么剪的？（引导幼儿回顾剪纸的情景和步骤）

5. 播放音乐，家长和孩子共同参与完成一幅剪纸作品。

（1）家长和孩子选择自己喜欢的彩纸颜色，用铅笔进行构图。

（2）利用工具进行剪、刻。

（3）将完成好的作品贴在白色的衬纸上。

6. 完成后进行展示和交流。

指导要点：在此环节，家长和孩子完成的剪纸作品主题不限，主要是让孩子体验剪纸的乐趣，作品展示环节主要请幼儿介绍自己的剪纸过程，不需对作品的完美与否做出过多的评价。

## 大班手工活动——剪纸团花

### 活动目标

1. 欣赏纸团花，感受纸团花的色彩美、图案美和对称美。

2. 学习四折和五折纸团花的剪法。

3. 体验在剪纸过程中自由造型的乐趣。

## 活动准备

四折、五折的纸团花剪法示意图（图4-2和图4-3）；两种折法成品各一份；剪刀、铅笔、胶水、抹布、彩纸若干；有关介绍纸团花的视频。

图4-2 四折纸团花

图4-3 五折纸团花

## 活动过程

1. 播放纸团花的相关视频，让孩子们了解纸团花的寓意。

教师提问：你刚刚看见了什么？（纸团花）

它们是什么样子的？

人们为什么要贴纸团花？

2. 出示四折和五折法的纸团花作品，引导幼儿比较这两幅作品。

教师：今天我们来看看窗花里的一种——纸团花，大家看看这两种纸团花有什么相同的地方？（颜色相同，都是对称的）

教师：有什么不同的地方？（花瓣的数量、图案不一致）

3. 教师示范，教授四折和五折纸团花的剪法。

（1）教师出示四折剪法步骤图，自己拿一张大卡纸做示范，给幼儿发工具，按照步骤讲解具体折法。

（2）折完之后，教师用笔在卡纸上画图案，然后让幼儿模仿，展示正确的剪法。（注意提示幼儿要沿着线剪，先剪里面的，再剪外面的轮廓）

（3）教师鼓励幼儿尝试按照自己的意愿在折好的纸上画自己喜欢的图形，探索剪出不同的花。

（4）教师出示五折剪法的示意图，具体的活动流程和四折教法一致。

4. 欣赏交流环节。

（1）组织幼儿对各种作品进行分享交流。

（2）请幼儿介绍自己的剪纸作品。

（3）引导幼儿比较自己的作品和其他人的作品，说出区别之处，鼓励幼儿讨论为什么自己的作品和别人的不一样。

## 大班手工活动——枫叶剪纸

### 活动目标

1. 将枫叶的主脉络进行对折，尝试枫叶剪纸。
2. 体验利用树叶进行剪纸的乐趣。

### 活动准备

搜集的枫叶若干、剪刀、刻刀、胶水。

### 活动过程

1. 听歌曲《秋风起来了》，导入主题。

教师导入语：秋风吹起来了，很多树叶宝宝离开了妈妈，树叶宝宝被风吹的头发好乱啊，今天我们把它们带回了教室，待会儿我们用我们神奇的小手来帮他们打扮一下。

2. 引导幼儿观察枫叶，进行交流讨论。

教师提问：这些枫叶是什么颜色的？（黄色、红色、绿色）

它们像什么？（像扇子、手掌……）

它们身上有什么呢？（让幼儿触摸、观察叶子的脉络）

找一找哪条脉络是最粗的呢？

它有什么特点?（引导幼儿认识到主脉络就是对称轴）

3. 教师将树叶对折，制作一个简单的剪纸树叶（枫叶中间是镂空的心形）。

教师：小朋友们，你们看我剪的是什么？它有什么特点？你们想不想试试?

4. 教师具体示范，教幼儿进行枫叶剪纸制作。

（1）提示幼儿将枫叶按照主脉络轻轻地对折。

（2）用笔在枫叶上画心形的轮廓。

（3）沿着轮廓线剪枫叶。

5. 分组合作，自由探索阶段。

教师将幼儿分成4人一组，自己设计绘制图案，合作完成一幅枫叶剪纸作品。教师适当提供指导。

6. 交流分享环节。

小组展示自己的成果，分享自己的制作经验，教师给出适当的评价。

## 大班区域活动——趣味剪纸

### 活动目标

1. 能够利用各种材料的形状和特质进行创造性的剪纸创作活动。

2. 在小组合作中根据剪纸主题进行活动，体验合作的乐趣。

3. 萌发对剪纸的喜爱之情。

### 活动准备

1. 家长带孩子收集各种颜色和形状的树叶（枫叶、银杏叶、冬青叶、桂花叶等），投入在美工区。

2. 各色各种形状的彩纸（三角形、圆形、正方形、长方形的纸张）；剪纸步骤图若干；剪刀、胶水、刻刀、铅笔；作品展板两块。

### 活动过程

1. 鼓励幼儿认识区域中投放的剪纸材料的特点，特别是投放进区域中的各种树叶，仔细观察其颜色、形状和脉络。

2. 引导幼儿根据剪纸步骤图，分别尝试用纸张和树叶剪纸，感受利用两种不同原材料进行剪纸的乐趣。

3. 除了按照步骤图进行剪纸外，鼓励幼儿自己探索，按照自己的想法进行剪纸创作。

4. 布置一些主题："桃花朵朵开""水果大丰收""动物之家"等，将幼儿按照3~5人一组进行分组，小组合作完成主题剪纸作品。

5. 最后将作品贴在展板上进行展览，也可以将孩子们的作品贴在教室中做环境装饰。

我国民间美术中的剪纸、青花、扎染、泥塑等艺术形式等都可以融入幼儿园课程之中。上述"剪纸"系列主题活动，只是民间美术与幼儿园课程的部分融合。幼儿学习剪纸不仅能够培养欣赏美的能力和创造力，也可传承中国古老的民间艺术。在此系列活动中，利用树叶进行剪纸是对剪纸艺术起源的追溯，也是幼儿园课程实施过程中的一大亮点。

# 三、民间节日习俗与幼儿园课程的整合

传统节日中蕴含着丰富、宝贵的教育资源。以传统节日作为幼儿教育载体，让幼儿从小接受传统文化的熏陶，在润物细无声中了解中华文化的深刻内涵，在发扬我国民族文化的同时，对幼儿良好人格的形成、健康身体素质的塑造都具有非常重要的意义。下面主要介绍幼儿园中以"端午节"为主题的系列活动。

## 交流活动——说说端午节

端午节别称与习俗

### 活动目标

1.通过分享、交流，了解端午节的来历和风俗。

2.萌发对中国传统文化的兴趣，对屈原产生崇敬之情。

### 活动准备

经验准备：家长与孩子共同搜集并了解关于端午节的信息。

物质准备：介绍端午节由来的视频；粽子、香袋、长命缕、雄黄酒、龙舟、艾叶图片。

### 活动过程

1. 出示粽子图片，引出主题。

教师：小朋友们，你们看看这是什么？我们为什么要做粽子、吃粽子呢？

2. 播放视频，了解端午节的由来。

教师提问：端午节是为了纪念谁？（屈原）

为什么屈原跳江了？（屈原因为不愿意和坏人一起做损害国家的事情）

人们为什么往江里投粽子？（保护屈原的身体不被鱼吃掉）

教师小结：原来人们在端午节吃粽子是为了纪念我们伟大的爱国诗人屈原，每年五月初五，人们都会以吃粽子等多种方式来纪念他。

3. 幼儿分享交流端午节的习俗。

教师：大家知道过端午节的时候，人们除了包粽子、吃粽子，还会做些什么呢？

幼儿：赛龙舟、挂艾叶、喝雄黄酒……（教师把相关的图片贴在黑板上）

教师：刚刚大家说了很多习俗，那么我想请小朋友们来说说端午节为什么要赛龙舟、挂艾叶、喝雄黄酒、带长命缕和香袋呢？

（幼儿分别讲述这些风俗所代表的意义，教师加以提示和引导）

4. 撤去图片，引导幼儿总结端午节的信息。

教师：今天我们在一起分享了关于端午节的知识。请小朋友们回答，端午节的时间是？是为了纪念谁？在端午节我们可以做什么活动呢？（引导幼儿回忆之前的信息）

## 社会活动——我会包粽子

### 活动目标

1. 感知粽子的形状和品种。

2. 体验合作包粽子的快乐。

**活动准备**

1. 请家长演示制作粽子的过程。

2. 各种材料的粽子，以及粽叶若干、米、粗棉线、点心盘、毛巾。

**活动过程**

1. 猜谜导入主题。

教师：今天老师请来一个客人来我们家做客。请大家来猜猜他是谁。（教师出示谜面"三角四棱长，珍珠里面藏，想尝珍珠味，解带剥衣裳"）

2. 欣赏和感知粽子的形状和品种。

（1）让幼儿通过触摸感知粽子的形状并进行描述。

教师：今天，小朋友们从家里带来了很多粽子，我们给每个小朋友发一个粽子，大家摸一摸它是什么形状的呢？

（2）品尝粽子的味道，了解粽子的原料。

教师：请小朋友尝尝自己的粽子是什么味道的，然后告诉其他小朋友和老师你的粽子里面有什么呢？

3. 请家长现场包粽子，了解粽子的制作过程。

（1）讨论包粽子的材料。

教师：小朋友们知道包粽子要用到什么材料吗？（引导幼儿从原料和制作工具两类进行回答）

（2）帮助幼儿回忆包粽子的过程。

教师：小朋友们，你们能告诉老师粽子是怎么制作的吗？先放什么？然后怎么进行捆绑的？

4. 寻找同伴合作包粽子。

（1）将幼儿进行分组，寻找合作伙伴。

教师：小朋友们，你们可以自己寻找一个伙伴来一起包粽子。

（2）分发材料，幼儿合作包粽子，教师巡回指导。

教师：看看哪组小朋友能在规定的时间内包出又多又漂亮的粽子。

5. 分享交流，结束活动。

教师：请小朋友们来说说你包了什么口味、什么形状的粽子。

# 体育活动——赛龙舟[①]

## 活动目标

1. 探索集体合作、协调配合，以使"龙舟"跑得快的方法。

2. 能用语言清楚地表达合作的过程。

3. 在合作游戏中体验成功的快乐。

## 活动准备

1. 龙舟赛道、自制的龙舟船板。

2. 幼儿经验：了解龙舟比赛中运动员是怎样与鼓声进行配合的，根据自己的选择分成若干游戏小组（每组2~3个幼儿为宜）。

## 活动过程

1. 欣赏作品，引出话题。

（1）出示幼儿的赛龙舟绘画作品，请幼儿介绍自己画的龙舟赛。

（2）分享交流：请幼儿说说自己看到的龙舟赛的情景。

（3）教师小结：龙舟赛是一项集体水上运动，就像拔河比赛一样，需要所有的参赛者协调一致，团结协作。它赛的不仅仅是技巧和力气，更是团结一心的精神。

2. 出示龙舟板，鼓励幼儿自由结伴训练。

教师：这里有几块龙舟板，请两个小朋友试试怎样才能让龙舟动起来。

幼儿：尝试两人一组，一个在前，一个在后，两脚分别踩在龙舟板上（用橡皮条套住），尝试向前走。（走的时候幼儿容易站不稳）

教师：两个人要怎么合作，才能走得稳，使龙舟向前进呢？

幼儿：后面的小朋友抱着前面小朋友的腰。

教师：好的，那我们现在来进行一场龙舟比赛。

3. 组织幼儿进行龙舟比赛。

教师充当裁判，当听到裁判的口哨声后，几组幼儿必须齐心齐力一起把龙舟划向终点，先到者为胜。

4. 幼儿一起探讨，解决游戏中存在的问题，并分享游戏经验。

教师：你在游戏中遇到了什么困难？

幼儿：有时候会摔倒。

---

[①] 虞永平. 中国娃——幼儿园民间文化活动[M]. 南京：南京师范大学出版社，2014：148–150.

幼儿：他走得太快了，我跟不上。

教师：那么你们是用什么办法解决的？

幼儿：之后我叫他走慢一点，用跟我一样的速度走，就不会摔倒了。

教师：你们俩走得很好，最后赢了，你们是采用什么方法获胜的呢？

幼儿：我们走之前商量好先出哪只脚。

幼儿：对，两个人走时都迈同一只脚，速度一样。

教师：那怎样使两人的步伐一样快呢？

幼儿：俩人一起喊节奏"一二一二"。

教师小结：在划龙舟之前，要先商量好先出哪一只脚，一边走一边喊"一二一二"，脚步跟着节拍一步一步向前进，才能不摔倒，走得快。

5. 再次进行龙舟比赛。

提醒幼儿注意遵守游戏规则。没有参加游戏的幼儿充当啦啦队，可在一旁敲锣打鼓，加油助威。

 **本章小结**

在引进西方幼儿园课程流派的时候，需要考虑我国的文化适宜性问题。幼儿园课程在继承和发扬中华民族优秀传统文化方面需要发挥应有的功能。本章首先对我国幼儿园课程中的盲崇现象进行了分析；其次对中国元素的概念、特点进行了解读，剖析了幼儿园课程需要融入中国元素的原因；最后从民间文学、民间美术和民间节日习俗等方面进行了运用探讨。

 **理论知识练习**

**一、名词解释**

中国元素　民间美术　民间文学

**二、简答题**

1. 简述幼儿园双语教学存在的问题。

2. 简述我国幼儿园实施蒙台梭利教育法存在的问题。

3. 简述幼儿园课程需要融入中国元素的原因。

三、论述题

1. 论述我国幼儿园课程中的盲崇现象。

2. 结合实际,论述在幼儿园课程中如何融入中国元素。

 **实践能力提升**

1. 以小组为单位,就幼儿园课程实施可能存在的盲崇现象进行调研,形成报告。

2. 结合地域文化,调研中国元素在幼儿园课程中的融合现状。

# 幼儿园一日活动设计

**关键词**

幼儿园一日活动；保教结合；一日常规；师幼互动

**学习目标**

1. 了解幼儿园一日活动的内涵、功能及组成。

2. 掌握幼儿园一日活动设计的原则。

3. 了解实施幼儿园一日活动需要注意的事项。

**内容结构图**

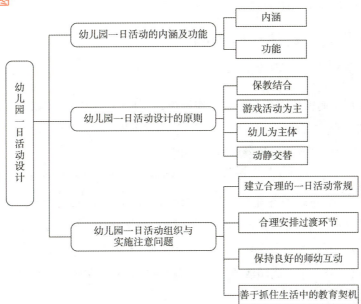

本章首先对幼儿园一日活动的内涵、功能进行了分析；其次对幼儿园一日活动设计的原则进行了解读；最后论述了组织与实施幼儿园一日活动需要注意的事项。

# 第一节　幼儿园一日活动的内涵及功能

## 问题导入

《3—6岁儿童学习与发展指南》强调："要珍视游戏和生活的独特价值，创设丰富的教育环境，合理安排一日生活，最大限度地支持和满足幼儿通过直接感知、实际操作和亲身体验获取经验的需要……"《幼儿园教育指导纲要（试行）》明确要求："幼儿园应为幼儿提供健康、丰富的生活和活动环境，满足他们多方面发展的需要，使他们在快乐的童年生活中获得有益于身心发展的经验。"

**问题：**幼儿园一日活动包括哪些环节？如何科学、全面地看待幼儿园一日活动的功能？

幼儿园一日活动的组织可解释为幼儿园每日活动的安排及其时间分配，它以既定的生活制度为依据，日常进行的盥洗、吃饭、如厕、睡觉等活动是教育幼儿养成良好生活卫生习惯、行为品质和活泼开朗性格的重要途径。

## 一、幼儿园一日活动的内涵

### （一）含义

活动是人在与周围环境积极的相互作用中，有目的地影响客体以满足自身需要的过程。[①]幼儿通过与周围环境相互作用，从而认识客观世界，在参与活动的过程中获得满足，同时得到自身发展。活动是个体发展的基础和保证。

某幼儿园一日
活动纪实
来源：爱奇艺

幼儿园一日活动是幼儿园教师与幼儿以幼儿园生活制度为依据，每天进行的各种不同类型的活动的总和。[②]幼儿园一日活动按时间顺序展开，对非寄宿制的幼儿园而言，一般包括入园（晨检）、晨间活动、早操、教学与游戏活动、生活活动（包括进餐、睡眠、盥洗等）、环节过渡活动、离园活动等。寄宿制幼儿园还包括晚间活动。

---

① 阎水金.学前教育学[M].上海：上海教育出版社，2003：140.
② 刘焱.幼儿教育概论[M].北京：中国劳动社会保障出版社，1999：257.

## （二）类型

以幼儿园一日活动的组织划分，可以分为生活活动、游戏活动、有目的学习活动和运动。这里要强调的是各种类型的活动是有机结合、相互渗透的。比如，在生活活动中就有学习活动、游戏活动等，所以区分是相对的，只是便于活动的组织与操作实施。

### 1. 生活活动

生活活动是指幼儿在一日活动中的各个生活环节和一些每天都要进行的日常活动。其主要包括进餐、饮水、睡眠、盥洗、如厕、入园离园、过渡活动、自由活动以及散步等。[①]生活活动是幼儿一日活动的重要组成部分，是增进幼儿身体健康和心理健康的基本保证，对于幼儿有着重要的意义和作用。

从生活活动的内涵看，主要是指生活自理、交往礼仪、自我保护、环境卫生、生活规则等方面的活动，旨在让幼儿在真实的生活情境中自主、自觉地发展各种生活自理能力，形成健康的生活习惯和交往行为，在共同的生活中能够愉快、安全、健康地成长。幼儿需具备的基本经验及内容示例如表5-1所示。[②]

**表5-1　幼儿园生活活动基本经验及内容示例**

| 基本经验 | 内容示例 |
| --- | --- |
| 1. 有规律地作息，积累文明生活的经验 | 良好习惯：日常的起居、进餐、盥洗、使用及整理物品<br>遵守规则：集体生活常规、公共卫生规范<br>文明礼仪：礼貌招呼、大方应答、行为举止文明 |
| 2. 学习保护自己，体验健康安全生活的重要性 | 需求表达：生理需要、情感需要<br>安全常识：安全使用物品，避开危险，掌握简单的求救与自救方法<br>健康常识：饮食饮水、营养睡眠、排泄<br>卫生常识：个人卫生、疾病预防 |
| 3. 适应集体生活，感受共同生活的乐趣 | 交往技能：分享、协商、合作、沟通<br>情感体验与表达：家庭亲情、师生情、同伴友爱<br>自我意识：认同自己、认同他人，合理的情绪宣泄 |
| 4. 学做自己的事情，积累自理生活的经验 | 个人生活自理：自己进餐、穿脱、盥洗、如厕，自主有序地处理个人的事情<br>简单劳动：扫除、帮厨、种植、饲养、整理物品、值日 |

### 2. 游戏活动

幼儿的身心发展特点决定了幼儿期的基本活动就是游戏，游戏对于幼儿的发展起着重要作用。《幼儿园工作规程》规定，幼儿园应当"以游戏为基本活动"。幼儿园的游戏可

---

① 阎水金.学前教育学[M].上海：上海教育出版社，2003：147.
② 上海市教育委员会.上海学前教育课程指南[R].2004.

分为：幼儿的自由游戏、教师组织幼儿进行的集体游戏（如规则游戏、手指游戏等）、教师设计的教学游戏（游戏化的教学）等。以游戏为基本活动应当以"幼儿的自由游戏"为主。幼儿的自由游戏是指在幼儿园一日活动中幼儿自发、自主、自由的实践活动，它能满足幼儿身心发展的需要，能发展幼儿的想象力、创造力和交往合作能力，促进幼儿情感、个性健康地发展。

### 3. 有目的学习活动

学习活动包括两种形式，一是指教师有目的、有计划发起的，采用集体活动形式组织的师幼互动活动；二是在教师引导下的同伴互动活动，如幼儿园中的区域活动等，旨在促进幼儿同伴分享交流，提升幼儿经验，强化学习体验，引导幼儿主动探索。学习活动包括讨论、阅读、欣赏、制作、表演、实地参观、收集信息等活动，旨在激发幼儿主动探索、积极体验，使幼儿在认知能力和态度上不断进步，为后续学习打下基础。幼儿需具备的基本经验及内容示例如表5-2所示。①

表5-2　幼儿园学习活动基本经验及内容示例

| 基本经验 | 内容示例 |
| --- | --- |
| 1. 用各种感官主动感知周围事物的特征，比较事物的异同，发现事物之间的关系 | 感知特征：物体的轻重、大小、形状、色彩、高矮、软硬、轻响、甜酸<br>发现关系：发现沉与浮、斜坡与速度、空气与燃烧、植物与阳光、水与温度的关系<br>分类排列：按物体的特征、功用等进行分类，按一定规律排列 |
| 2. 尝试多途径收集信息、物品与材料，乐意交流和分享 | 方式：咨询、访问、参观、调查<br>媒体：海报、照片、图书、广告、报纸、刊物、录像、电视、广播、网络<br>物品与材料：日常用品、玩具、废旧材料 |
| 3. 了解自己的身体特征及生长中的变化和需要，比较自身与他人的不同，体验成长的快乐 | 外形外貌特征<br>五官四肢功能<br>性别差异<br>生长变化：身高、体重、高矮、胖瘦、年龄、换牙<br>个人喜好：喜爱的东西、爱做的事、自己的长处 |
| 4. 亲近大自然，有观察、探索周围事物和现象变化与发展的兴趣，初步了解人与自然的关系 | 自然物：沙、石、水、泥、土、木、稻草、竹子<br>自然现象：风、雨、云、雷、闪电、太阳、月亮、星星、彩虹及季节、天气的变化<br>生物体变化：蚕宝宝、蝌蚪、果树等动植物的变化<br>相关活动：种植园地、自然角、小动物的照料、收集种子、拾落叶活动<br>环保实践：垃圾分类安放，节约用水、用纸，废品回收及利用，美化环境 |

① 上海市教育委员会.上海学前教育课程指南[R].2004.

续表

| 基本经验 | 内容示例 |
|---|---|
| 5. 对周围环境中的数、量、形、时间、空间等现象敏感，运用已有经验和简单的数学方法解决生活和游戏中的问题 | 数认知：唱数，点数物体，认数，默数，认识时钟、货币面值<br>数运用：测量长度、比较高矮、统计数量、进行买卖游戏、认识各种规则和不规则的形状<br>空间：上下、前后、左右、里外、中间<br>时间：上午、下午、白天、晚上、现在、昨天、今天、明天、日、星期、月、四季、年 |
| 6. 接触、了解周围生活环境中的人、事、物，感受身边熟悉的科技成果对生活的影响，理解并遵守社会生活中基本的行为规范 | 周围的人：家庭成员、幼儿园工作人员、同伴、社区中相关职业的人<br>物品：玩具、食品、工具、家具、生活用品、电子和电气产品<br>设施：幼儿园环境设施，社区中的超市、医院、健身区、自助银行、博物馆、自助售货亭<br>交通设施与工具：地铁、隧道、高架、火车、飞机、轮船、磁悬浮列车、各种车辆<br>标志：与生活有关的指示标志、警示标志、禁止标志<br>规则：公共场所中的交通规则、交往规则、爱护公物和公共环境的规则 |
| 7. 欣赏、感受祖国文化的丰富性，有初步的爱家乡、爱祖国的情感，了解一些接触到的多元文化 | 民间习俗：参与民间节日活动，玩民间游戏<br>民族文化：多种民族、传统艺术、发明创造<br>人文景观：本地、本市及全国的著名景观、特产<br>国家标志：国旗、国歌、国徽、国庆节<br>多元文化：国际节日以及世界上一些国家和不同人种、语言及标志性建筑 |
| 8. 学说普通话，大胆用语言与人交流，注意倾听，理解日常用语，爱看图书，对经常出现的文字感兴趣 | 图书：童话故事书、科学常识书、生活故事书<br>讲述：故事、儿歌、新闻、生活小事，自己的探索与发现，要求、意见与建议<br>倾听：成人、同伴讲话，幼儿故事磁带、广播 |
| 9. 接触各种富有情趣的作品，大胆想象，用自己喜欢的方式表达感受和体验，理解他人的表达方式 | 感受：儿童文学作品，不同类型的音乐和美术作品，日常生活与环境中美的人、事、物<br>表达：用唱歌、动作、绘画、制作、乐器、语言、符号等进行表达 |

### 4. 运动

　　运动是指在幼儿园一日活动中，所进行的体操、器械运动、自然因素锻炼等活动，旨在提高幼儿身体素质、动作协调能力和适应环境能力，为幼儿健康的体质奠定基础。幼儿需具备的基本经验及内容示例如表5-3所示。[①]

幼儿体操欣赏
来源：酷6网

① 上海市教育委员会. 上海学前教育课程指南[R]. 2004.

表5-3 幼儿园运动的基本经验及内容示例

| 基本经验 | 内容示例 |
|---|---|
| 1. 用动作模仿周围事物的形态和动作特征，感知运动节律的变化 | 动作模仿<br>操：徒手操、轻器械操<br>各种变化的动作节律 |
| 2. 大胆进行各种身体运动，体验各种肢体动作的可能性 | 基本动作：走、跑、跳、踢、转、抛接、投、拍、推拉、悬、团身、滚动、钻、攀爬、平衡 |
| 3. 借助各种材料和器械进行活动，尝试新的内容和玩法，获得身体运动的经验 | 物品：桌椅、梯子、纸盒、布袋、管道、轮胎、橡筋、棍棒、稻草、竹节<br>体育器械：球、绳、圈、积木、毽子、陀螺；童车、滑板、平衡台、羊角球、滑梯、秋千等大型运动器具 |
| 4. 能对信号做出反应 | 动作反应：开始、停止、动作变化、方位变化、速度变化 |
| 5. 体验运动的方向，根据运动中对象的空间位置和距离，调整自己的动作 | 方位：上下、前后、左右<br>距离：远近 |
| 6. 在大自然中锻炼，尝试新奇、有野趣的活动 | 活动：远足、负重、爬山、游泳、溜冰、玩沙、玩水、玩冰、玩雪 |
| 7. 能及时对危险的事情做出反应，控制自己的动作和行为，有一定的安全意识 | 安全：野外活动时不远离成人，进行身体运动时学习自我保护的方法 |

## 二、幼儿园一日活动的功能

幼儿园的一日活动是一种养成性的教育活动，只有充分利用各种教育途径，科学合理地安排和组织幼儿一日生活，才能够最大限度地发挥幼儿园各类活动的教育价值。

### （一）幼儿园课程实施的基本途径

幼儿园的课程主要是通过幼儿的一日活动来实施的。在幼儿园中，强调"寓教育于一日活动中"，无论是生活活动、游戏活动还是学习活动或运动活动，都是实现教育目标的基本途径。因此，在幼儿园，我们需要重视每一个环节，改变以往重"上课"轻"一日活动"的现象。教师要根据幼儿的年龄特征和个别差异选择教育内容，提供丰富的、有层次的材料，创设一个既安全又充满刺激的环境。根据不同类型活动的功能，平衡好集体活动、小组活动及个人自选活动时间，发挥幼儿园一日活动的整体教育功能。

### （二）为幼儿的发展提供基础和保障

幼儿园一日活动为幼儿的发展提供了基础和保证。首先，为幼儿生活的物质条件提供了保障，如为幼儿提供食品、休息和活动的场地、生活用品服务等；同时为幼儿生长发育的需要提供均衡营养、良好睡眠、安全防护等。其次，不同类型的活动满足了幼儿发展的需要，如运动活动，为幼儿健康的体质奠定了基础。最后，有助于幼儿养成良好的生活习惯。通过对幼儿生活的常规管理，可以养成幼儿良好的生活习惯，提高幼儿的生活自理能力和积极的生活态度，为其今后适应社会打下一定基础。

## （三）幼儿社会化的有效途径

学者李生兰指出：幼儿社会化主要是指在一定的社会条件下，幼儿逐步了解社会关系（如亲子关系、师生关系、同伴关系、长幼关系）、获得社会经验、掌握社会规范而成为社会成员的过程，即从自然人转化为社会人的过程。它的任务是：使幼儿掌握社会生活中所必需的一些基本知识、基本技能和行为规范，以获得参加社会生活的资格。

幼儿园一日活动是幼儿社会化的主要途径，教师应合理安排幼儿的一日活动，包括生活活动、交往活动、游戏活动与学习活动。在生活活动中，入园、进餐、盥洗、睡眠、离园等都可以成为幼儿社会化的手段。交往活动包括师幼交往、幼幼交往等。社会化起源于交往，因此教师应指导幼儿通过不同的形式（如大组交往、小组交往、个别交往；班内交往、班外交往；同性交往、异性交往），采取不同的策略（如言语交往和非言语交往），广泛进行交往活动，以增加社交面，扩大朋友圈，提高社会交往的能力。游戏活动是幼儿的基本活动，教师可以通过各种游戏，增强幼儿间的交往与合作，促进幼儿的社会化。在学习活动中，教师可以通过有目的、有计划的集体教学活动促进幼儿社会化，如在音乐活动中，可以通过《开始与停止》的游戏，要求幼儿随着音乐的开始与停止控制身体的动作，增强幼儿的自控能力。此外，也可以通过区域活动，为幼儿创设丰富的环境，给幼幼交往、师幼交往提供条件，促进幼儿社会化。

以上论述表明一日活动的重要价值，但在实践中，不同教师体会并落实一日活动教育价值的行为之间仍存在着很大差异。我们来看如下两则案例①。

**情境案例**

### 案例1　浩浩

浩浩吃完午饭，提着椅子走到里间门口，问正在里面给小朋友舀汤的王老师："老师，椅子放在哪里?"王老师回答："放里面。"浩浩跟着重复了一次："放里面。"他提着椅子往前走了几步，突然又回头，对里面的王老师说："老师，我想坐外面。"王老师正在忙着为其他小朋友舀汤，没有回答。浩浩又说了一次："老师，我想坐外面。"王老师摇摇头。于是浩浩提着椅子往里面去了。

---

① 侯莉敏. 幼儿园一日生活的教育价值[J]. 教育导刊（下半月），2013（10）：46-48.

### 案例2　乐乐

早餐后，乐乐趴在窗前发呆，李老师在与他的聊天中得知他不想玩桌面玩具，而想去户外走走，就同意了。于是乐乐"飞奔"着出去了，接着班上很多声音冒了出来："我也想去。"李老师同意后，几乎全班孩子都转移到户外进行活动。回到教室后，他们还不停地追问："明天还能去吗?"李老师灵机一动，展开了谈话活动"晨间你想做什么? 玩什么?"以此激发幼儿思考。在讨论后师幼共同生成了"晨间活动我作主"的系列活动。

**问题:** 如何评价王老师和李老师的做法?

**分析:** 同样是在进餐时间发生的事情，两位教师对幼儿的态度和处理问题的方法截然不同。王老师的方式显然是很多老师所熟悉的。在满足幼儿学习需要的同时如何方便教师的管理?李老师的处理方式无疑给我们提供了很好的范例，即在遵守一定制度的前提下，给幼儿的发展留出空间，既满足幼儿的需要，也对幼儿的发展提出一定的挑战，同时促进幼儿的实际操作。李老师的处理方式充分考虑了幼儿的学习方式，这样组织的一日活动是具有教育价值的。

# 第二节　　幼儿园一日活动设计的原则

## 问题导入

人在进行某项活动时，大脑皮层只有相应部位细胞群处于兴奋状态，其他部位则处于抑制状态，形成兴奋区和抑制区的互相镶嵌。随着活动类型、性质改变，兴奋区与抑制区发生改变，形成新的镶嵌，使大脑皮层各个区域轮流休息，这样大脑皮层就能较长时间地保持工作能力，防止疲劳。儿童神经系统尚未发育成熟，兴奋容易扩散，注意力不易持久，更需注意动静交替，同一性质的活动时间要更短些。[1]

---

[1] 祝士媛，唐淑.幼儿教育百科辞典[M].上海：上海教育出版社，1989：181.

**问题：**上述大脑皮层活动的特点要求幼儿园一日活动中贯彻什么原则？

幼儿园一日活动的设计需要以班级学期工作计划、本班幼儿当前身心发展情况（包括学习需要与兴趣等）为依据。班级学期工作计划，一般是根据幼儿园保育和教育的目标，结合本班幼儿身心发展的年龄特点和特殊需要制订的。它明确了本班教师与幼儿共同努力的方向。在将学期工作计划进一步具体化为月、周工作计划后，教师随时根据本班幼儿的学习需要与兴趣，以及始料未及的突发事件来进行调整，形成每日的活动计划。

## 一、保教结合

在进行幼儿园一日活动的设计时，首先要遵循的原则就是保教结合。这既是幼儿身心健康发展的客观要求，也是幼儿学习和生活的需要。《幼儿园管理条例》指出："幼儿园应当贯彻保育与教育相结合的原则，创设与幼儿的教育和发展相适应的和谐环境，引导幼儿个性的健康发展。"《幼儿园工作规程》第三条指出："按照保育与教育相结合的原则，遵循幼儿身心发展特点和规律，实施德、智、体、美等全面发展的教育，促进幼儿身心和谐发展。"《幼儿园教育指导纲要（试行）》再次提出了保教结合的原则："幼儿园教育应尊重幼儿的人格和权利，尊重幼儿身心发展的规律和学习特点，以游戏为基本活动，保教并重，关注个别差异，促进每个幼儿富有个性的发展。"近年来颁布的法规文件明确了幼儿园需在教育教学过程中贯彻落实保教结合的原则。这也是幼儿园教育有别于中小学等其他教育形式的重要特点之一。幼儿园贯彻落实保教结合原则的过程主要体现在幼儿的一日活动中，在同一活动中同时渗透保育和教育的内容是保育和教育在实施过程中相结合的主要方式。然而，目前一些教师对"保教结合"存在一定的误解，将"保教结合"理解成了"包办代替"，导致教师感觉身心负担过重，幼儿也感觉处处受限制。因此，教师应正确理解"保教结合"的含义，让幼儿能自主、自由地开展活动，同时也给自己留有观察和研究的精力。

在制订幼儿园一日活动计划时，遵循保教结合的原则，教师需要明确生活、游戏、学习、运动等活动的保教目标、活动过程和指导要点。以下列出在一日活动中保教结合的实施规范，供读者参考。[①]

### （一）生活活动中的保教结合

生活活动中，保教结合的具体内容如表5-4所示。

---

① 杨莉君.学前教育政策法规概论[M].长沙：湖南师范大学出版社，2008：174.

表5-4　生活活动中的保教结合内容

| 生活活动环节 | 教育工作 | 保育工作 |
|---|---|---|
| 入园 | 教育幼儿来园时有礼貌，使用礼貌用语<br>培养幼儿洗手、喝水、把脱掉的衣服放整齐的习惯<br>对个别幼儿进行教育 | 观察精神状况<br>观察衣着和仪表<br>检查卫生和疾病征兆<br>检查口腔<br>询问幼儿家长或幼儿 |
| 盥洗 | 培养幼儿良好的卫生习惯，如饭前便后洗手、手随脏随洗等<br>教育幼儿学会轮流洗手，不拥挤插队<br>教育幼儿节约用水，不玩水，珍惜成人的劳动成果 | 检查是否将手、脸、脚按正确的方法洗干净<br>教幼儿使用肥皂、毛巾、护肤用品等<br>教幼儿正确使用手绢、纸巾擦汗、擦鼻涕的方法 |
| 如厕 | 培养幼儿定时大小便的良好习惯<br>培养幼儿便后用肥皂洗手的习惯 | 允许幼儿按需要随时大小便<br>饭前、外出、集体活动前及入睡前安排或提醒幼儿如厕<br>提醒幼儿如厕后洗手<br>教幼儿正确使用卫生纸<br>对自理能力差的幼儿给予适当帮助 |
| 喝水 | 教育幼儿接水时不拥挤，相互谦让<br>教育幼儿不浪费水 | 提前准备温度适宜和足够的开水、消毒水杯<br>提醒幼儿每天喝足够量的水<br>提醒幼儿渴了就去接水喝<br>提醒幼儿用自己的水杯接水 |
| 进餐 | 教育幼儿进餐时注意力要集中，做到定时定量<br>教育幼儿不挑食，不浪费粮食 | 观察食物的冷热、软硬、卫生及新鲜程度<br>进食前做好桌面、餐具及幼儿手的卫生消毒工作<br>观察幼儿进食的情绪、习惯、速度和食量<br>教幼儿正确使用餐具的方法，并以适当的速度进餐<br>帮助幼儿改掉厌食、偏食的不良饮食习惯<br>保持愉快轻松的就餐环境，及时添加饭菜<br>考虑到不同体质、不同生活背景幼儿的饮食需要 |
| 午睡 | 教育幼儿自己的事自己做，逐步养成独立穿脱衣服、整理床铺的能力<br>鼓励幼儿积极主动地帮助有困难的小朋友<br>教育幼儿在需要教师或小朋友帮助时会使用礼貌用语 | 观察幼儿睡觉姿势是否正确<br>拉上窗帘、控制寝室光线的明暗<br>布置舒适的寝室环境，并保持午睡时寝室的安静<br>注意特殊幼儿的要求，如提醒多尿幼儿如厕，观察患病幼儿的病情<br>注意幼儿是否有突发事件发生或将异物放入耳、鼻、口中<br>关注幼儿午睡需要的个体差异 |
| 离园 | 教育幼儿养成自己清理东西的习惯<br>教育幼儿在离园时使用"再见"等礼貌用语 | 注意幼儿衣着的整洁<br>注意幼儿自己物品的携带<br>注意幼儿接送时的安全，防止幼儿擅自离园和被冒领、误带<br>防止幼儿离园等待活动过分剧烈 |

## （二）学习活动中的保教结合

教育工作：①以规范的语言和有趣的活动培养幼儿参加各种感知和操作活动的兴趣。②为幼儿提供较充分的动手、动脑、动口的机会。③鼓励幼儿在遇到困难时自己想办法克服。④鼓励幼儿在集体面前表现自己。⑤鼓励幼儿动脑筋、提问题。⑥集体活动和小组活动相结合，注重幼儿之间的相互影响和合作。⑦为幼儿的学习创设丰富的环境，包括足够的空间、时间和材料。

保育工作：①做好活动前活动内容、活动场地、活动材料的准备工作，并注意活动场地的安全、室内环境的适宜。②注意随时观察了解幼儿的身体及情绪状况，给幼儿创造一个平等、自由、宽松的教育环境。③注意根据幼儿的年龄特点，掌握活动时间和活动量，注意动静配合。④注意培养幼儿正确的坐姿和握笔姿势。⑤注意保护幼儿视力、嗓子、听力，提醒幼儿不要大声喊叫。

## （三）游戏活动中的保教结合

教育工作：①重视游戏环境的创设。②提供数量充足、种类丰富全面的材料，满足每个幼儿的游戏需要。③材料应为幼儿的想象留有余地，多样化地使用。④合理安排游戏空间，根据幼儿游戏的需要随时做更改和变动。空间的划分使各种游戏，特别是安静的和活跃的游戏不互相干扰。⑤师生共同商定材料和空间的使用规则，并督促遵守。

保育工作：①关注幼儿的身体、精神状况，如发现异常则及时给予照顾，并防止意外事故发生。②注重幼儿心理卫生，给予幼儿关注，尊重幼儿的兴趣、需要、意愿。

## （四）运动中的保教结合

教育工作：①培养幼儿对运动的兴趣。因地制宜地创设各种有趣的运动环境，开展形式多样、富有野趣的活动。②综合地开展各类体育活动，使幼儿肢体均衡发展和基本运动能力全面发展。③保证幼儿每天有两小时的户外活动时间。④根据幼儿的个体差异调节活动的内容与活动量。

保育工作：①预先做好活动准备，如器械、活动场地等。②观察幼儿运动前的精神状态，根据游戏内容检查幼儿着装是否恰当。③在运动中随时关注幼儿的身体、精神状况，如发现异常给予及时照顾，并防止意外事故发生。④提高幼儿在运动中的自我保护能力。⑤运动后提醒幼儿手脏了要洗手，进行运动量较大的活动后不马上饮水，并提醒幼儿根据冷热加减衣服。

## 二、游戏活动为主

《幼儿园工作规程》指出，幼儿园教育工作的原则是"以游戏为基本活动，寓教育于各项活动之中"。"基本活动"有两个方面的含义：①在一日生活中除满足基本生存需要的活动（如进餐、睡眠、排泄等）之外发生次数和所占时间最多的活动。②对人的生活或生长发展具有重要影响的活动。在幼儿的生活中，游戏是基本的活动。①游戏既能满足幼儿身心发展的各种需要，也能促进幼儿身心各方面的发展，如身体、认知、语言、社会性、情绪情感等的发展。《3—6岁儿童学习与发展指南》也指出，我们需要"理解幼儿的学习方式和特点。幼儿的学习是以直接经验为基础，在游戏和日常生活中进行的。要珍视游戏和生活的独特价值，创设丰富的教育环境，合理安排一日生活，最大限度地支持和满足幼儿通过直接感知、实际操作和亲身体验获取经验的需要。"因此，在设计幼儿园一日活动时，应遵循以游戏活动为主的原则。

对于幼儿而言，游戏是令其身心愉悦的、是自主自愿的、充满了幻想并且与生活密不可分的。因此，我们要充分尊重幼儿的游戏权，从满足幼儿身心角度出发，一日活动安排应以游戏为主。

## 三、幼儿为主体

在一日活动的设计中，坚持以幼儿为主体的原则，就是要科学分析幼儿的身心发展特点、学习方式，合理地设计幼儿的一日活动。

第一，以幼儿为主体，首先要为幼儿选择符合其发展需要的教育目标。一日活动目标不应是教师凭空想象出来的，也不应是简单地根据书本摘抄过来的，而是需要教师通过深入地观察幼儿，挖掘、发现幼儿发展需要，并根据学期计划、月计划、周计划层层分解制定出来的。只有制定出来的目标是大多数幼儿所需达到但尚未达到的，才能使幼儿对教师安排的活动产生兴趣。

第二，以幼儿为主体，要为幼儿创设丰富的环境，满足其游戏与学习的需要。幼儿的基本活动是游戏。在一日活动的设计中，教师应在观察幼儿的基础上，为幼儿创设材料丰富、氛围宽松、有充分自由的学习环境。

此外，以幼儿为主体，还表现为教师主导的活动和幼儿发起的活动交替进行，教师主导的活动时间要少于幼儿自发进行的活动时间。幼儿天性活泼，若让幼儿长时间处于安静的、久坐的活动中，将会引发他们的叛逆行为，也会让他们错失很多重要的学习机会。

---

① 刘焱.幼儿教育概论[M].北京：中国劳动社会保障出版社，1999：232.

**情境案例**

## 中班娃娃家游戏①

　　游戏开始，老师先强调游戏规则："游戏时要做到三不准：不准大声喧哗、不准乱扔玩具、不准随便走动。做不到这三点，咱们今天就不玩玩具了，你们能不能做到？"幼儿齐声回答："能。""好，现在我开始发玩具。小手背后，坐正。"幼儿个个小手背后，腰板挺直，静待老师分发玩具。"我们共有35个小朋友，分成五组，每一组有一个爸爸、一个妈妈、一个宝宝、一个爷爷、一个奶奶，还有两个医生。每组请7个小朋友分别扮演其中的角色。现在我看哪个小朋友坐得好，就先请他来当爸爸。"幼儿们急忙都把腰板挺得直直的，小手高举争当爸爸。老师看了一遍全班小朋友，"我请嘟嘟来当爸爸吧。这是你的玩具，你先拿着，等其他小朋友一起玩。"被选中的"爸爸"走上来接过玩具，搬起板凳走到第一个娃娃家区域，静等其他成员的到来。没被选中的幼儿则高举小手说："老师，我也想当爸爸。"老师用同样的方式，又选出了其他角色。5分钟过去了，第一个娃娃家的角色才分配好，接下来是第二个、第三个。35分钟过去了，五个娃娃家的角色和玩具终于分配好了，老师又重申了一遍纪律要求，游戏才正式开始。

　　**问题：**教师的做法存在什么问题？

　　**分析：**这个案例未能体现以幼儿为主体的原则，原本是供幼儿自选的区域游戏，成了教师分配的任务。此外，教师在组织过程中，过多地强调纪律与漫长的游戏等待，使本来属于幼儿的游戏时间白白浪费掉了。以幼儿为主体的另一种体现是教师对幼儿能力的了解与信任。在该教师心里，若不提前分配角色和玩具，幼儿就会因角色和玩具问题发生争抢、冲突，游戏就不能进行下去了。这恰恰反映了教师对幼儿的不信任。

## 四、动静交替

　　《幼儿园工作规程》指出，幼儿一日活动的组织应当动静交替，注重幼儿的直接感知、实际操作和亲身体验，保证幼儿愉快的、有益的自由活动。幼儿园一日活动的动静交替原则是由幼儿的身心发展特点决定的。幼儿在进行某项活动时，大脑皮层有的细胞群处于兴奋状态，有的则处于抑制状态，从而形成兴奋区和抑制区。由于早期儿童神经系统尚未发育成熟，兴奋容易扩散，注意力不易持久，更需注意动静交替，同一性质的活动时间

---

① 王芳. 把游戏时间还给幼儿——浅析游戏组织中时间的隐性浪费[J]. 学前课程研究，2009（4）：57-58.

要更短些。在选择和安排幼儿园一日活动时，要充分考虑到影响幼儿疲劳程度的各种因素，以及这些因素相互作用后所产生的整体效应，做到有张有弛，体脑并用，动静交替，劳逸结合，使幼儿在活动中获取高的效能。

## 五、稳定性与灵活性相统一

幼儿园一日活动设计需遵循稳定性与灵活性的统一。《幼儿园教育指导纲要（试行）》指出，时间安排应有相对的稳定性与灵活性，既有利于形成秩序，又能满足幼儿的合理需要，照顾到个体差异。稳定性，是指幼儿园需建立较为稳定的一日活动制度，把一日活动中对幼儿的要求规范化、固定化、制度化，并保持相对的稳定。灵活性，主张幼儿园的一日活动制度在执行中，教师可根据教学内容的需要、幼儿活动过程的实际反应、周围环境的突发事件做适当的调整。

在进行一日活动设计时可从以下几个方面执行该原则。

### （一）根据不同年龄段幼儿的身心发展特点制定一日生活制度[1]

（1）幼儿年龄越小，所需要睡眠的时间就越多。一般而言，午餐以后，要安排幼儿午睡。午睡的时间在夏季和冬季及不同年龄的幼儿之间应有差别，一般为2~3小时。同时，也要允许存在个别差异，应顾及个别极其不愿意午睡的幼儿，为其提供活动空间。

（2）食物在幼儿胃内排空所需要的时间为3~4小时，幼儿园安排幼儿进餐的时间应与幼儿的这一生理特点相一致。一般而言，在早餐、午餐和晚餐之间安排两次点心。

（3）幼儿园应保证安排2个小时的户外活动，让幼儿呼吸新鲜空气，沐浴阳光，运动身体，即使在气候寒冷的季节，也要安排幼儿到户外进行短时的活动。

（4）幼儿的如厕，应根据幼儿的即时需要，而非制度的规定。

（5）幼儿年龄越小，主动注意的时间就越短，因此，个别活动和小组活动比较适合幼儿的年龄，而大组活动，特别是集体教学的时间不可过长。

### （二）弹性设计

首先是一日活动各环节的时间安排要富有弹性，即事先不将每项活动展开的时间计算得过于严密，保证有根据幼儿当时实际活动状态进行调整的弹性余地，或延长，或提前。其次，在预设计划时，尤其是教师发起的活动，不要将计划设计得过满，而应留出弹性的空间与时间，让幼儿有时间、有机会去生成新的想法，迸发新的火花。[2]

---

[1] 朱家雄.幼儿园教育活动设计与实施[M].北京：高等教育出版社，2008：231.

[2] 康静.兰州市幼儿园一日生活管理中的问题分析及策略研究[D].西北师范大学硕士学位论文，2004.

### （三）根据活动性质进行有差别的设计

幼儿园一日各活动的性质、特点不一，在具体制订计划时，应该有所差别。例如，学习活动，是以教师预设为主的活动，计划应体现教师全面的设计和安排。游戏活动，既涉及经验的累积、理解，更涉及情感的体验和反应，计划要比其他活动更松散、更开放，更体现幼儿发起、自主生成的特性。生活活动，更强调在生活环节中的模仿和练习。因此，计划可以从指导要求和指导设计两方面做简略的提示，指导要求可侧重教师对幼儿重点观察、了解，活动本身的目标及个别指导要求。指导设计主要指教师为引导幼儿达成目标所做的一些构想，包括准备、形式、指导方法等。

## 第三节　幼儿园一日活动组织与实施注意问题

 问题导入

下午离园环节，老师让中班小朋友整理好书包后整齐安静地坐在位置上等家长来接。没过几分钟，小朋友们就坐不住了，有的开始下位走动，有的说要到图书区去看书……见到这种状况，老师的情绪非常不好，甚至有点失控……最后有个别小朋友哭了起来。

问题：案例反映了教师在组织离园活动时存在着什么问题？幼儿园一日活动的组织与实施应符合什么要求？

幼儿园一日活动的内容涉及广泛，需要进行合理设计规划，在具体的组织与实施过程中，还应该注意以下几个问题。

## 一、建立合理的一日活动常规

常规是幼儿在幼儿园一日生活的各种活动中应该遵守的基本行为规则。[①]《幼儿园工作规程》第五章第二十七条指出，幼儿园日常生活组织，应当从实际出发，建立必要、合理的常规，坚持一贯性和灵活性相结合，培养幼儿的良好习惯和生活自理能力。《幼儿园教

---

① 刘焱.幼儿教育概论[M].北京：中国劳动社会保障出版社，1999：219.

育指导纲要（试行）》也指出，幼儿园应从实际出发，建立必要的、合理的生活常规并坚持执行。一日常规的建立能帮助幼儿适应幼儿园环境，帮助幼儿学习在集体中生活，促进幼儿形成良好的卫生习惯、生活习惯和行为习惯，同时也能帮助教师完成保教与班级管理工作。幼儿园建立合理的常规是幼儿一日活动顺利组织与实施的保障。

## （一）合理的一日活动常规的标准

教师在组织与实施一日活动时，对班级常规的基本要求应是必要的和合理的，要尽量减少不必要的、可有可无的常规，为幼儿在园愉快地生活创造条件。合理的常规应符合以下4个基本标准①。

（1）保障幼儿健康安全之必需。例如，饭前、便后要洗手是必要的规则，但要求洗手时不许讲话则是不必要的规则。

（2）保障集体活动顺利进行之必需。例如，上课时发言要举手，但要求"小手放背后"则是不必要的。

（3）保障幼儿社会性交往活动顺利进行之必需。例如，要拿别人手里的玩具，要先征得别人的同意。

（4）符合幼儿的年龄特点，是幼儿可以做得到的。

## （二）开展常规教育的策略

常规是通过常规教育来贯彻落实的，常规教育是帮助幼儿理解、熟悉、掌握常规的过程。开展常规教育可以采取如下策略。

### 1. 结合问题引导幼儿参与规则制定

班级生活中充满着各种参与的契机，关键的问题是教师要善于发现和利用。下面观察到的案例可以带给我们一些启示。

当班上有几个小朋友经常到老师处告发K和J老是用脚踩玩具娃娃时，老师认为，引导孩子们制定"爱护玩具"的常规的时机到了。

老师用以下方式加以引导："我发现，我们班上有一个需要大家一起来解决的问题，这就是如何爱护我们的玩具娃娃。我们一起来想想看，我们该如何去爱护我们的玩具娃娃？"这样的讨论模式，可以将孩子们的注意点集中在某一个问题上，以便大家共同讨论。以下的规定是由该班的孩子自己制定出来的。

（1）要小心点——不能弄坏我们的娃娃。

（2）不能乱扔我们的娃娃。

---

① 刘焱.幼儿教育概论[M].北京：中国劳动社会保障出版社，1999：221.

（3）要轻轻地抱娃娃。

（4）不要用力拉娃娃的头发。

（5）不能踩或坐在娃娃的上面。

（6）要给娃娃穿衣服，不能让它生病。

（7）要做娃娃的妈妈。

（8）要经常给娃娃洗脸。

以上的例子，说明让孩子们参与班级规范制定的重要性，因为这些规定对孩子们而言是有意义的。同时，观察发现孩子们的意见常常是具有独创性的，有些提议甚至是成人从来没有想到过的。"要像妈妈一样爱护娃娃""要给娃娃穿衣戴帽"，在幼儿看来，爱护娃娃已不仅仅是不摔它、不打它，更主要的是一种心灵上的关爱。在某种程度上看，孩子们对常规的判断能力往往胜过成人，因为成人往往很难跳出自身的圈子，站在幼儿的角度来思考这些问题。

### 2. 引导幼儿在讨论中生成规则

下面观察到的某小班林老师的策略可以借鉴。

小朋友们进行团体分享时，H小朋友正在介绍他们小组刚才在积木区所搭的城堡。班上大多数的幼儿在认真听H的介绍，可少数的幼儿有走动的、有大声说话的，还有相互嬉戏的，教室里有点混乱。林老师正坐在地上准备幼儿刚才制作的作品，假装没发现这一切。我想林老师是想让幼儿们体验一下"混乱"所带来的滋味，这样有利于幼儿体会到学会倾听的重要性，结果不出所料。

J（H小组的一个小朋友大声叫起来）：太吵了，我们都听不见了。

班上许多小朋友：太吵了、太吵了，林老师。

H：我不想说了。

林老师：是太吵了，H在和我们分享他们搭的城堡，我们要认真听呀！不认真听，就是不尊重别人，别人会伤心的，很可能下次你说话时别人也不听呢。

K：是的，H好像不高兴了。

林老师：大家想想看，我们应该如何认真听别人讲话？

L：不发出声音。

林老师：嗯，好的，L，当H在和我们分享他们的快乐时，我看见你看着他，并且认真地听他讲话。

L：是的，我喜欢听。

林老师：H，L认真地听你讲话，你觉得如何？

H：我很高兴。

林老师：是的，当你们在听我说话时，我也觉得很高兴。我告诉你们一个秘密，当我抬头看到你们的眼睛看着我，我就知道你们在听我讲话，我就很高兴。

小朋友们：我知道了，老师讲话要看老师的眼睛。

林老师：对了，别人和你讲话，你们要看着他（她）的眼睛。

在老师的引导下，通过几天的讨论，孩子们对如何倾听达成了许多一致的观点。

（1）当别人说话时，我们应看着别人的眼睛。

（2）当别人说话时，我们要静静地听。

（3）要给每个人发言的机会。

### 3. 引导幼儿修改规则

以下的例子发生在某大班教室里，该班有一项规定是孩子们之前制定的：孩子们在积木区搭好的作品，最多可以保留一天的时间，然后就必然拆除且收拾干净。可一天上午幼儿C告诉老师T，她觉得非常难过，因为她在积木区搭好的城堡已经过了一天，按规定下午必须拆除。可C想要保留她的城堡，因为她希望她爸爸下午来接她时，可以看到她的作品（平时都是妈妈来接她的）。为此，老师将这一问题抛给小朋友们，让他们讨论是否有必要改变有关积木作品保留时间的规定。

T：大家想想，我们是否应该继续保持这项规定呢？

J：就只能保留一天，这是规定。

K：要拆掉C的城堡，C的爸爸看不到，C会难过的。

S：那就保留三天。

T：三天？J说保留一天，可以吗？

H：不要三天。

T：S认为积木作品可以保留三天，而你说不可以，为什么？

H：假如C可以将她的积木（作品）保留三天，那我的也可以保留三天吗？

M：假如C的积木可以保留三天，而我们的不可以，那就不行。

C：假如你要的话，你的也可以保留三天啊！

T：所以，你们都认为可以保留三天，是这样吗？

Y：我认为保留三天太长了，那样我们就不能经常玩积木了。

T：Y的想法不错，C，你认为保留两天如何？这样的话，下午你不必拆掉你的城堡，你爸爸就可以看到你的城堡了。

C：好的。

大部分孩子：好，两天。

T：好吧！看起来大多数小朋友都想将积木作品保留两天。既然是大多数小朋友的决定，那就按新规定试试看，并看看这样做了之后会有什么影响。假如行不通的话，我们可以回到原来的规定，或者我们大家另外想一个更好的办法。好，所以我们现在的决议是：

每位孩子搭好的积木作品可以在积木区保留两天的时间，请大家要互相提醒并记住呦。

在上面的例子中，老师抓住是否要修改规范的机会，引导幼儿充分地讨论，将解决问题看作孩子们的一个开放的空间。这种做法，可以让孩子们了解到，常规并非是神圣不可侵犯且不可改变的；相反地，常规是为了某些既定的目的而存在的。当常规不再符合原先构想的目的，或者当情况改变时，常规也应适时地改变。正如皮亚杰所言："任何人都无权不经过合法的途径来引进一种革新，即如果有人要引进一种革新，他必须预先说服他的同伴，并且事先服从大多数人的裁决。所以，可能有一些分歧……而意见总是可以加以讨论的。"①

### 4. 用正面的表达方式表述规则

教师进行常规教育应该是帮助幼儿了解在什么情况下应该做什么和怎么做。不能简单用禁令或"不准"来表述常规要求。不加以说明的"不准"会使幼儿无所适从，也会让幼儿觉得，这些常规是由外在的力量强加在他们身上的。教师应以正面的表述方式来表达常规要求，如"不乱扔玩具"可以改成"爱护玩具"，后者以鼓励性为主。

正面性规范是指用正面的、积极的语言对规范进行表述。正面性规范以鼓励，而不是禁止为主，如"爱护玩具"与"不能乱扔玩具"不同，前者具有正面性，以鼓励为主。引导幼儿生成正面性规范是协助幼儿"去中心化"的需要。依皮亚杰的观点，由于早期幼儿身心发展的有限性，他（她）们对外界权威具有盲目服从的倾向，他（她）们往往会把规范看成"神圣的、权威式的"存在物。在他（她）们看来，老师的要求、约定是一种"绝对律令"。而当孩子们有机会为自己的班级制定常规时，他们往往也会提出一些"律令式"的约定，它们往往被表述成"不能这样，也不能那样"。老师不应该拒绝这种"负面式"的常规，但是，在孩子们制定常规时，老师应该尽量引导他们生成正面的常规。正面性常规给人一种协商式的感受，是幼儿个人合法权利的表达，如"不能独占秋千"与"大家轮流荡秋千"给幼儿的感受是不一样的，前者强调的是一种约束、禁令，而后者注重的是大家的分享和权利。下面是两个中班幼儿打架后，老师引导幼儿的部分讨论（T为老师，其他为幼儿）。

T：你们刚才看到了，有人打架了，那样好不好？

S：不好，别人会哭的。

T：对，那会打痛别人的，那我们该怎么办？

J：不可以打人！

T：好，J，你的意思是说我们"要友好相处"，对吗？我把它记下来。

K：刚才H对G说话的声音太大了，不要那么大声说话。（H、G是刚刚参与打架的小

---

① 让·皮亚杰. 儿童的道德判断[M]. 傅统先，陆有铨，译. 济南：山东教育出版社，1984：77.

朋友）

T：哦，我知道你的意思，要轻轻地说话，对吗？

K：点头。

T：K真棒！那大家想想，还有没有其他好办法让我们好好相处？

G：不能骂人。

T：对了，要有礼貌。

P：我们可以经常握握手。

T：很好，我记下来了，要有礼貌、经常握握手，还有吗？

J：不应该一个人玩（玩具）好久。

T：对了，要轮流玩玩具，我记下了。

…………

T：我给大家总结一下，我们大家想了好多好的办法，以后大家会好好相处的，大家记住了：第一条，对人要友好；第二条，轻轻地说话；第三条，经常握握手；第四条，要有礼貌；第五条，轮流玩玩具……好，就这些了。我相信我们大家制定的这些规定，可以帮助我们成为更快乐的人。

幼儿在表述规范时，往往是以"禁止什么、不能做什么"等形式出现的。这里教师的作用是引导幼儿理解和生成正面性规范。

为了避免孩子们仅从教师方面听到一些负面的想法，教师可以将制定常规的词句说成"让我们班上能够安全又快乐的方法""我们该记得的事"或"但愿别人对我……"等。但是，假如孩子们愿意使用"常规"或"规定"这样的字眼，教师也应该尊重孩子们的想法，例如，教师可以把词句改成"使我们的教室成为快乐园地的必备常规"。这样，才能让孩子们有机会自己思考制定和遵守这些常规的必要性，他们体会到，制定班级规范不仅是教师的要求，也是幼儿自身需要得到满足的方式，是幼儿参与班级事务的体现。

# 二、合理安排过渡环节

幼儿园一日活动的
过渡环节
来源：爱奇艺

幼儿园要尽量减少不必要的集体行动和过渡环节，减少和消除消极等待现象。幼儿园的一日活动中之所以需要过渡环节，一是为了适应幼儿日常身心活动有节奏更替的需要；二是为了适应日常教学活动有节奏更替的需要。

**情境案例**

## 午睡起床①

下午2点30分，午睡起床时间到了。音乐声一响起，老师就对全班小朋友说："听到音乐赶快起床啰！"于是孩子们一个个坐起来，开始穿衣服，而老师则快步走到由于刚才入睡迟，现在还在呼呼大睡的孩子身边，一个个推着把他们叫醒，催促他们赶快起来。约7分钟后，老师看孩子们已基本穿戴完毕，便让全班30多个孩子聚集在自己的跟前，等着挨个儿为他们检查、整理衣服、鞋子是否穿好。此时，老师明确地告诉孩子们，已经检查完的先坐到座位上，没有检查完的在她面前排队安静地等候。可是已经检查完的孩子在座位上没坐上两三分钟，就离开座位集聚成一堆，然后你追我逃玩开火车、抓小偷的游戏，弄得教室里一片喧哗；而没检查过的孩子则拼命往前挤，想早些检查完后加入前面孩子的追逐游戏。不多时，告状声、哭闹声此起彼伏，"老师，嘉嘉在推我""老师，悦悦抢先了"……还没等老师应答处理，告状的晨晨已用力将悦悦推倒在地，随之传来悦悦哇哇的哭声。老师按了这头，那头翘起，忙得不可开交，最后老师停下手中工作后，大声呵斥："再不听话就坐到边上去，谁想试一试？"吵吵闹闹的场面总算安静了下来，几个好动的孩子互相做着鬼脸。老师继续挨个儿为孩子检查整理，坐在座位上的孩子又开始新一轮的嬉戏……

**问题：**为什么会出现案例中的情况？

**分析：**当孩子们全部穿好衣服后，老师按教育要求要检查幼儿的穿着，让30多个孩子集聚在自己身旁挨个儿为他们检查衣服、鞋子是否穿好，从开始检查到全部检查完毕，历时12分钟，每个孩子的有效时间约为1/3分，剩余8分钟时间就在排队、等待中白白浪费了。幼儿的主动注意时间不长，自控力不足，长时间的排队、等待会让他们觉得无法忍受，在没有得到教师充分关注的情况下，教室里的秩序难免混乱不堪。

合理安排过渡环节，包括如下几个方面②。

## （一）制定连贯的幼儿园一日活动流程，提前安排好过渡环节

（1）帮助幼儿熟悉活动流程，明确知道他们接下来要做什么。可以在每一个活动结束

① 虞莉莉.幼儿园教育案例专题研究[M].杭州：浙江大学出版社，2005：7.
② 赛菲尔.幼儿教师工作高效应对策略[M].曹宇，译.北京：中国轻工业出版社，2012：27.

时发出明确的信号，让每一个幼儿意识到要转向下一个活动了。

（2）教师提前准备好下一个活动的材料，缩短过渡环节的时间，减少幼儿的消极等待时间。

（3）在过渡环节开展一些简单的手指游戏、唱歌活动。

（4）若之前为时间较长的自选活动，教师应帮助并要求幼儿边活动边整理。

## （二）进餐结束后的过渡环节

幼儿进餐结束后，让他们清理自己的位置，并快速进入下一个活动。在等待的间隙，可以安排一些活动量较小、较安静的活动，如给幼儿分发一些纸笔，让他们画画或者给他们一些图书阅读。提供一个地方，摆放幼儿没有完成的绘画作品，让他们稍后有时间再继续进行。

如果还有较长时间才能开展下一个活动，那么为幼儿提供一些桌面玩具或者让幼儿进入区域活动。教师可与幼儿商讨制定规则，当音乐或者某个信号响起时，幼儿应收拾玩具，结束活动。

## （三）过渡到户外活动

上一个活动结束时，分批解散幼儿。如果需要幼儿穿上外套，鼓励幼儿彼此间相互帮助拉拉链、扣纽扣，不行的时候再向教师寻求帮助。

尽量不要让幼儿排队。排队只会让幼儿觉得枯燥和紧张，导致幼儿间推搡和攻击性行为的发生。理想的做法是，一名教师带着第一个准备好的幼儿先到户外去，其他准备好的幼儿紧随其后，另一名教师负责在后面照看那些动作慢的幼儿。

## （四）户外活动或自选活动后的过渡

在离游戏结束还有5分钟时，教师可轻声地一组一组提醒幼儿。

5分钟时间结束后，让一名幼儿告诉大家到了收器材的时间，有助于减少幼儿因不能继续玩游戏而产生的失落感。

## （五）午睡后的过渡

先让睡醒的幼儿起床，然后引导他们参与安静的活动（玩橡皮泥、拼图等）。与此同时，帮助其他幼儿起床、穿鞋。

逐渐地、平缓地从午睡环节过渡到其他活动。如果幼儿能自己搬动小床或者垫子，让幼儿把他们搬到睡前放的地方，参与教师的整理活动。

### （六）过渡到离园

许多幼儿园以自选活动或户外游戏结束一天的活动，家长可以在这段时间接走孩子。这样过渡比较自然，教师也有时间与家长交流。鼓励幼儿在回家之前把刚刚使用的东西归放好，让家长参与到孩子的整理工作中。

如果幼儿一起离园，可以安排他们在一天结束的时候看看书、听听音乐或者画画。校车来了或者家长来接的时候，分批送幼儿离开。

在幼儿离开的时候，跟每一个幼儿拥抱或者握手，叫着幼儿的名字，跟每个幼儿说几句话。

留一些时间与家长谈谈一天的事情，分享你或者他们关心的事情。

## 三、保持良好的师幼互动

师幼互动是幼儿园人际互动的核心，是幼儿园生活的重要内容，贯穿幼儿一日生活的各个环节。师幼互动对幼儿发展具有重要作用，但其作用的发挥条件性很强，只有高质量的师幼互动才能很好地促进幼儿的身心发展。

研究表明，良好的师幼互动对幼儿的心理发展具有重要的意义与价值。首先，良好的师幼互动可增强幼儿的安全感、自信心及探索精神。其次，良好的师幼互动可促进幼儿的亲子关系与同伴关系。积极、适宜的师幼交往对不安全的亲子依恋有一定的弥补和调整作用，并能促进亲子关系的发展。此外，教师与幼儿之间是否形成亲密、安全的依恋关系，对于幼儿同伴交往的主动性、态度、能力、交往行为和过程以及同伴社交地位等，都有十分显著的影响。再次，良好的师幼互动能促进幼儿自我概念、学业成绩的发展。积极的师生交往有助于幼儿产生内在的学习动机，并形成良好的学习习惯，在认知发展、语言学习、概念与知识的掌握等方面取得更好的效果。最后，良好的师幼互动有助于幼儿对新环境的适应。因此，幼儿园一日活动的组织与实施需保持良好的师幼互动。

### （一）师幼互动现状

刘晶波对我国师幼互动行为进行了研究，结果表明，我国幼儿园中的师幼互动行为有5个方面的总体特征：①互动以事务型为主，情感型互动较少发生，教师最为关注教育行为意图的实现与否，较少顾及孩子的情感表达与需要。②教师指向孩子的情感特征以负向最多，中性次之，正向最少；幼儿指向教师的情感特征以畏惧和平和最为多见，进取型的情感特征最少。③互动侧重于固有知识的传递与学习，既存规则与规范的强化与遵守、维护，尽管因为孩子思维的活跃常会滋生出一些与固有知识关联不强却符合孩子特点的内容，但教师大多并不理会，很少会因之而更改主题。④师幼互动行为以倾斜模式为主，平行模式的师幼互动行为发生概率不高，表明师幼互动过程中教师始终是一个绝对的权威。

⑤教师指向幼儿的行为带有高度控制、高度约束的性质，幼儿指向教师的行为带有高度服从、高度依赖的明显倾向。

卢乐珍、刘晶波等通过对一日生活中589个师幼互动事件的整理与分析，发现师幼互动行为主要存在以下问题[1]。

（1）教师处于控制者、管理者、权威者的地位，幼儿总是处于服从者、依赖者、被动者的地位。教师心目中的"孩子"往往只是工作的客体，而不是能动的主体。在教师决策、操纵、指挥、包办一切的互动方式下，幼儿养成了完全按照教师的意志行动的习惯。幼儿被培养了被动性、依赖性、服从性，他们力求达到与教师指令一致，一旦遇到意外的情境，遇到困难与挫折，离开教师的指导与安排，不少孩子就会不知所措。

（2）在教学活动中，存在着教育要求一刀切，学习成果一律化，忽视幼儿本身的经验、意向、想象和创造的表达。表现为：一是片面强调记忆与重现，要求幼儿所反映的知识、技能必须与自己教的内容完全符合；二是对幼儿所说所想与他人不同的答案，都要及时"拉回"到教师预先设定的要求上来。

 **情境案例**

### 重画！[2]

**背景**：大班，上午9：25，教学活动。

教师安顿全班幼儿坐好以后，在黑板上画了一个戴头饰的女孩子的头像。她先用白色粉笔打好框架，而后用彩色粉笔涂颜色。教师在画的时候不时背对着幼儿说上几句类似于"哪个有声音!等一下我找他！"（意指要批评他）的话，每一次说完，幼儿相对安静一会儿。教师画完后，对全班幼儿说："今天我们的美工课要学一种新本领，画一个戴头饰的小姐姐。你们看，像老师这样先画出框架……"教师边讲述边演示画头像的步骤。在画到头像的嘴巴时，教师没有言语，只是在黑板的空白处画了一段向上弯的曲线，表示女孩子的嘴角向上面翘，在微笑。讲解完毕，教师依次发给每个孩子一张白纸、一盒水彩笔，让孩子按照黑板上的示范学习画画，而后走出教室。孩子们边画边交谈。最初是嗡嗡的小声，一会儿音量逐渐加大。15分钟后教师回到教室，说了一句"怎么这么大的声音！"班级立即安静。教师开始依次查看每个孩子画画的情况，当她查到男孩龚

---

① 卢乐珍.卢乐珍文集[M].南京：江苏教育出版社，2007：169.

② 刘晶波.社会学视野下的师幼互动行为研究：我在幼儿园里看到了什么[M].南京：南京师范大学出版社，2006：110.

平的时候，教师对他开启了以指导活动为主题的互动事件。

　　教师站在龚平桌旁，拿起龚平的画，看了一下，皱了一下眉头对龚平说："你怎么搞的？你看看黑板上的小姐姐，嘴角是向上弯的，是高兴的，你怎么画成了（嘴角）向下弯的、哭泣的呢？"龚平咬着手中的水彩笔，来回摇晃着自己的小椅子，没有答话。教师似乎也并不期待龚平对她的问话做出回答，径直转过身去重新拿了一张白纸放到龚平面前，"看仔细了，认真些！重画！"说罢，又去检查下一个孩子。龚平没有说话，对邻座的佳佳吐了一下舌头，趴在桌上按照老师的要求重新画小女孩的头像。

　　**问题：**案例中教师为什么让幼儿重画？她做得对不对？

　　**分析：**案例中教师因为孩子没有像老师希望的那样"认真、仔细"地按照"老师怎样教你就怎样做"的要求去做，老师认为必须及时地把它纠正过来，要求孩子重画，忽视了幼儿本身的创造表达的需要。

　　（3）在生活环节，存在着过多的规则、束缚与压抑，忽视不同幼儿身心需要的差异性与积极情感的引导。目前，规则种类日益繁多、复杂，使理解与遵守规则、纪律成为幼儿适应集体生活的一大难题，也是幼儿教师一项棘手的工作。在幼儿园中，规则的宽严程度受到教师本身的性格和情绪状态的影响，在心情不佳时，教师的忍受程度、宽容阈限都很低。而环境嘈杂、空间局限、活动设备与材料的单一与匮乏、拥挤的人数和违背幼儿身心特点的活动本身等都是造成幼儿违反常规问题的重要外部因素。教师训斥、惩罚和剥夺权利的简单处理，忽视了规则存在的合理性、影响幼儿违反规则的缘由和众多影响因素，不利于幼儿的身心发展。

**情境案例**

## 过多的规则和束缚

　　点心时间到了。老师说："看哪一组小朋友坐得好，就请哪组先去洗手、拿杯子！"孩子们陆续坐好，老师逐一点名，请大家按小组去洗手……之后，孩子们拿着自己的水杯又坐回原来的位子，开始等老师一个一个地倒牛奶、发面包。分发还未结束，班上已经开始有点乱了，妍妍忽然喊起来："老师！键键手上有玩具。"不等老师回答，他就跑过去从键键的手上把玩具一把夺过跑来交给老师，小军和晨晨乘机跑过来看。老师忙说："谁让你们离开位子了？快回去！"此时没喝完牛奶的几个孩子也端着杯子伸着头往这边看。"老师!汀汀的牛奶倒在我身上了！"告状的声音又响起来……老师实在忍无可忍，"哐"的一声将茶壶扔在桌上，有几个胆小的孩子吓了一跳，那些在吵闹的孩子倒无所谓地耸耸肩，暂时停止了争吵。老师板着脸，不停地在小朋友的位置旁巡视，一发现声音马上瞪眼，小朋友终于安静地吃完了点心。

　　**问题**：案例中教师的做法有何不妥？

　　**分析**：在这个案例中，教师一味地追求安静、井然有序，存在着过多的规则和束缚。其让孩子们坐在位置上，坐好了再逐一点名去洗手，之后又拿着杯子坐在原来的位子上等老师分牛奶和面包。反复的坐等让孩子觉得很无聊，更为重要的是幼儿不能发出声音，一有声音教师就得停下来组织，等到没有声音了才继续下一环节的活动，这样，教师组织累，幼儿等着累，而且不停地训斥会降低孩子的食欲，使师幼之间的互动变得压抑。

（4）在游戏活动中，存在着教师越俎代庖地安排角色、安排场地、确定内容的现象，忽视了幼儿对游戏的自愿选择、自主开展、自由交往的权利。

（5）在师幼交往中，存在着"好孩子"模式的偏爱倾向，忽视因势利导地发展不同幼儿的个性与潜能。在师幼交往的过程中，部分教师不能跳出对某些幼儿所形成的"刻板印象"，以致在一定程度上常被自己的成见和幼儿的偶然行为牵着走，不但难以进行针对性教育，也对自己和幼儿的身心发展产生许多不良影响。受到教师偏爱的幼儿往往滋长骄傲、自满、依赖、撒娇、任性、霸道的性格；被厌弃的、相貌不佳、衣着较差、自制力弱、有不良习惯或接受能力慢的幼儿则会因冷漠、疏远和不公正的消极评语的伤害而产生缺乏自信、畏缩胆怯、紧张焦虑或怨愤对抗等不良性格。

## （二）形成良好师幼互动的策略

所谓师幼互动策略，是指教师在应对具体的师幼关系情境时，为了建构良好的师幼关系，实现促进幼儿发展的根本目的而采取的有效策略或方法。

**1. 以材料为中介，支持幼儿与环境材料互动，尽量减少教师的干预**

教师的主要作用是提供可以激发幼儿学习兴趣的材料，教师的功能通过其所提供的材料实现，从而减少不必要的干预，有助于形成良好的师幼关系。

**情境案例**

**创设情境，支持幼儿与环境材料互动**[①]

**背景简介：** 开学初，在小班进餐活动中，教师发现许多小朋友将瘦肉、青菜放在口中咀嚼许久还是吐出了渣，有的小朋友拿汤匙就像拿铲子一样，有的小朋友吃饭手不扶碗，饭菜洒落在桌面、衣服和地面上。

**原因分析：** 小班幼儿咀嚼能力差，不善使用餐具（在家多是父母喂食），没有养成进餐卫生习惯，这不能光靠帮助式、照顾式等支持性互动来解决，必须通过相应的情境使其得到锻炼。

**应对策略：** 创设"娃娃茶吧"区域情境，在茶吧中投放幼儿喜爱的花生、蚕豆、玉米等较硬食物，让幼儿在区域活动中与材料互动，训练咀嚼能力；在"娃娃家"区域投放汤匙、小娃娃等材料，引导幼儿学习拿汤匙，而且投放的"娃娃"有变化，先投放大嘴娃娃，后改为小嘴娃娃，提高幼儿用匙喂饭的难度，让幼儿在与"娃娃"的互动中培养灵活用匙进餐的能力；以情景表演"我自己会吃饭"发起激趣式、示范式互动，引导幼儿学会正确进餐、干净进餐，做到身子靠近桌子、左手扶碗、右手拿汤匙，用汤匙将饭菜送进嘴里，将残渣放在空盘里，用小餐巾随时擦嘴……

### 2. 根据不同情境，采取适宜的互动策略[①]

教师是幼儿学习活动的支持者、合作者、引导者。这种定位要求教师在生活活动中应根据支持、合作与引导的需要，采取相应的互动策略。

支持性互动：指以支持幼儿主动活动、消除幼儿活动障碍为宗旨的互动方式，包括抚慰式、赞赏式、帮助式、评价式、激趣式、照顾式、调解式等互动方式。

合作性互动：指教师以平等身份介入幼儿活动，合作完成活动任务的互动方式，包括参与式、协商式、讨论式等互动方式。

引导性互动：指教师对幼儿的活动行为趋向与方式加以指导以使之有效的互动方式，包括提醒式、建议式、启发式、提问式、示范式、指导式等互动方式。

---

① 刘飞敏.生活活动中影响师幼互动的因素及应对策略[J].学前教育研究，2006（1）：40-41.

情境案例

### 鼓励幼儿克服午睡中面临的新问题

**背景简介：** 午睡时间，中班俊俊小朋友哭着向老师求助："老师，我要回家。"

**原因分析：** 幼儿刚升入中班，午睡常规尚未养成，而这个小朋友是因为被安排睡在上铺，觉得不安全而产生要回家的想法，这是突然生成的个体发起的求助式互动。

**应对策略：**

抚慰式互动——老师说："小朋友都没回家，爸爸妈妈傍晚就会来接你。"孩子仍然哭："我要回家，我害怕睡觉。"老师又劝："老师陪你睡好吗？"孩子说："我害怕，我不敢睡上铺。"老师这才恍然大悟。

鼓励式互动——老师鼓励说："你长大了才睡上铺，这些梯子都用绳子绑紧了，只要爬上去的时候慢一点，是不会摔下来的。"

讨论式互动——老师对其他幼儿说："大家来讨论一下，睡上铺怎样才安全？"有的小朋友建议："上去的时候身体向前。"有的小朋友鼓励说："别怕，刚开始我也怕，现在我长大了，就不怕了。"有的小朋友提醒："我教你，手要抓紧。"

帮助式互动——听了小朋友的鼓励和建议，俊俊开始爬上床，老师在一旁边帮助边鼓励："俊俊长大了，能自己睡觉，真了不起。"

### 3. 根据不同生活活动内容，采取不同的互动方式

盥洗活动是幼儿比较喜欢参与且能独立参与的生活活动，但幼儿情绪容易激动，往往会忘记活动程序与规则，还喜欢玩水，容易产生纠纷。因此，应多采用提醒式、建议式等引导性互动方式，辅以讨论式等合作性互动方式，提醒幼儿规范自己的行为。

进餐活动存在个体差异，能力强的幼儿完全能自己愉快进餐，教师宜采取赞赏式、评价式互动方式；能力差的幼儿往往情绪低落，喜欢求助、求安慰，教师应采取激励式、抚慰式、帮助式等支持性互动方式。

幼儿在午睡时，几位老师应适当分工，根据幼儿个体差异，采用相应的互动方式。一般来说，对能力较强、能主动穿脱衣裤鞋袜的幼儿，在赞赏、评价的同时，还可鼓励他帮助能力差的幼儿；对能力差的幼儿，应以激励其自己穿脱衣服为主，辅以适当的帮助式、照顾式互动方式。[1]

---

[1] 刘飞敏. 生活活动中影响师幼互动的因素及应对策略[J].学前教育研究，2006（1）：40-41.

**4. 掌握多种技能，形成良好互动**①

（1）换位思考技能。当教师面对个性孤僻的幼儿时，要换位思考，把自己当作幼儿的某位亲人，以建立引导幼儿的情感基础，帮助其改变不良心理。几乎每个班都有一至两个甚至更多这样的孩子：整天低着头，不爱说话，不爱活动，大多数时间喜欢一个人独坐，不愿意和别人交往，对教师和同伴有一种本能的抵触。

中班的新生非非，就是一个这样的孩子。由于家庭离异，不能与同胞姐姐经常相聚，瘦小的她变得孤僻，不愿与同伴交流，对外界事物缺乏兴趣。教师针对这一情况，注意营造气氛，不勉强孩子，努力让她感到轻松、自在。有一次，非非告诉老师："奶奶说老师也是个小孩子。"老师就对她说："老师是比你大一点、高一点的小孩子，你可以叫我姐姐。"此后，非非就叫老师姐姐，更拉近了老师与她的距离。久了，她喜欢跟在老师身边，喜欢和老师说一些事情。老师也积极地提供机会，让她表现长处，并让全班幼儿鼓励她。非非逐步恢复了自信，能大胆主动发言了，师幼互动从此也取得了实质性进展。

（2）启发思考，巧解矛盾。当孩子在讨论中争执不下并导致不愉快时，教师不应急于出面做"法官"，而应通过巧妙的提问，激发幼儿探索的欲望，启发幼儿从不同的角度思考，在协商与交流中解决冲突。

中班辰辰带来一只八哥，告诉大家八哥会说话。可小朋友教了它一天，还没听到八哥讲话，大家认为辰辰在说谎。老师没有发表意见，而是组织大家讨论。有的说："八哥一定是不认识我们，所以不讲。"马上有孩子否定："不对！它不认识我们，但它认识辰辰，为什么还不讲话？"又有孩子提出："可能是八哥忘了。"也有人反对："不可能，我们一直在教它。"老师抓住机会，问道："这只八哥是谁的呢？本来住在哪里？"立马有孩子想道："它觉得幼儿园太陌生了""它看到这么多小朋友害怕了，不敢说""一定是它太紧张了"。在孩子们这种有意义的争论中，教师没有急于去解决问题，而是在适当的时候介入和引导，有助于幼儿成为理性思维者，并帮助他们巧妙地解决矛盾。

（3）抛球回应，保持兴趣。当教师发现幼儿想要放弃原有特定兴趣而转入新的话题时，如果确定原有兴趣对幼儿更有发展价值或新的话题尚不具备探究条件，就应想方设法让幼儿保持兴趣。这要求教师能把问题再度抛给幼儿，促使他们更深入地探讨，以发展幼儿探究学习的品质与能力。

小班浩浩在进行户外活动时，无意中在墙角边捉到了一只蜗牛，孩子们对蜗牛产生了浓厚的兴趣，并把它养了起来。可是几天后，蜗牛死了。孩子们在难过之余，感到很奇怪：我们喂蜗牛东西吃了，为什么它还会死了呢？老师及时捕捉了这次教育契机，和幼儿一起讨论"蜗牛吃什么"的问题。幼儿根据自己的想象或猜测，答案自然是千奇百怪，并

---

① 陈淑萍，林国芬. 建构良好师幼互动的策略[J]. 学前教育研究，2005（10）：36-38.

都认为自己正确。这时，老师没有把正确答案告诉幼儿，而是让幼儿自己去寻找和比较。几天后，幼儿纷纷找回了答案。可见，教师在发现幼儿兴趣后，应善于提出关键问题，帮助幼儿保持兴趣，并且鼓励幼儿在兴趣的驱使下解决问题。在此，教师与幼儿的互动没有明确的控制和规范，而是通过教师对幼儿的关心、建议和帮助来推动活动继续和实现幼儿的发展。

## 四、善于抓住生活中的教育契机

教育契机是指在教育过程中事物发展或转化的关键、枢纽、决定性的环节。在幼儿园一日活动中蕴含了丰富的教育资源，教育契机经常、大量地出现，但可遇不可求，稍纵即逝。幼儿的思维是具体形象的，而出现的教育契机往往具有情境性、直观性，容易被幼儿理解和接受，因此教师要及时利用，如果错过时机，效果可能就不明显。《幼儿园教师专业标准（试行）》指出，教师应具备"充分利用各种教育契机，对幼儿进行随机教育"的能力。如何才能抓住教育契机，做好随机教育呢？以下几点建议供大家参考。

### （一）教师应树立"一日活动皆课程"的理念

学者冯晓霞提出："幼儿园课程是幼儿在幼儿园教育环境中进行的、旨在促进其身心全面和谐发展的各种活动的总和。"换言之，即为"幼儿园课程，是幼儿园教育活动的总和"。《3—6岁儿童学习与发展指南》也指出，教师要"理解幼儿的学习方式和特点。幼儿的学习是以直接经验为基础，在游戏和日常生活中进行的。要珍视游戏和生活的独特价值……"树立"一日活动皆课程"的理念就是要充分重视幼儿园一日活动中各种形式的活动的教育价值，包括生活活动、游戏活动、学习活动与运动等。然而，许多教师受传统观念的影响，认为只有"集体教育活动"（即"上课"）才是幼儿学习的重要途径，往往会忽视一日活动中的其他环节。因此，在一日活动的组织与实施过程中，教师要树立"一日活动皆课程"的理念，才能更多地发现蕴含在一日活动中的教育契机。

  情境案例

### 从孩子打开食品包装袋引发的思考[①]

入园初期，每天总有个别幼儿从家里带来好吃的食物与小朋友分享；从那以后，时常会有幼儿带来食物与同伴分享。前两天，涵涵小朋友带来了一大袋小面

① http://www.jxteacher.com/xz/column27290/efec5a9a-46db-408b-9b6d-214a422a52fc.html

包，这些小面包都有独立包装袋。我请涵涵亲手给同伴分发小面包，每两人分吃一个面包。

孩子拿到面包后，有的开始用手撕扯包装袋，有的用嘴咬，有的用剪刀剪，还有些孩子坐在座位上等待帮助。看着这一幕，我在思考，什么样的方式引导才能具有教育的价值？

于是，我做了如下的尝试与引导。

仔细观察，介绍食物——请幼儿观察食品包装袋并用简单的语言表达出自己所看到的和所想到的。

答谢同伴，学会感恩——引导幼儿收到面包后，要用双手接，同时要有礼貌地说："谢谢黄子涵"；与此同时，涵涵回应"不用谢"或"不客气"。

打开包装，同伴互助——"老师，我打不开。""老师，你帮我撕。"我把孩子提出的问题抛回给他们，请他们自己想办法解决问题。

数学融入，动手操作——因为是两名幼儿分吃一个面包，就涉及"一半"以及"整体与部分"的关系。在分面包的过程中，幼儿并不能准确地分出"一半"的量，但是在操作过程中，幼儿已经用实际行动感知和体验了"整体与部分"的概念。

品尝食物，共享快乐——在用尽各种方法打开包装袋后，孩子们美滋滋地分享美味，此时引导幼儿表达自己的内心情感，一方面是快乐的心情，另一方面是真心的感恩。

良好习惯，点滴做起——"撕下来的包装袋该放在哪里？"在此话题的引导下，部分幼儿能够主动将撕下来的包装袋扔进垃圾桶，部分幼儿在同伴的影响下也能主动将包装袋扔进垃圾桶，个别幼儿在教师的提醒与引导下也能做到。

**问题：**教师是如何在日常生活中融会"一日活动皆课程"的理念的？

**分析：**该教师以"孩子打开食品包装袋"这件小事为起点，观察到幼儿在遇到问题时，所具备的解决策略经验有限，幼儿的动手能力需要增强。因此教师生成了一个活动，旨在通过活动引导幼儿在操作体验中习得一系列正确有效的方法，并渗透了社会、数学、良好习惯的养成等多方面内容在其中，体现了"一日活动皆课程"的理念。

## （二）细致观察，把握教育契机

观察是教师了解幼儿最重要、最基本的方法之一，对教育契机的把握需要建立在细致观察的基础上。教师要利用各种机会，细致地观察了解幼儿，从幼儿在活动中的言谈举止，了解他们的发展需要及发展水平、学习方式等，有的放矢地进行指导。

**情境案例**

## 点心吃的是藕①

下午点心吃的是藕，煮过的藕片看上去是淡淡的紫色，呈现出的颜色比较暗淡。孩子们有的撅着小嘴，有的小声议论："这是什么呀？""好吃吗？"看着孩子们尴尬的表情，可以判断：中班孩子对藕比较陌生，似乎还不太喜欢。我开始思考如何让孩子们初步了解藕，进而引发幼儿产生品尝藕的兴趣。

环节一：从显性的外部特征进行引导。

老师：今天吃的东西真特别，大家一起来瞧瞧，它长得是什么样的？

幼儿A：有点圆圆的。

幼儿B：上面有许多洞洞。

老师：真的有许多洞洞，谁点心上的洞洞最多呢？

（于是，孩子们开始数起了洞洞，洞洞有的大，有的小，而且排列没有规律，数起来有一定难度）

幼儿C：我的有7个洞洞。

幼儿D：我的多，有8个洞洞，5个大的，3个小的。

我思考：中班孩子有点数的经验，有比较多少的能力，能够在生活中灵活地运用这些经验。

环节二：把幼儿的零星经验进行统整。

老师：这个洞洞点心还真特别，它叫什么呢？

幼儿E：是藕呀！

幼儿F：是的，藕有一根根丝的。

幼儿G：藕长在荷花下面的。

我思考：中班的个别孩子认识藕，知道藕的基本特征，但孩子们的经验比较零散，通过交流，零星的经验获得了整合。

老师：藕断丝连，咬上一口，就能够发现断开的地方有一根根丝了，大家一起来试试。

---

① http://www.age06.com/Age06.Web/Detail.aspx?CategoryID=F8CBF56B-D33A-42B8-A108-8B96648BF564&InfoGuid=DFF0ACFD-E0BE-45A2-A61F-EA1133466BBE

环节三：提升幼儿的情绪、情感。

幼儿I：咬上去脆脆的。

幼儿J：有一点点甜。

老师：味道还不错吧！咬上一口，洞洞变多了，还是少了？

幼儿K：我变5个洞洞了，变少了。

老师：洞洞到哪里去了？

幼儿K：到我肚子里去了。

（今天的点心时间，大家就这样说说笑笑，聊一聊藕，数一数藕上的洞洞，原本不敢、不想尝试的点心，让大家获得许多快乐的发现，变成了快乐的源泉）

问题：教师做得如何？

分析：该案例中的教师通过观察孩子的言谈举止及神情，敏锐地抓住了一日生活中重要的教育契机。原本非常普通、寻常的点心时间，教师通过有效的师幼互动把一日活动中的教育价值最大化。

## （三）注意情境，灵活调整教育策略

教师在捕捉到教育契机以后，应根据幼儿的兴趣、突发事件的性质来决定如何处理：或将其作为生成新的教育内容的契机，而进行集体教育活动；或另行选择合适的时间、地点进行个别教育。

 情境案例

### 静　电①

一天，亮亮发现脱毛衣时会发出"噼噼啪啪"的声音，并感到有点刺痛，他忙问："是什么弄得我这么痛？"清清说："有时我脱衣也痛的，晚上还看见一点点亮光呢。"大家一听，都说自己也碰到过这样的事。我觉得孩子对"静电"这一现象有了极大的兴趣和探究的欲望。于是，我有计划地在科学角分批投放了不同的材料，让孩子们在操作过程中认识"静电"。

① 徐红艳，张秀珍，郑爱娟. 遇物而诲 相机而教（一）[J]. 早期教育，2001（9）：12.

第一次，我投放了许多纸屑、一些塑料玩具、积木和笔等，还有几块小手帕，让孩子们自己去尝试：怎样把纸屑吸起来？

孩子们在探索中发现：将手帕盖在纸屑上、用笔杆在衣服或头皮上擦几下、用手不停地摩擦都能将纸屑吸起来，于是，他们得出结论：每样东西摩擦后都能将纸吸起来。

我没有急于否定孩子们的结论，而是第二次投放了一些纸质小棒、小不锈钢盖子、木质积木、玻璃杯等材料，让孩子们再去探索。当孩子们发现不是所有东西摩擦后都有吸引力时，我马上向孩子们讲解了有关"静电"的简单知识，解开了孩子们心中的疑团。

为了让孩子们知道"静电"与"吸力"的关系，我又第三次投放了不同大小、不同质地的纸屑，如皱纹纸、蜡光纸、硬纸板、塑料纸等。

最后，我引导孩子们用已有的知识去解释日常生活中的摩擦产生静电的现象。当我给小朋友梳头发时，孩子们发现头发飘了起来，有的小朋友会说："这也是静电的关系吧，是梳子和头发摩擦的结果。"

**问题**：教师是如何帮助幼儿认识静电的？

**分析**：该案例中的教师能敏锐抓住孩子在生活中遇到的问题，有层次、有目的地在活动区投放相关材料，使幼儿在发现问题—探索—（教师投放新材料后）再探索—发现问题—教师讲解的过程中，获得了较为完整的与"静电"有关的经验。

 **本章小结**

幼儿的学习是以直接经验为基础，在游戏和日常生活中进行的。重视幼儿园一日活动的内涵和价值，掌握科学设计幼儿园一日活动的原则，明确一日活动组织与实施应注意的事项，具有重要的意义。本章首先对幼儿园一日活动的内涵、功能进行了分析；其次对幼儿园一日活动设计的原则进行了解读；最后论述了实施幼儿园一日活动的组织与实施需要注意的事项。

 理论知识练习

**一、名词解释**

幼儿园一日活动　保教结合　师幼互动策略　生活活动

**二、简答题**

1. 简述幼儿园一日活动的功能。

2. 简述幼儿园一日活动设计的原则。

3. 简述形成良好师幼互动的策略。

4. 简述开展常规教育的策略。

**三、论述题**

论述幼儿园一日活动组织与实施应该注意哪些问题。

 实践能力提升

以小组为单位，深入幼儿园，就一日活动组织与实施情况进行调研，形成报告。

# 幼儿园晨间活动与
# 离园活动设计

**关键词**

晨间活动；晨间接待；晨检活动；晨间室内活动；晨间体育锻炼活动；离园活动

**学习目标**

1. 了解晨间活动的内涵、价值及环节。
2. 掌握幼儿园晨间活动组织与实施的策略和注意事项。
3. 掌握幼儿园离园活动组织与实施的策略和注意事项。

**内容结构图**

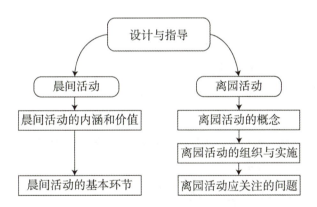

　　本章首先讲述幼儿园晨间活动，介绍了其内涵和价值，以及晨间活动各个环节的组织与实施；其次讲述了幼儿园离园活动，包括其概念、组织与实施策略和应该注意的问题。

# 第一节　幼儿园晨间活动的设计与指导

**问题导入**

　　某幼儿园，8点多钟，小（2）班的孩子们正在玩桌面游戏。生活老师李老师在教室门口接待幼儿和家长，主班老师于老师在室内和幼儿一起活动。浩浩小朋友和奶奶手拉着手来到教室门口，他开心地叫了声："老师好！"李老师回应说："浩浩早上好！"一边将接送证给了浩浩奶奶，又开始接待其他孩子。浩浩走进教室悄悄地走到于老师身边，轻轻地拉拉于老师的衣角，于老师正在和孩子们玩桌面游戏，头也没有抬地说："自己去搬小椅子玩吧。"浩浩看见于老师没有搭理自己，就站在老师身边看了看同伴们的桌面游戏，自言自语说："又是玩积木啊！一点都不好玩！"他慢吞吞地走到了放椅子的地方，想搬椅子。这时阳阳小朋友也来搬椅子，他非要搬浩浩手上的那把椅子，两个人互不相让，浩浩抓住椅子一使劲，阳阳没有抓稳椅子就摔倒了，阳阳的头碰到了椅子背的角，疼得阳阳大声哭了起来，于老师听到哭声，立刻就抱起阳阳问："阳阳、浩浩，你们怎么了？"浩浩说："我没有动他，是他要抢我的椅子。"看见阳阳头上撞出的一个大包，于老师责怪浩浩："谁让你去和阳阳抢椅子了？"浩浩一听马上大声哭了起来："我没有抢，是他抢。我再也不要上幼儿园啦！我要回家！"其他孩子们听到了浩浩的哭声，也哭了起来，都说想妈妈了。整个班上哭声一片！

　　**问题**：是什么原因导致浩浩不愿意参加入园活动？

　　幼儿园晨间活动的内涵和价值是什么？包括哪些环节？该如何组织与实施晨间活动？下面我们一起走进这一节的学习。

## 一、晨间活动的内涵和价值

　　晨间活动是幼儿在园生活的第一个环节，也是非常重要的一个环节。对于幼儿来说，诸如入园、晨检等晨间活动是一日生活的开始，把握晨间这一宝贵的时间，加以充分利用，对促进幼儿身心的健康发展具有重要意义。

### （一）内涵

　　晨间活动是指在幼儿园晨间开展的促进幼儿健康成长的各项室内外活动的总和，包括晨间接待、晨检活动、晨间室内活动、晨间体育锻炼活动等环节。合理安排晨间活动，可以调节幼儿的情绪，激发他们的活力，促使幼儿心情愉悦、精神百倍地去迎接一天的新生活。

## （二）价值

《3—6岁儿童学习与发展指南》的"健康"部分提出："为有效促进幼儿身心健康发展，成人应为幼儿……创设温馨的人际环境，让幼儿充分感受到亲情和关爱，形成积极稳定的情绪情感；帮助幼儿养成良好的生活与卫生习惯，提高自我保护能力，形成使其终身受益的生活能力和文明生活方式。"[1]这就要求我们能通过晨间活动来观察每个幼儿的点滴行为及表情，敏锐地从中发现问题、了解情况，并及时解决问题，尽量满足孩子的合理需要，让孩子在一个健康、愉悦的心理环境中开始每一天的生活。因此，科学、合理地安排晨间活动，并将其有机融入一日生活教育，对幼儿的健康发展具有重要的价值。

## 二、晨间活动的基本环节

《3—6岁儿童学习与发展指南》的"说明"中明确指出："幼儿的学习是以直接经验为基础，在游戏和日常生活中进行的。要珍视游戏和生活的独特价值，创设丰富的教育环境，合理安排一日生活，最大限度地支持和满足幼儿通过直接感知、实际操作和亲身体验获取经验的需要……"[2]这清楚地告诉我们，一日生活对幼儿发展的重要意义，所以为幼儿创设一个安全、温馨、和谐、快乐的入园环境非常重要。亲密、平等、互相关爱的师幼关系将为幼儿快乐、积极地参与晨间活动奠定坚实的基础。

### （一）晨间接待

每天清晨，教师迎来的将是怀着不同心情的孩子。有的心情愉快、面带笑容；有的则是眼神充满忧郁、动作迟缓；有的耷拉着小脑袋、毫无精神；有的胆小胆怯、一脸紧张……面对不同情绪和心理状态的孩子，就需要教师有一颗细致观察的心，针对孩子不同的情况做好晨间接待工作，使他们有个好的精神状态进入集体生活。

---

[1] 教育部.《3—6岁儿童学习与发展指南》[M].北京：首都师范大学出版社，2012：1.
[2] 教育部.《3—6岁儿童学习与发展指南》[M].北京：首都师范大学出版社，2012：3.

情境案例

## 案例1　贝贝

早上贝贝是妈妈和奶奶强行送到小（1）班的，哭声和吵闹声从园门口一直持续到教室门口。老师想从奶奶手中抱过贝贝，可贝贝就是赖在奶奶怀里不下地，嘴里还一直嘟囔着："我不上幼儿园，我要回家！"老师问妈妈为什么贝贝不愿意上幼儿园，妈妈说昨天下午接贝贝回家才发现内裤尿湿了，问她为什么不告诉老师，她说不敢。妈妈还告诉老师，贝贝在家里也是奶奶随时抱着把尿的，今天早上在家里只喝了一瓶奶。老师听了妈妈的话赶紧从奶奶怀里抢下贝贝，告诉贝贝不要担心，有尿要告诉老师，老师会帮助她的。老师把贝贝抱进教室，和贝贝一起玩起了桌面游戏。贝贝逐渐安静下来了。老师见贝贝安静地游戏，就又对着贝贝强调了一遍有尿要叫老师，贝贝边玩游戏边点点头。老师就到其他区域里照顾别的孩子。过了五六分钟，贝贝突然不玩了，眼睛不住地在到处寻找着什么，两支小腿在不停地摩擦着，还没过多久贝贝就突然大哭起来，老师听到哭声赶紧跑过来，只见贝贝的脚下有一摊尿迹，老师眉头一皱，说："不是让你叫老师吗？"贝贝听了大声地边哭边说："我要奶奶！我要回家！我不要上幼儿园。"

## 案例2　阳阳

晨间入园时大（1）班的孩子们正在室内玩游戏，这时阳阳和妈妈一起来到了教室门口，妈妈和老师打过招呼后就对阳阳说："阳阳，快叫老师早上好！"平时活泼开朗的阳阳嘟着小嘴紧紧地贴着妈妈的身体，不愿意说话。老师说："阳阳早上好！快进来和小伙伴做游戏吧！和妈妈说再见！"可是阳阳就像没听见老师和妈妈的话一样，继续藏在妈妈身后，妈妈见状就着急地一把拉过阳阳，说："都大班的孩子了还不懂事！"把他推进教室头也不回地走了。阳阳眼里噙着泪水，默默地站着，老师对阳阳说："你怎么了？"阳阳没有应答。老师就让同伴把阳阳带进教室里去玩。阳阳呆呆地坐在桌前看着熟悉的建构游戏材料没有动手去玩。等老师提醒孩子们要喝水、如厕时，才发现阳阳不见了，老师们非常担心，立刻电话向院领导汇报，正准备去寻找阳阳时，院门卫保安师傅把阳阳送到了班上。经过后期和阳阳妈妈电话询问才知道妈妈口头答应了给阳阳买变形金刚，可早上又没买，阳阳心里很难过，就追出找妈妈给他买。在院门口处被保安师傅发现后，被保安师傅给送回了班上。

问题：1. 为什么贝贝不愿意上幼儿园？

2. 为什么阳阳会从班上走失？

分析：这两个案例说明，首先，教师在晨间接待环节没有主动、真正地关注幼儿的情绪，没有适时地满足幼儿的生理和心理的需要，容易造成安全隐患。其次，教师没有通过晨间接待环节和家长进行良好有效的沟通，只是一味地站在个人的角度来实施单方教育，加深了幼儿的紧张、无助感。最后，教师没有根据幼儿的兴趣和需要来开展丰富、有趣的晨间活动，单一的晨间活动形式完全不能满足幼儿的发展需要，更没有体现幼儿自由、自主游戏的活动理念。

我们应该从以下几方面着手开展晨间接待的组织与指导工作。

**1. 关注情绪，愉快入园**

（1）稳定幼儿情绪，树立安全意识。第一，主动、敏锐、及时关注幼儿的各种情绪，及时、深入了解其中原因。第二，不要强行制止幼儿的消极情绪，要善于接纳、调节幼儿的各种情绪。第三，班级教师要及时沟通、交流、交接幼儿情况。

（2）营造安全、温馨的生活环境。第一，教师应面向全体幼儿，同时要关注个体表现。第二，教师应主动热情地和幼儿问候。第三，丰富晨间活动的游戏材料，设计符合幼儿年龄特点的、利于幼儿自主选择的丰富、有趣的活动，激发幼儿愉快入园的情感。

（3）需要注意的事项。对情绪有变化的幼儿，班级教师要给予更多的重视和关注，并做好交流工作。

**2. 捕捉契机，家园沟通**

晨间教师主动接待幼儿及家长进班的活动是家园沟通最重要的环节之一。第一，教师主动和幼儿家长互相问候，教育幼儿使用礼貌用语。第二，教师有重点地向家长了解幼儿的情况，及时和家长沟通交流。第三，教师及时观察并关注幼儿的健康及情绪等问题，做好家园的交流反馈工作。

**3. 培养常规，安全入园**

（1）门卫应提醒家长入园时主动出示家长出入证等相关证件。

（2）班级教师主动做好幼儿入园时和家长的各项交接工作，包括在家的情况交流和幼儿接送卡的交接工作。

（3）做好晨间交接幼儿的安全工作。

**知识窗**

## 教育从幼儿入园开始①

有目的地观察和教育从幼儿早晨入园就开始了。幼儿入园环节是否顺畅，影响到幼儿一整天是否有良好的情绪。我们可以从幼儿独立有序地完成入园环节，进入晨间游戏的过程中观察、了解到他们愉快的心情和"具有基本的生活自理能力"的情况。请见如下实例。

小班的A幼儿在幼儿园门口接受晨检后，独自进入幼儿园。在教室门口遇到迎接的老师，互相问好。坐在小椅子上，脱下鞋子，换上便于活动的在幼儿园穿的鞋子，然后将换下的鞋子放到自己的鞋位上。接着从书包里拿出家园对话本放到架子上，再走到自己的物品存放柜放书包。他一只手拿着餐巾盒，另一只手放书包，但是没把拉链拉好。这时老师过来提醒他要把拉链拉好，于是他就把餐巾盒放下，双手把拉链拉好并放好书包。接着他拿起餐巾盒走到自己的杯架前放好，然后进入室内自由游戏。这个过程只用了50秒钟。

A在进入教室的50秒里完成了脱鞋、穿鞋、取餐巾盒、放书包、放餐巾盒等至少五件事情，整个过程有序而愉快，把餐巾盒放到杯架上，最后迫不及待地转身进入自由游戏。进入教室后的活动环节都在班级迎接教师的视线监控下，幼儿尽可能独立完成。一日生活教育对幼儿的意义，与教育活动有同样的价值。

幼儿园晨检流程图

## （二）晨检活动

晨检活动是幼儿园执行的一项重要的卫生保健措施，是指由园方的专业保健人员在幼儿入园时进行的统一检查和幼儿进班时班级教师进行的自主检查活动。只有将这项措施纳入幼儿园一日常规管理工作中，将这两次晨检工作落实到位，才能确保幼儿在园更加健康地生活。

---

① 李季湄，冯晓霞.《3—6岁儿童学习与发展指南》解读[M].北京：人民教育出版社，2013：195.

 情境案例

## 小二班的豆豆

小（2）班的豆豆在幼儿园门口接受晨检后，由奶奶送到了班上，杨老师蹲下来和豆豆边说话边翻看豆豆的小手，奶奶一看见老师的举动就马上说："杨老师，别看了，在门口医生阿姨都检查了，没事！快拿接送卡给我吧，我还要买菜呢！"杨老师通过仔细检查发现豆豆的右手掌心里有几个不起眼的小红点，马上就让豆豆张开嘴巴检查，又在口腔里发现了一些小红点，杨老师马上悄悄地对奶奶说："奶奶，不好意思，现在是春季，是手足口病的高发季节，虽然门口的保健医生已经看过了，但是我们又在豆豆的手上和口腔里发现了一些小红点，因为门口孩子的人流量非常大，在短时间内医生阿姨没有时间来得及更仔细的检查，为了豆豆和班上其他孩子的健康，我们一起再带豆豆去找园保健科的值班医生阿姨看看，行吗？"奶奶一听就不乐意了，但是又没法说清楚，看见奶奶情绪低落，杨老师马上微笑着把奶奶拉到教室长廊另一边说："奶奶，我们和您一样都非常喜欢豆豆，更希望豆豆能健康成长，手足口病如果早发现还可以及时治疗，如果没有就更好呢，但是如果发现了不去治疗，就会耽误豆豆的治疗时机，而且手足口病传染速度非常快，别的孩子也会感染的，我想您应该会和以往一样支持我们的工作，让豆豆和班上所有的孩子都健康，对吗？"奶奶听了就很不情愿地牵着豆豆来到了园方保健科，在经过保健医生对豆豆的详细检查和分析下，保健科的医生初步判断豆豆具有手足口病的明显症状，为了安全起见，医生建议奶奶带豆豆去儿童医院就诊，进行专业的确诊后再将结果回复园方，奶奶听从了医生的建议去儿童医院就诊后，经医院确诊为手足口病，奶奶马上电话告诉了杨老师，她非常感谢杨老师认真、负责的态度，表示要在家中好好配合园方都助豆豆治疗。杨老师及时安抚了奶奶，并谢谢奶奶支持工作，同时将园里针对手足口病的一些治疗方法和奶奶交流，鼓励奶奶和家人在家中一起帮助豆豆做好治疗。杨老师和班级教师互相沟通后在交接班本上进行了记录，马上和园方汇报，园保健科的医生和班级教师立刻对班级其他幼儿再次检查，进行了全面的日常消毒工作，并由另一位教师对近期没有来园的幼儿电话询问情况，及时给予记录。

**问题**：对于杨老师的二次晨检，豆豆奶奶为什么会由拒绝到最后表示感谢？

**分析**：第一，教师在工作中能牢固树立晨检的安全意识。第二，教师能通过有效的策略主动让家长增进对晨检工作的了解和配合。第三，教师及时做好了园方、班级、家长三方之间对晨检工作信息的有效沟通，排查了安全隐患。

开展晨检活动的实施要点如下。

**1. 树立晨检的重要性意识，做好入园时保健人员统一晨检工作**

（1）保健人员笑迎孩子，鼓励每位幼儿都愉快参与园方的晨检活动，让幼儿怀着愉悦的心情进入幼儿园，开始一天的学习生活。

（2）入园的晨检活动包括观看幼儿精神状态和面色、测量体温，以及在手足口病流行期间，检查孩子手上、嘴巴里是否有疱等。

**2. 进班时班级教师做好二次晨检工作**

（1）为每位幼儿做好班级晨检四部曲工作，即摸、看、问、查：摸额头；看脸色、眼睛、皮肤、精神等；问幼儿有没有携带危险品，以及在家中发生的事情；查幼儿着装是否适宜，是否佩戴吊饰或携带危险品等，如女孩子不带尖锐的发卡、幼儿的手指甲是否过长等。

（2）教师应针对晨检工作开展入园谈话活动，主动和幼儿聊一聊、问一问，在增进师生感情的同时深入做好晨检工作。

在进行晨检活动时需要注意如下几个方面。

（1）对每位幼儿都应做好晨检活动，并将特殊情况记录在班级交接本上，做好本班教师及家长的交流工作。

（2）防止病情严重的幼儿和患有传染病的幼儿进入班级，及时让家长带患儿到家休息或医院就诊，做到早发现、早治疗。如果幼儿在医院就诊后需要在幼儿园服药的，可以在晨检的时候交给保健老师，保健老师会在需要的时间给孩子喂药。

（3）帮助幼儿从小养成良好的卫生习惯，做到勤洗澡、洗头、换衣、不留长指甲，每天带好干净的手帕，每天做到早晚刷牙、饭后漱口。教育幼儿尽量少去人流量大的公众场所。

## （三）晨间室内活动

幼儿园的晨间室内活动是指晨间在室内开展的晨间谈话活动、自选区域活动等。《幼儿园教育指导纲要（试行）》指出："幼儿与成人、同伴之间的共同生活、交往、探索、游戏等，是其社会学习的重要途径。应为幼儿提供人际相互交往和共同活动的机会和条件，并加以指导。"[①]

安全、温馨、丰富、自主的晨间室内活动为幼儿迎接充满挑战和快乐的一天奠定了基础。幼儿在这段时间内选择自己喜欢的材料去操作，并在操作材料的过程获得知识、发展能力，这种活动无疑对孩子的发展具有独特的价值。

---

① 教育部基础教育司.《幼儿园教育指导纲要（试行）》解读[M].南京：江苏教育出版社，2002：33.

开展晨间室内活动的实施要点如下。

### 1. 安排丰富、合理的晨间室内区域活动

晨间室内区域活动是指幼儿在晨间，在一定的活动区域内自主自愿的游戏活动，它是教师根据各领域的目标、内容与要求，结合幼儿认知规律及身心发展的特点，因地制宜地把室内的空间创设成多个不同的游戏区域，并在每个区域中有针对性地投放丰富多样的、符合幼儿年龄特点的游戏器械、玩具和材料，让幼儿自主参与活动的一种形式。

丰富的晨间室内活动，能激发幼儿对操作活动的兴趣，构建积极有效的互动。晨间室内区域有美工区、操作区、阅读区、建构区、音乐区、娃娃家、生活区、探索区等。

晨间室内区域活动应充分尊重幼儿选择游戏的意愿，保障幼儿充分的操作活动的时间和空间，同时通过环境的创设与利用，有效地促进幼儿的发展。一个好的活动环境、活动空间将是吸引幼儿参与的前提，所以，班级内的区域空间设置必定要合理，要充分利用一切可利用的教育空间，不能忽视一些可利用的空间对幼儿教育所隐藏的作用。

 情境案例

## 晨间室内区域活动案例

小（6）班晨间活动的时间又到了，今天安排孩子们玩区域游戏。我开放了建构区、图书区、音乐区、益智区、娃娃家，让孩子们分组进入这几个区域。孩子们马上就开始行动起来，每个人都把自己的游戏卡插进了区域里。我在各个区之间巡回指导。到了孩子们最喜欢的娃娃家，玩得好好的孩子们突然抢起了上周星星拿来的新的游戏材料——仿真塑料玩具炒锅。我问孩子们为什么要抢，孩子们小声地说："只有一个。"我马上指着旁边一堆用纸壳自制的炒锅说："这么多锅你们怎么不玩呢？"孩子们你看看我，我看看你，都不作声，于是我就说："如果你们还抢就不要玩啦！"孩子们听了都耷拉着小脑袋没有再玩。这里还没处理好炒锅的事，建构区里就闹成了一团，只见孩子们把平日叠叠高用的空奶粉盒都摆成一排，大家都在奶粉盒上走来走去，因为没有秩序，孩子们已经挤成了一团，我赶紧上前把孩子分开，把挤在最下面的东东抱了起来，东东哭着说："老师，我不想玩了！"转身又看见益智区里的孩子们虽然都取了玩具放在桌面上玩起来了，但是发现圆圆的眼睛东张西望地，桌上摆着的益智拼图玩具动也没动。我摸了摸圆圆的额头，以为她不舒服，就轻轻地问她："圆圆，怎么啦？身体不舒服吗？怎么不玩啊？其他小朋友都在玩呢！"她看着我说："老师，我不

想玩了，一点都不好玩。"圆圆刚说完，其他孩子们就凑到我身边一起说不要玩了，特别是东东："老师，我也不想玩了，每天都玩这些，都玩厌了！"我很纳闷平时孩子们都吵着要玩区域活动，怎么今天会出现不想玩的想法呢？"那你们想玩什么呢？老师讲故事给你们听好吗？"我以为是孩子玩得累了，想让他们换种方式休息一下。没想到孩子们摇摇头说："又是听故事，我不想听。"听了孩子们的话，我顿时无语了。

**问题：**为什么孩子们不喜欢参加晨间室内区域活动？

**分析：**由案例中可见，教师在组织晨间室内区域活动时存在着一定的问题，如区域活动的开放性和选择性不够，教师没有充分尊重幼儿选择游戏的自主权，造成表面上孩子可以自由插区域卡，但实际上教师却强制性地用分组的方法分流了孩子的游戏；指导和介入的策略单一、消极，教师没有有效地及时跟进，针对在各个活动区里出现的问题只是消极地应对，直接影响了孩子对区域活动的兴趣；活动区的材料一成不变，没有结合班级的主题活动和幼儿对游戏的需要来进一步思考和再丰富，导致幼儿不愿意进一步探索游戏。在组织晨间区域活动时，要充分利用其开放、自由、可持续探索的活动形式，以幼儿的兴趣为导向，自主地选择活动内容、材料和伙伴，便于教师观察每个幼儿，并进行有针对性的个别教育，才会为孩子提供更多主动发展的空间，从而才能最大化地发挥晨间区域活动所蕴含的教育价值。

我们可以从以下几个方面着手开展晨间室内区域活动的组织与指导工作。

（1）尊重幼儿，鼓励幼儿根据自己的兴趣和需要有计划地自主选择区域活动。

（2）根据幼儿的年龄特点和兴趣、主题活动的教育价值来开展区域活动。

（3）提供丰富可操作、可持续发展的活动材料。

（4）教师要加强对区域活动中幼儿游戏状况的观察和记录，对个体情况进行有效指导。

合理安排晨间室内区域活动不仅能促进幼儿的身心发展，而且可以激发幼儿对幼儿园的兴趣，同时也能促进幼儿之间、师幼之间的主动交流，密切同伴和师幼之间的关系。才能挖掘这一活动的真正内涵和价值，更好地促进幼儿各方面的发展。

**2. 积极开展晨间室内谈话活动**

晨间室内谈话活动主要是围绕幼儿生活中发生的各类事件展开的谈话活动，如养成活动、安全教育活动和随机教育活动等。积极开展晨间室内谈话活动，能稳定幼儿的情绪，鼓励幼儿学会倾听，主动、大胆表达，乐意与同伴和老师交流，培养良好的生活和学习习惯，形成安全、宽松、自主的班集体氛围，让孩子有归属感。在谈话过程中教师与幼儿之间热情亲切的问候交流是发展幼儿语言表达能力和交往能力的机会，对不爱开口说话不愿进行交流的幼儿，教师可以对他进行诱导启发，让他愿意与人交往、和人交谈，对爱说话爱交往的幼儿，可多提供说话的机会，与他们多多交谈，扩展其词汇量并引导他们和别的幼儿交流。安全教育、养成教育和随机教育活动内容是晨间谈话活动的主要内容。

**情境案例**

## 晨间室内谈话活动案例

每周的星期一早晨是我园固定的"国旗下的讲话"的活动时间，这周轮到了大（5）班，活动刚刚结束，在回教室的路上，大（6）班的孩子们还沉浸在活动的快乐氛围中，他们不停地大声唱着刚才大（5）班活动里唱的歌。孩子们进教室后自由如厕、洗手、喝水，在盥洗室里我也进去洗手，这时孩子们围着我你一言我一语地问："王老师，下周是不是轮到我们班升国旗呢？下雨了还可以升国旗吗？我可以当升旗手吗？我可以唱你教我们的歌吗？我们可以和全院的小朋友一起做自己喜欢的游戏吗？我可以带礼物来送给我的好朋友吗？……"听到孩子们的问题，我想为什么不开展一个关于我们班的"国旗下的讲话"的谈话活动呢？于是我请孩子们喝水后搬小椅子，围坐成一个圆圈，告诉孩子们现在就一起说一说下周一我们班的"国旗下的讲话"活动，孩子们顿时欢呼雀跃起来。我设计了观看大（4）班班级活动的视频、说说我们的感想、讨论"我们班的国旗下的讲话活动"的三个谈话活动，通过谈话活动，孩子们进一步了解到"国旗下的讲话"活动的意义，是为了体现每个班的老师和孩子们爱祖国、爱生活的意义，每个人都可以用自己的方式来表达自己热爱我们的祖国、热爱我们的生活的情感，只要是自己力所能及的事情都可以。整个谈话活动孩子们都非常投入，他们时而被视频中的活动打动，一起重温活动的一些细节，时而认真倾听每一位同伴的想法，最终孩子们一起参与到讨论用怎样的方式来进行我们大（6）班"国旗下的讲话"活动，有的说我们大（6）班的孩子最喜欢帮助别人，可以一起唱一首"我们都是好朋友"的歌；有的说我们大（6）班的孩子本领很大，可以念一首儿歌"我会做……"；还有的说我们大（6）班的孩子要谢谢老师，可以让大家一起表演手语歌曲"感恩的心"等。我告诉孩子们他们的想法都非常好，无论是他们刚才提到的歌曲、儿歌都能表达我们热爱生活的情感，可是因为马上就要过新年了，能不能结合新年的主题来进一步表达我们的想法呢？孩子们都对"国旗下的讲话"活动有了更深的了解，接下来大家都开始积极地思考怎样体现大（6）班在新年即将到来的时候为全园的老师和小朋友表达大家对生活的热爱之情。这场开心、快乐的谈话活动在师生每一张充满期盼的笑脸中继续着！

**问题:** 为什么孩子们喜欢参加晨间谈话活动？

**分析:** 首先，教师非常重视晨间室内谈话活动，能充分利用晨间环节开展富有教育意义的谈话活动。通过谈话活动进一步沟通师幼、幼幼的情感，稳定幼儿的情绪。其次，教师能捕捉教育契机，敏感地察觉到孩子们最关心和最感兴趣的话题，并能以此作为晨间室内谈话活动的内容。最后，教师能积极主动地参与到晨间室内谈话活动中，适时、适宜地引导幼儿针对谈话活动内容进行讨论，创设了一个温暖的大家庭氛围，让孩子有了强烈的集体荣誉感和归属感。

### 3. 指导并开展值日生活动

晨间幼儿入园时，教师可以根据幼儿的年龄特点、能力及本班实际情况的需要组织幼儿开展自我服务活动或值日生活动，鼓励幼儿建立以自己的事情自己做为荣的积极情绪，激发幼儿为班级做事的兴趣。幼儿园的值日生工作是幼儿在园为集体服务的一种形式，是劳动教育的一个重要组成部分，在幼儿全面发展的过程中具有重要的意义。其可以培养幼儿为集体、为他人服务的思想，使幼儿处于一种必须完成集体所委托的工作任务的状态下，从而培养幼儿的任务意识。

《幼儿园教育指导纲要（试行）》的"社会"领域目标中明确指出："能努力做好力所能及的事，不怕困难，有初步的责任感。"幼儿园可以通过开展自我服务或值日生工作等途径来完成这项目标。

 情境案例

## 晨间值日生活动案例

早上中（1）班的小芳在教室门口和妈妈快乐地挥手说再见后，和老师相互问好，自己进入教室后很开心地把一张贴有自己照片的太阳形状的卡片插了在了教室门口的值日生栏里，顺手取下了栏目旁边的一个值日生挂牌戴在身上，还蹲下来用手点了点栏目里的图示内容，嘴里自言自语说："摆茶杯、挂毛巾、给植物浇水。"接着她一蹦一跳地走进盥洗室，先洗手，再和老师一起把桶子里消毒好的茶杯逐一摆放到了茶杯架上，整齐地摆好后拉上了纱帘，接着她又从已经消毒好的毛巾袋里取出擦手巾，这时又有一些同伴来幼儿园了，这些同伴有的在区域里游戏，有的想和小芳一起摆毛巾，小芳用手指了指胸前的挂牌说："今天我是值日生，下次你当值日生的时候再来摆好吗？"同伴听了就很自然地去游戏了。过了五六分钟，来了一些同伴，有的是值日生，他们和小芳一起挂上了值日生牌子，共同完成了摆毛巾和给植物浇水的活动。整个过程用了10分钟。最后她们一起开心地和小伙伴们选择了自己喜欢的区域继续游戏。

问题：为什么小芳在整个晨间活动中情绪非常愉快？

分析：首先，教师能利用晨间环节开展适宜的值日生活动，让幼儿能充满自信，愉快地融入集体生活。第二，教师能充分发挥图示、挂牌等策略在开展值日生活动中的隐形指导价值，起到了积极的推动作用。第三，值日生内容围绕幼儿的生活展开，又是幼儿力所能及的，时间也是适宜的，既满足了幼儿自我服务和为集体服务的愿望，又能提供幼儿自主游戏的活动时间。

我们可以从以下几个方面着手开展晨间值日生活动的组织与指导工作。

（1）应根据不同年龄段的幼儿在晨间开展丰富的自我服务及值日生工作。小班侧重在培养自我服务能力方面，如晨间入园后自己换鞋、自己脱衣等。中班侧重在培养值日生工作的热情和经验方面，如晨间入园后叠好擦嘴巾、给植物浇水、整理玩具和同伴及家长互相问好等。大班侧重在培养值日生主人翁意识和为班级服务的意识，如晨间入园做好天气预报的观察记录、主动向同伴和家长问好、带操、早操后提醒同伴换鞋、摆鞋并整理鞋柜、提醒并帮助同伴折叠衣服等。

（2）值日生工作应充分尊重幼儿的需要，教师应引导幼儿讨论值日生工作的内容和方式，采用自主、轮流等形式来开展值日生工作。

## （四）晨间体育锻炼活动

晨间体育锻炼活动是指幼儿在早晨，在一定的体育活动区域内自由、自主、自愿开展的有关身体锻炼的游戏活动，包含体育游戏、自由活动、早操等内容。它是教师根据健康领域的目标、内容与要求，以及幼儿的生理、心理特点及基本动作、运动能力发展的特点，根据幼儿园环境，因地制宜地把各种不同的场地创设成多个不同的体育游戏区域，并在每个区域中有针对性地投放丰富多样的游戏器械、玩具和材料，让幼儿自主参与体育活动，用自己感兴趣的方式发展基本动作，锻炼动作的协调性、灵活性的一种体育活动形式。

合理安排晨间体育锻炼活动能激发幼儿对体育活动的兴趣，锻炼幼儿的体能，养成坚持锻炼身体的良好习惯，使幼儿在享受运动快乐的同时提高晨间锻炼及早操锻炼的效果，对幼儿身心健康成长产生积极的影响。

 情境案例

### 手掌垫

今天我在攀爬区投放了新的玩具材料"动物手掌垫"，幼儿自由选择游戏去玩。刚开始，幼儿被各种颜色的动物手掌垫吸引，兴高采烈地用新材料进行葡匐爬。可是没过一会儿，他们就选择别的游戏了，我仔细观察了一下，幼儿A两只手上都套上了手掌垫，两手同时用力爬，很吃力，影响了后面徒手爬的孩子；幼儿B则一只手套上了手掌垫，另一只手没套，可是也没有迅速掌握葡匐爬的动作要领，他们尝试了两次，都没有徒手爬的同伴速度快，脸上露出了失望的表情，闷闷不乐地把动物手掌垫脱了下来。大家都说："攀爬区一点也不好玩！"

**问题：**为什么幼儿不喜欢攀爬区的活动？

**分析：**出现上述问题的原因有以下两点：首先，教师没有针对户外活动区域的特点和幼儿前期的活动经验来进行游戏内容的设想，对投放新的玩具材料在游戏中可能隐含的游戏价值没有仔细思考，只是为了丰富游戏材料而增加材料；其次，在观察到幼儿对这个材料的兴趣和态度变化后，教师没有及时细致深入地引导幼儿一起探索游戏材料的特点和玩法，对产生的问题没有给予支持和回应。

晨间体育锻炼活动实施要点如下。

### 1. 以游戏为主开展晨间体育锻炼活动

《幼儿园教育指导纲要（试行）》中提出了"身心并重"的幼儿健康观，并将幼儿健康放在了五大领域的首位。晨间体育锻炼活动的有效组织与实施，是幼儿健康成长的添加剂，是促进幼儿身心发展的有效途径。一日之计在于晨，应重视每个晨间最好时间段对幼儿健康的教育，每天合理、科学、有效地组织晨间体育锻炼活动，可以使幼儿拥有健康、强壮的身体，阳光、开朗、活泼的个性。

《幼儿园教育指导纲要（试行）》的"健康"领域内容明确指出："开展丰富多彩的户外游戏和体育活动，培养幼儿参加体育活动的兴趣和习惯，增强体质，提高对环境的适应能力；用幼儿感兴趣的方式发展基本的动作，提高动作的协调性、灵活性。"[1]《3—6岁

---

[1] 教育部基础教育司.《幼儿园教育指导纲要（试行）》解读[M].南京：江苏教育出版社，2002：31.

儿童学习与发展指南》解读的"说明"部分提出："幼儿的学习是以直接经验为基础，在游戏和日常生活中进行的。"[①]晨间体育锻炼活动形式应以游戏为主，让幼儿对锻炼身体产生兴趣，如民间传统体育游戏——玩跳竹竿、滚铁环等。可以创设有场景、有情节的创造性游戏，如模仿小兔跳、小蛇爬等。

### 2.结合一物多玩，让幼儿探索锻炼身体的多种方法

投放可以适宜开展一物多玩的材料，如绳、球、纸盒、纸棍、报纸、圈、奶粉罐等。

探索各种一物多玩的方法，通过教师设置启发性、挑战性的问题，调动幼儿锻炼身体的积极性和主动性。在和材料的互动中，教师鼓励幼儿大胆尝试各种解决问题的方法。

充分利用身边生活中可以锻炼身体的多种资源，进行自由探索活动。例如，大自然的环境、环保废旧材料、周围的环境设施等。

### 3.开展早操活动，强化幼儿的晨练意识，鼓励幼儿积极参加体育锻炼活动

晨间早操活动包含队列队形、徒手操或器械操、游戏三部分。早操活动对幼儿体能锻炼及动作发展起着至关重要的作用，提高了幼儿愉快的情绪，锻炼了幼儿的体能。具体有如下做法。

（1）合理地安排整个早操过程，包括从预备开始到进行中的指导，以及结束放松的每个环节，对幼儿真正起到舒展肢体和进入一日活动的精神准备状态的作用。早操活动要做到动静交替，有张有弛，才能有效发挥作用。

（2）运用口令、哨音提高幼儿精神状态，充分调动幼儿积极的动作表现，如走步、手脚协调有精神。

（3）选择符合不同年龄特点的韵律操，如小班音乐轻松愉快、节奏感强；大班音乐欢快舒展、感染力强。

（4）编操时能够注意全面性，有上肢、下肢、体转、弯腰、跳跃等动作安排。器械操中的器械材料来源于生活，安全、耐用、轻便、富有童趣，可以是半成品材料或环保废旧材料自制而成。

（5）游戏从孩子的基本动作出发，增强互动性，如可以设计混龄游戏或混班游戏等；可以从富有童趣的儿歌或音乐节奏入手，增加游戏的情节性和想象力；还可以根据主题的变化调整游戏内容，时刻让孩子保持运动的激情。

（6）主、配班教师需要互相协调、配合，并能及时参与、观察和指导活动过程，用口令和语言来和幼儿互动，积极回应幼儿，鼓励和带动幼儿积极参与活动。

开展晨间体育锻炼活动需要注意如下几个方面。

（1）应根据幼儿的年龄特点和兴趣来开展晨间户外活动。

---

[①] 李季湄，冯晓霞.《3—6岁儿童学习与发展指南》解读[M].北京：人民教育出版社，2013：3.

（2）根据气候条件及幼儿活动情况，教师提醒幼儿增减衣服，个别体弱儿需插好吸汗巾。活动后回班应及时补充水分。

（3）开展晨间户外活动时保证场地和材料的安全，做好和家长的安全交接工作。

（4）晨间户外活动应遵循体育活动的基本规律，如动静交替、运动量适宜等。

（5）教师应积极参加晨间户外活动，鼓励幼儿挑战困难、克服困难，坚持晨间来园，养成锻炼身体的良好习惯。

（6）运动后督促幼儿收拾整理好活动材料。

（7）要允许幼儿自由选择器材、玩伴、玩法。

## 第二节　幼儿园离园活动的设计与指导

 问题导入

离园时间到了，幼儿园的大门一开，家长们就像泄了闸的"洪水"一样，迅速冲向各个班级，并迅速集结在班级门口。很多家长为了兑现孩子"第一个来接我"的承诺，不仅拼速度，还拼手长和嗓门大，大声嚷着自己孩子的名字，而孩子们一见到家长，就迫不及待地往门口挤。今天也不例外，家长们争先恐后地叫着自己孩子的名字，叫到名字的孩子纷纷被家长接走。这时一个声音非常急切地响了起来："倩倩，倩倩——倩倩你在哪呀？"呼声引起了站在门口跟其他家长交流的老师的关注，她连忙把教室里里外外仔仔细细找了个遍，最后在户外滑梯上把孩子找到了，一问才知道，孩子是趁门口拥堵，老师不注意，从成人的身子底下钻出去的。

问题：是什么原因造成了幼儿的"走失"？

什么是幼儿园离园活动？在这样一个重要的环节应该做些什么？又有哪些活动适宜在离园活动时组织？带着这些问题，我们一起进入这一节的学习。

## 一、离园活动的概念

离园活动是幼儿园一日活动的最后一个环节，时间一般在16：30左右，它是幼儿一天生活的结束，是让幼儿身心放松、进行整理的阶段，是教育过程中不可忽视的重要环节。

## 二、离园活动的组织与实施

离园是幼儿在幼儿园一天活动的结束，是他们最快乐、最激动，也是最盼望的时刻，而往往也是最混乱的时刻。而且，虽然离园活动时间非常短，有时甚至只有十几分钟，却蕴藏着许多的教育契机，需要教师去用心捕捉。离园涉及的内容很多，需要教师精心组织。

（1）组织幼儿如厕。组织幼儿分别进入男女厕所有序如厕，或分男、女有序如厕（条件受限的幼儿园），全程关注幼儿的如厕过程，指导并帮助幼儿脱提裤子、便后擦屁股、便后洗手。并且随时观察便池台阶上是否有尿液、地面是否有水迹，及时清理，保持清洁安全，避免幼儿滑倒和摔伤。组织幼儿如厕是离园必不可少的环节。

（2）整理幼儿穿戴。要做到将穿戴得整整齐齐、干干净净的孩子交给家长，所以离园前的整理是必不可少的。教师可以指导年龄小的幼儿以儿歌的形式学习整理衣装，如张开小手、拉拉裤头，小小衬衣、塞进里头。个别能力弱的幼儿教师可以帮助。随着幼儿年龄的增长，孩子的自我服务能力和意识逐渐增强，可以引导幼儿互相帮忙、互相检查，既发展幼儿的生活能力，又发展幼儿的社会交往。需要注意的是：教师要有意识地检查幼儿有无尿湿裤子、弄湿袖子等情况，随时帮助幼儿更换和整理，并及时反馈给家长。发现幼儿尿裤现象，不要简单粗暴地批评教育，以免造成幼儿的紧张心理，影响幼儿的离园情绪。

（3）自由选择活动区角。离园时总体时间因家长接的时间早晚，时间长短不一。而整齐划一的活动安排，往往不能满足所有孩子的需要，因此，活动区角的自由选择和操作，无疑是非常适宜的。离园时开放一些容纳孩子较多又比较容易取放玩具的活动区，孩子们各取所需，既避免千篇一律的整体活动，又可以在一定程度上改善幼儿玩不够的情况，而且便于整理。

（4）家庭小任务。为了帮助大班孩子逐渐建立任务意识，会听、会记录每天的任务，教师可以给幼儿准备专门的任务卡，在离园的时候用"我说你记"的形式，引导幼儿用自己喜欢的符号、图画和一些简单的文字相结合，记录当天的任务，如家庭小游戏、资料查询、亲子游戏、亲子故事、亲子阅读等。这样既能帮助幼儿养成良好的学习习惯，又能激发幼儿前书写阶段的阅读兴趣，有益于幼小衔接，也能使家长了解幼儿园的活动形式和内容，融洽亲子关系。图6-1为幼儿记录任务的示例。

**图6-1　某幼儿园任务记录**
（资料来源：南昌市保育院王蓉老师供稿）

（5）小游戏。在离园环节可以组织幼儿玩一些简便易行、适合室内开展、比较安静、活动量不大的游戏，如手指游戏、翻绳游戏、东南西北、猜猜我是谁等小游戏，孩子们三三两两，或看或玩，既增进幼儿之间的情感，促进他们合作意识和合作能力的提升，又可避免孩子的消极等待和时间的隐性浪费。特别对于哭闹的幼儿，我们可以开展一些活动量小的游戏（猜猜看：猜物品藏在哪只手里；听听看：这是什么动物的叫声），激发幼儿参与活动的愿望。这样既满足幼儿游戏的需要，又把幼儿的注意力转移到游戏上，忘记哭闹。

 知识窗

## 手指游戏[1]

### 1. 手指打鼓

上敲咚咚鼓（双手运动食指），下敲鼓咚咚（双手运动小指），上下一齐敲（食指小指同时运动），中间开了缝（食指、中指向上运动，无名指、小指向下运动）。你敲鼓我敲锣（左手上下运动食指，右手上下运动小指），我敲鼓你敲锣（左手动小指，右手动食指），大家一齐敲（食指小指一起运动），中间开了河（食指、中指向上运动，无名指、小指向下运动）。

### 2. 手指兄弟

兄弟十个分两组（十指伸展手心向外），生来个子有高低（翻动两手手心向内）。老大长得最粗壮（两手伸拇指），老二生来有主意（两手伸食指）。老三长得个子大（两手伸中指），老四生来没出息（两手伸无名指）。老五别看个子小（两手伸小拇指），拉起勾来有本事（两手小指互勾）。老大碰碰头（两手大拇指相碰），老二碰碰脸（两手食指相碰）。老三老四弯弯腰（两手中指上下运动），老五伸伸腿（两手小指伸展运动）。大家拍手把歌唱。

（6）回忆。与老师一道回想一天中快乐的或重要的事。现在的家庭都非常重视幼儿教育，接到孩子的第一个问题往往是：今天在幼儿园做了什么？学了什么？幼儿园一日活动内容丰富多彩，但是孩子年龄较小，对于这么笼统的问题常常会无言以对，所以，我们可以利用离园这段时间和孩子一起回忆一天的生活，帮助幼儿记住一天中一些重要的内容。这也是和家长的一种间接的沟通，通过孩子更了解我们的教育；同时也培养了幼儿归纳、整理的良好思维习惯和语言的表述能力。回忆一天生活的时候我们还可结合幼儿的表现进

---

[1] http://www.babytree.com/community/club201305/topic_14339150.html

行表扬，给予孩子鼓励，提出明天的希望。

（7）念儿歌，讲故事。讲故事是大中小班孩子都非常喜欢的，且朗朗上口、富于韵律感的儿歌也是小班幼儿易于接受的。离园时间不仅可以根据幼儿提出的要求给他们讲喜欢听的故事，也可由老师提出要讲哪个故事，如下次要表演哪个故事，我们就给幼儿讲那个故事，让他们先熟悉故事内容，为故事表演打下基础。这样的活动既激发阅读的兴趣，又拓宽幼儿阅读的视野。特别对于"人来疯"的幼儿，教师要提供更多的机会展示和表演，可以让他们给小朋友讲故事、念儿歌等，让"人来疯"的幼儿感受到教师对他们的关注。

（8）整理物品。在日常活动中，很多家长的包办代替使得幼儿自主整理、有序整理的意识和能力欠缺。中大班孩子常常出现家长接出去了，过了一会儿，自己又跑回来拿取物品的现象。针对这些孩子可以开展一些整理物品的活动，特别是大班可以开展一些"书包好朋友""整理大比拼"等活动，指导并帮助幼儿学习整理物品，提高整理的能力，减少丢三落四的现象。这些对于提高幼儿自我服务技能和生活能力都具有重要的意义。

 **知识窗**

### 整理书包流程

1.观察书包的外形，数一数有几层、几个袋子？哪个大哪个小？

2.将书和本子按由大到小的顺序对齐摆好，放在书包最大的一层。

3.文具全部放在文具盒或文具袋里，然后把它们放在书包的最上面一层。

4.画纸最好夹到书中或夹到两本书中间，避免破损。

5.书包最外面的小口袋可以放其他小物品，如餐巾纸、小手绢等。

通过这些活动，既稳定了幼儿情绪，又激发其学习的积极性，既能为教育教学服务，又能使幼儿在离园时感到幸福快乐。

## 三、离园活动应关注的问题

### （一）关注安全

我们常说，假如身体健康代表的是1，其他的如名利等代表0，有了前面的1，后面的0才能变得有意义。而幼儿园的安全工作，就如人的身体健康一样，它代表的是1，有了它幼儿园的其他工作才能展开。特别是离园时，孩子、家长的情绪都比较急切，班级接待压力陡增，教师此阶段也是一天中最为倦怠的时候，现场比较容易失控或无控，造成不必要的事故。因此，关注离园时的安全尤为重要，教师应本着"尊重幼儿、把握安全、合理有序"的原则开展离园活动。

## （二）关注情绪

**情境案例**

### 刘老师的教育方式

　　离园前，刘老师提醒幼儿如厕后，组织幼儿有序整理物品和仪容仪表，要求幼儿依次坐在教室门的两侧，说："小朋友，现在都趴在椅子上安静休息，如果你不休息好，爸爸妈妈就不来接你了。"于是，孩子们迅速地趴在椅子背上休息了，眼巴巴地看着大门口的方向。而刘老师则放松地坐在教室门口等待。

　　**问题**：这种方式适宜吗？它忽视了什么？

　　**分析**：显然这种方式是非常不适宜的。离园应是幼儿最快乐、最盼望的时刻，教师不应一味抑制孩子兴奋的情绪，让孩子统一休息。这样不仅造成了时间的隐性浪费，而且忽视了孩子急于见到家长的心理需求，特别是这种安静的等待枯燥且乏味，往往让孩子更想念自己的亲人，情绪容易失控，久而久之，影响幼儿第二天入园的兴趣和情绪。

　　人们常说给孩子一个快乐的童年，而又有多少是真正做到了的呢？其实快乐不是一句空话套话，而是体现在一日生活的点点滴滴之中。离园时刻的理想状态之一就是轻松愉悦的内心体验，知道马上要回家了，身心处于兴奋和期盼当中，表现出愉悦感和幸福感。因此，此阶段指导幼儿进行情绪情感的整理，对于幼儿获得情绪的认知和情感的体验具有重要的意义。

## （三）关注价值

　　离园活动有非常多的价值，如阅读能力、生活习惯的培养、合作能力、学习习惯的培养等，特别是生活习惯的培养体现得非常突出。《幼儿园工作规程》提出幼儿园保育和教育的主要目标之一是促进幼儿正常发育和机能的协调发展，增强体质，促进心理健康，培养良好的学习习惯、生活习惯和参加体育活动的兴趣。

　　著名教育学家陶行知曾指出："全部的课程包括全部的生活，一切课程都是生活，一切生活都是课程。"即一日生活皆课程。教育在幼儿园一日生活中无处不在，处处都是教育的契机，处处都蕴含着教育价值。离园活动也不例外，生活习惯的培养、学习习惯的培养、社会性的发展，以及语言表达能力，感受美、表达美的能力等，都能在此环节得到体现和提升。因此，教师要关注离园活动的价值，抓住稍纵即逝的机会，不失时机地加以引导。

离园活动是一日活动不可或缺的组成部分，教师要多一份细心和爱心，多一份智慧和汗水，挖掘离园活动真正的内涵和价值，更好地促进每个幼儿的身心健康发展，把一日活动皆课程的理念践行于一日活动的各个阶段。

 **本章小结**

晨间活动是幼儿在园生活的第一个环节，离园活动是幼儿在幼儿园生活的最后一个环节。组织好晨间活动和离园活动，对促进幼儿身心健康发展具有重要意义。本章首先讲述幼儿园晨间活动，介绍了其内涵和价值，以及晨间活动各个环节的组织与实施；其次讲述了幼儿园离园活动，包括其概念、组织与实施策略和应该注意的问题。

 **理论知识练习**

**一、名词解释**

晨间活动　晨检活动　晨间室内活动　离园活动

**二、简答题**

1. 如何组织与指导晨间接待活动？

2. 晨检活动的实施要点有哪些？

3. 离园活动应关注哪些问题？

**三、论述题**

1. 结合实际，谈谈如何组织幼儿园晨间活动？

2. 结合实际，谈谈如何组织幼儿园离园活动？

 **实践能力提升**

以小组为单位，深入幼儿园，就晨间活动和离园活动进行调研，并进行讨论。

# 幼儿园集体教学活动设计

**关键词**

集体教学活动；集体教学活动组织；导入形式

**学习目标**

1. 了解集体教学活动的内涵与作用。
2. 掌握集体教学活动的组织策略。

**内容结构图**

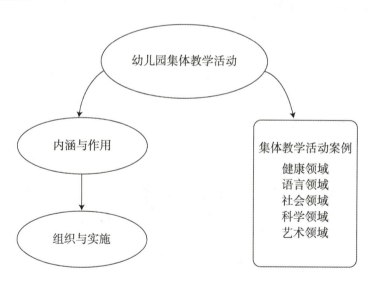

本章首先介绍了集体教学活动的内涵与作用；其次分析了集体教学活动的组织策略；最后介绍了一些集体教学活动优秀案例。

## 第一节　集体教学活动的组织与实施

问题导入

在课堂上，老师与同学们在讨论集体教学活动在幼儿园教育教学中的价值。有的同学认为幼儿园教育以游戏活动为主，集体教学是中小学主要的教学形式，幼儿园应尽量不用；有的同学认为集体教学是一种重要的教学形式，幼儿园也可以运用；还有的同学认为需要根据教学活动内容、目标等来考虑是否采用集体教学。

问题：请谈谈你是如何看待集体教学在幼儿园教育中的价值和地位的？

在我国幼儿园教育活动中，集体教学活动形式最为普通、活动效率高，但《3—6岁儿童学习与发展指南》指出，幼儿的学习是以直接经验为基础，在游戏和日常生活中进行的。那么，是否还有必要进行集体教学活动呢？带着这一问题，我们一起进入本节的学习。

# 一、集体教学活动的内涵与作用

## （一）内涵

集体教学活动是指为促进幼儿身心和谐健康发展，由教师依据幼儿的年龄特点有目的、有计划地组织全班幼儿用相同的方式与速度学习同样的教育内容的专门活动，它包括教师的教和幼儿的学两个方面。

## （二）作用

在集体教学中，教师面对的是全体幼儿，虽然很难做到因材施教，但由于集体教学活动具有计划性、目标性、系统性、组织性及指导性的特点，在幼儿发展过程中起着重要的作用。

### 1. 能够帮助幼儿不断获取新的经验

在每一次集体教学时，教师事先会选取合适的教育内容，采用适宜的教学方法，幼儿在教师的引导下达到教师预设的活动目标，这样在每次教学活动中幼儿都能获得新的知识经验。例如，在小班"我们来抱抱"活动中，小班幼儿了解了爸爸妈妈等亲人间的抱抱，通过教师组织的活动更加丰富了他们对抱抱的理解，还可以是胜利的抱抱和安慰的抱抱等。在此活动中，教师还进一步鼓励幼儿在抱一抱的同时，应用简单的语言将自己的想法大胆表达出来。例如，在大班"寻找'合作之星'"活动中，幼儿懂得了合作的重要性，知道了人多力量大的道理，但是对于怎样合作还不是很清楚，教师通过体验式的教学活动方式让幼儿进一步明白了人多不一定力量大，只有掌握了合作的方法（配合、分工、协商）才能做到人多力量大！

### 2. 能够获取系统的知识经验

幼儿园一日活动都是教育，在生活中丰富幼儿的经验便于幼儿理解和运用，但是有些学科仅凭生活中的学习，只能获取一些零散的知识经验，很难让幼儿对学科本身的知识体系有较为完整的认识。例如，在数学领域，教师还应该遵循由易到难的原则，合理安排学习的内容，有意识地组织一些数学活动，这样才能让幼儿在有效的教学活动中获取系统的知识经验。比如，大班幼儿"10以内加减运算"的学习，就需要教师事先安排"数的分合""应用题的理解"等内容，帮助幼儿理解加减的含义，掌握运算的方法。因为"数的分合""应用题的理解"等内容是学习"10以内加减运算"的前期知识经验，只有这样安排，幼儿才能真正掌握"10以内加减运算"。

### 3. 能够提高活动的效率

进行集体教学活动时，意味着在同一时间内，一位教师能同时面对所有幼儿，让幼儿能同时提升相应的知识经验，这样就提升了单位时间内教师的教学容量，大大提高了教学活动的效率。

 情境案例

#### 关于"小剪刀，大安全"教学内容的讨论

某幼儿园教师在课例研讨中对小班下学期李老师所选的"小剪刀，大安全"这一内容存在着分歧。一部分教师认为教会小班幼儿掌握剪刀的使用方法没有必要通过集体教学活动开展，可以把这一内容融入幼儿园的美工区活动中。另一部分教师认为类似剪刀这样的存在一定安全隐患的工具，在投放之前就应通过集体教学的方式让所有幼儿掌握正确的使用方法。如果是你，你赞成哪方观点呢？

**问题：** "小剪刀，大安全"有必要作为集体教学活动开展吗？

**分析：** 此案例反映的是教师对于同样的教育目标达成应该采用何种活动形式的争论。一部分教师认为在美工区投放剪刀，让幼儿边使用剪刀边掌握方法，此种方式可让幼儿在操作中学习，但是面临的一个问题是在区域活动中教师只能

"死守"这一个区域，来了一位幼儿就要向他说明一番，无形之中教师的工作量增大了许多。如果在投放剪刀之前，教师就组织全体幼儿开展一次集体教学活动，让幼儿能够学会正确取放剪刀、正确使用剪刀，在区域活动中只要用语言对幼儿稍加提醒即可，没必要自始至终"蹲守"在美工区，大大提高了活动的效率。

李季湄、肖湘宁认为，适合教师采用集体教学形式进行教学的内容有：人类优秀文化传统；社会的观念、行为规范、约定俗成的规则；必需的社会知识或概念，与健康生活有关的安全、卫生等常识，周围环境的有关信息的传递；某些技能的传授，如工具、物品的使用方法等。这些内容是所有幼儿都必须掌握的，采用集体教学的形式能起到事半功倍的效果。

### 4. 利于幼儿之间形成良好的学习氛围和经验共享

在集体教学活动中，教师面向全体幼儿提出相同的问题，幼儿围绕着共同目标积极思考，便于幼儿之间经验的分享。教学活动中的小组活动形式利于幼儿之间互相讨论、相互引导，可形成良好的学习氛围，也利于同伴之间的多向交往。

## 二、集体教学活动的组织

在每次集体教学活动之前，教师都会事先做好各种准备工作，如熟悉所教的内容、准备好教具和学具等。前期的准备是组织好教学活动的前提条件，但真正影响教学活动成效的还是教师对教学活动的有效组织。

教学活动的组织是指教师协调各种教学要素，营造轻松的学习氛围，调动幼儿参与学习的积极性，运用教育机智解决各种偶发事件，从而帮助幼儿达到预定的活动目标的过程。有效的教学活动组织利于教学活动的顺利进行，提高教学的成效。

一般来说，集体教学活动包括开始部分、进行部分和结束部分3个方面，接下来就围绕这3个方面的内容进行具体的阐述。

### （一）开始部分

开始部分，又称导入环节，顾名思义，就是"引导""进入"的意思，是指在一节课的开始部分，教师运用多种方式引起幼儿的注意，激发幼儿的学习兴趣，调动幼儿的学习动机，明确学习目的和教学活动方式。俗语说，"良好的开端是成功的一半"，可见导入活动也是教学活动中的一个重要环节，其主要作用是将幼儿的注意力集中到学习的课题上，激发幼儿学习新内容的动机，为整个教学活动的顺利开展奠定良好的基础。

**情境案例**

## 阅读活动的导入

　　在幼儿园听了几位大班教师执教的分享阅读活动"熊小弟的栅栏"，教师们所用的导入方式有所不一，所起的作用也不一样。故事的梗概为：有一只熊小弟种了一块萝卜地，为了防止兔子偷他的萝卜而动手做栅栏。第一次做的栅栏由于高低不一而被兔子偷走了萝卜；第二次做的栅栏只注意到了高度而没有考虑到栅栏间的间隔，萝卜又被兔子偷走了；第三次做的栅栏既考虑到了高度又考虑到了相同的间隔，但萝卜又被小一点儿的兔子偷走了；第四次做的栅栏又高又密，但萝卜还是被偷了，因为兔子会打洞。

　　第一种导入形式：教师出示自制的小熊头饰，提问："这是谁呀？"幼儿回答："小熊。"教师又问："今天老师就给你们讲一个发生在小熊身上的故事，你们想听吗？"幼儿齐声回答："想。"

　　第二种导入形式：教师出示栅栏的图片，提问："这是什么？你在什么地方见过？它有什么用处？"幼儿回答："这是护栏，在公园见过，保护树木""这是栅栏，在农村见过，保护农民伯伯的粮食"。教师总结："栅栏有防护的作用，今天我们就来读一本与栅栏有关的书。"

　　第三种导入形式：教师带领幼儿玩做相反动作的游戏"栅栏栅栏不听话"。教师发出指令"栅栏栅栏不听话，我说小小的"，请幼儿做相反动作，并说"我就大大的"。（幼儿张开手臂）教师依次说出"高高的""低低的""宽宽的""窄窄的"等。游戏后，教师提问："你们真是一群不听话的小栅栏，你们知道栅栏是干什么用的吗？"帮助幼儿了解栅栏具有防护的作用。教师："今天老师给你们带来了一个有关栅栏的故事，我们一起来看看熊小弟是如何做栅栏的吧。"

　　**问题：**你认为该使用哪种导入形式？

　　**分析：**结合导入环节的作用，我们来分析到底哪种导入形式更为有效。第一种导入让幼儿知道今天的故事是与小熊有关的，但大概讲的是一个什么样的故事幼儿不清楚。第二种导入让幼儿知道今天讲的故事是与栅栏有关的。第三种导入通过幼儿感兴趣的游戏活动，让幼儿不仅知道是有关栅栏的故事，而且在游戏中帮助他们进一步理解了高高的、低低的、宽宽的、窄窄的含义，为故事中理解"高度""宽度"做好了前期的铺垫。第三种导入是游戏的形式，利于集中幼儿的注意力，同时又引出了学习的课题——熊小弟怎么修栅栏，这样的导入形式才是有效的。

### 1. 导入的形式

（1）开门见山。教师结合活动内容，围绕活动目标直接进入主题，这种方法是最为简单的导入方法，多在大班采用。

例如，语言活动"说说我的好朋友"，教师直接导入"每个人都有好朋友，你们也有自己的好朋友，老师想请你说说你的好朋友是谁，并说说为什么他（她）会成为你的好朋友"。

（2）温故知新。这是教师为了让幼儿更好地理解新知识，以复习提问已有知识为手段，从中引出新内容的线索，引导幼儿从已有知识顺利过渡到新的内容，让幼儿产生强烈的求知欲，主动探求新知识的一种导入方式。这种导入能帮助幼儿建立新知识与已有经验之间的联系，尤其适合需要前期知识经验做铺垫的教学内容。需要注意的是，要求幼儿回忆的内容不宜间隔时间太长，否则幼儿很难回忆起来。

例如，大班美术活动"假如我有一朵七色花"导入时，教师通过提问："昨天老师给你们讲的《七色花》的故事中，珍妮用七色花做了哪些事情？"幼儿回忆之后，教师问："假如你有一朵七色花，你想做些什么？"鼓励幼儿大胆想象，将自己的愿望画下来。

（3）巧设悬念。这是教师有意设置一些带有启发性的问题情境，不告诉幼儿结果，让幼儿带着疑惑主动探求知识的一种导入方式。设置的悬念对幼儿具有强烈的诱惑力，能够活跃幼儿的思维。需要注意的是，悬念的设置要遵循适度的原则，即符合幼儿的"最近发展区"的要求，如果没有悬念，难以引发幼儿的兴趣，如果悬念太难理解，幼儿也只能望而却步。

例如，大班科学活动"摩擦起静电"，教师运用"神奇的魔法棒"导入，激发了幼儿极大的学习热情。具体方式是：教师出示自制的"纸片小人翻跟头"教具（用薄纸剪成小人的形状，小人的双手之间插上一根吸管，架在两根纸棍的上方，好似小人翻单杠的情景），向幼儿提出问题："你有什么方法让小人翻跟头？"幼儿尝试用嘴吹、用书扇等方法让小人翻跟头。教师出示一根塑料魔法棒，问幼儿："你们能不能只用这根魔法棒让小人翻跟头呢？"教师请了一个幼儿上来尝试，但是没能成功。教师说："我来试试吧，你们帮我念魔语。"说完教师在幼儿念魔语的时候，把塑料魔法棒藏在身后与事先准备好的一块布进行摩擦。当魔语念完，教师迅速将魔法棒吸住小人让小人翻跟头，全体幼儿都瞪大了眼睛，觉得十分神奇。这时教师揭示魔法的秘密——摩擦起静电。之后，教师让幼儿自由选择各种学具，动手尝试摩擦起静电，幼儿带着强烈的学习动机开始了自己的探索。

（4）情境渲染。这是教师通过创设各种与教学活动有关的情境渲染活动的气氛，用来激发幼儿的学习兴趣，引起幼儿的心理共鸣的一种导入方式。情境的创设让幼儿身临其境，易受情境感染，利于幼儿在情境中观察、感知、体验等。情境渲染的方式有多种，如歌曲、幼儿的角色扮演、有目的的情境表演及多媒体手段等。

例如，小班社会活动"我的好妈妈"，教师在导入时播放歌曲《我的好妈妈》，让幼儿在歌曲的渲染中感受到妈妈的辛苦，激发他们对妈妈的热爱之情。带着这种情感，教师开始带着幼儿讲述妈妈的辛苦。

（5）直观演示。这是在活动伊始，教师出示教具（实物、图片）并提出启发性的问题，让幼儿通过观察教具，引起学习新内容的兴趣的一种导入方式。由于幼儿思维具象化的特点，这种导入方式能使幼儿获得丰富的感性经验，利于发展他们的观察能力。

例如，中班科学活动"好吃的芹菜"，教师直接出示芹菜并提问："这是谁呀？它的头发、身体、裙子分别是哪一部分？"让幼儿直接观察、认识芹菜的根、茎、叶。

（6）游戏体验。这是指教师利用游戏的方式进行的导入活动。游戏是幼儿最喜欢的活动形式，利用游戏进行导入，有利于调动活动的气氛，把幼儿的情绪带到高潮。

例如，大班社会活动"关爱盲人"，教师先组织幼儿玩体验性游戏"蒙眼取物"，幼儿带上眼罩，到前方的桌上取玩具。在游戏中幼儿可感知盲人生活的不便，激发幼儿关爱盲人的情感。

（7）文学作品。这是教师选用与教学活动相关的文学作品，如故事、儿歌、谜语等方式，潜移默化地将幼儿的思维带入新授内容的一种导入方式。文学作品本身对幼儿就具有强烈的吸引力，再加上教师极富感染力的表述，能够迅速集中幼儿的注意力，并能激发幼儿主动学习的动机。

例如，中班美术活动"蜻蜓"，教师先请幼儿猜谜语："身体细细长又长，身后背着四面旗，一双眼睛圆又鼓，专除害虫本领大。"当幼儿猜出蜻蜓时，教师追问："你怎么知道这是蜻蜓呢？"在猜谜语的过程中，幼儿更好地了解了蜻蜓的外形特征：长长的身体、两对翅膀、圆圆鼓鼓的眼睛等，为幼儿进行美术创作奠定了基础。

**2. 注意事项**

（1）导入要有目的性。导入活动不应是"走过场"，不能流于形式，有效的导入活动应能为活动目标服务，能引出活动内容，并为进入下一环节做好铺垫。

 情境案例

## 怎样的热身运动才有效

在体育活动中，导入活动又称为热身运动。一次体育活动课中，张老师将目标重点定位在让幼儿学会肩上投掷的基本动作。张老师在活动开始，配着欢快的音乐开始了热身运动：下蹲、踢腿、跳跃、转圈等，看上去场面很热闹。但是在

接下来的教研时，有教师提出了自己的看法，认为这样的热身运动虽热闹，但是没有起到为下一环节做好铺垫的作用，因为肩上投掷的动作需要幼儿掌握挥臂的动作，但在热身运动中教师带幼儿所做的动作都是下肢运动，没能活动好上肢的关节。

**问题：** 怎样的热身运动才有效？

**分析：** 热身运动不是简单的"音乐表演"，应有目的性，要求所选的动作应为接下来的活动环节做好铺垫，让幼儿在热身运动中就能感受、体会到新学内容的一些技术动作。张老师在热身运动中，可以有意识地将肩上投掷的动作穿插在热身运动中，便于幼儿的后续学习。

（2）导入的形式应多样。导入的作用之一是激发幼儿的兴趣，如果教师每次活动都用同样的导入形式，幼儿就会失去兴趣，这不利于接下来的活动的开展。因此，教师应依据不同的活动内容，结合不同年龄段幼儿的发展特点来采用不同的导入形式。

 **知识窗**

### 千篇一律的导入形式

在幼儿园的集体教学活动中，教师常用的导入形式有如下几种。

"请客人式"：小朋友，今天老师请来了一位客人，他是谁呀？（出示手偶或图片），今天我们就来讲讲发生在他身上的故事。

"变魔术式"：小朋友们，闭上眼睛，老师给你们变魔术了。看，老师变出什么来了？（出示手偶或图片），今天我们就来讲讲发生在他身上的故事。

"无导入式"：今天老师给你们讲个故事，想听吗？

千篇一律的导入活动对于幼儿来说很难起到激发兴趣的作用，反而会让幼儿学习兴趣大减。只有多样化的导入形式，才能让幼儿对每次活动充满期待，激发他们学习的热情。

（3）导入要有启发性。富有启发性的导入活动，不仅有利于激发幼儿学习的动机，还能活跃幼儿的思维，让他们因为好奇而对教学内容产生浓厚的兴趣。例如，大班科学活动"食物的旅行"，教师在导入时提出问题："我们每天都要吃东西，那么吃下去的食物到哪里去了呢？"让幼儿结合自己的生活经验进行讨论。当大家说得零零散散或不完整时，教师说："那接下来我们来看看吃下去的食物去哪里了。"教师边呈现多媒体画面边介绍食物的旅行。教师提出的问题对于幼儿来说有些熟悉又有些生疏，使幼儿充满好奇，在接下来的活动中一定会调动幼儿学习的积极性。

（4）把握好导入的时间。导入活动只是一个活动的引子，有效的导入活动应做到简短、精炼，不宜占用过多的时间，否则会出现"头重脚轻"的现象。例如，大班科学活动"乌鸦喝水"，活动的重点目标为"发现乌鸦能否喝到水与水量的多少有关，知道有水的瓶子中加入石头和沙子可以使水位上升"。教师以故事《乌鸦喝水》作为导入，教师分段讲述故事并提问："故事中有谁？故事中的乌鸦遇到了什么困难？当乌鸦喝不到水的时候心里怎样想的呢？如果你是这只乌鸦你有什么办法能喝到水呢？"幼儿讨论之后教师接着讲述故事的后半段。等故事讲完，已经用了将近20分钟，接下来的科学实验部分只得草草收场。此活动的目标不是要了解故事情节，故事只是一个载体，最主要的应是让幼儿通过实验操作懂得简单的科学道理，可教师让幼儿不断理解并回忆故事内容，占用了大部分的时间，导致活动的重点不突出，目标的达成度不高。

## （二）进行部分

进行部分是一节教学活动的主体部分。在这一环节，教师应启发幼儿动手、动脑、动口，以多种感官参与活动，真正体现幼儿是活动的主体，是学习的主人。活动目标的实现需要通过进行部分的实施才能最终达到。

由于进行部分是一次活动的基本环节，也是活动目标达成的关键环节，占用了一次活动的大部分时间，因此，在组织此环节时教师应注意以下几个方面。

### 1.体现"幼儿为主体"的教育理念

在活动中，幼儿是学习的主体，教师应鼓励幼儿主动学习、思考、探索和操作。例如，大班社会活动"寻找'合作之星'"，教师以三次"运球"游戏贯穿活动：第一次"两两合作运球"，要求幼儿两两合作不能用手和脚运一个皮球；第二次"五人一组合作运球"，要求每组幼儿用一块布一次性将12个皮球运到指定的地方；第三次"十人一组传递运球"，要求每组幼儿不移动位置，两两一对，将球依次运到筐中。整个活动幼儿都在体验合作，在体验中也让他们明白合作时需要配合（第一次运球）、合作时需要分工（第二次运球），这些知识的获得是幼儿在体验中感悟到的，而不是教师强加或灌输给他们的。

寻找"合作之星"
来源：江西师范大学附属幼儿园文晓梅·魏艳江提供

### 2.每一环节应为活动目标服务

在进行部分这一环节，教师为了活动目标的达成，会组织系列的活动，每一活动都应是紧紧围绕目标来展开的，只有这样，才能保证目标的最终实现。下面就以小班安全活动"小剪刀，大安全"为例，分析每一环节与活动目标的关系。

 活动场

## 小剪刀，大安全①

### 活动目标

1. 学会安全使用剪刀，知道用完要及时还原。

2. 学习剪刀的正确使用方法。

### 活动准备

故事《咔嚓》、自编儿歌《小剪刀》、人手一把小剪刀、简单的剪纸图案。

### 活动过程

| 活动流程 | 与活动目标关系的分析 |
| --- | --- |
| 1. 导入活动：手指游戏，引出剪刀（教师用手指做动作，请幼儿猜猜是什么。最后一个手指动作为剪刀）<br>今天老师就给你们讲一个关于剪刀的小故事，我们一起来看看咔嚓太太用剪刀都想剪什么 | 利用手指游戏，激发幼儿的兴趣，同时引出活动的内容——剪刀 |
| 2. 配合多媒体课件讲述故事《咔嚓》并提问<br>（1）她都剪了些什么？（秋千的绳子、小女孩的辫子、电线）<br>（2）这样做好吗？为什么？会有什么危险？<br>（3）教师小结：小剪刀，别乱剪，当心你的大嘴巴 | 完成目标1的要求。通过教师讲述故事，让幼儿明白不能用剪刀随便剪，否则有危险<br>儿歌式的小结便于幼儿理解与记忆 |
| 3. 讨论剪刀的用处及使用剪刀的方法<br>（1）剪刀的用处：剪刀可以用来剪什么？（剪纸、剪布、剪指甲、剪头发等）提醒幼儿剪指甲可以让爸爸妈妈帮忙，剪头发可以到理发店，不能自己剪<br>（2）幼儿学习正确使用剪刀：取剪刀→用剪刀→用完以后放剪刀的方法<br>（3）教师小结：自己用，嘴朝外，给朋友，嘴朝里。用完以后送回家，安全使用小剪刀 | 完成目标2的要求。当需要用剪刀剪纸时，要知道如何正确取剪刀、用剪刀和放剪刀<br>儿歌式的小结便于幼儿掌握使用剪刀的正确方法 |
| 4. 幼儿操作，掌握使用剪刀的方法<br>（1）教师示范灯笼的剪法（剪纸时，一手拿剪刀、一手拿纸，剪刀离手要远一些）<br>（2）幼儿尝试使用剪刀，教师用相机拍下幼儿使用剪刀的安全情况 | 完成目标2的要求。由于小班幼儿动作思维的特点，教师要边示范边讲解，这样才能让幼儿真正学会使用剪刀<br>教师用相机拍摄幼儿真实的操作场景，可以发现幼儿在使用时易出现的问题，为教师有针对性的指导提供了依据 |
| 5. 幼儿讨论，儿歌小结<br>（1）教师将幼儿在活动中拍的照片放给幼儿看，和幼儿一起讨论这种做法对不对<br>（2）用动画儿歌《小剪刀》总结剪刀的安全用法 | 进一步巩固活动目标中的要求，相机呈现的照片对幼儿更有说服力，在找到不对的图片时对幼儿也是一种提醒 |

---

① 资料来源：江西师范大学附属幼儿园。

### 3. 采用多种教学活动形式

在集体教学活动中，教师可以采用集体、小组和个别3种教学活动形式，改变集体教学一统天下的局面，多种教学活动形式能够更好地为活动目标服务。集体活动形式多用于活动的开始部分和结束部分，开始部分全体集中的目的在于帮助幼儿了解活动的目标与要求，结束部分全体集中的目的在于帮助幼儿梳理、概括所学的知识经验。教师应给予幼儿更多的个人操作机会，让他们在与材料的互动中感知学习的内容。小组合作的形式可以让教师更好地关注到每一幼儿，同时也利于同伴之间经验的分享。以大班社会活动"快乐通行"为例，分析3种教学活动形式不同的作用。

活动场

## 大班社会活动——快乐通行①

### 活动目标

1. 初步理解"瓶颈"现象，了解在生活中安全、文明、快速地通过瓶颈的方法。

2. 感受到谦让、有序给大家的生活带来的快乐和安全。

### 活动准备

1. 自制"瓶颈"瓶，人手一个（图7-1）。

2. 两幅图片，图片1：挤公交车的一幕；图片2：有序地上公交车的一幕。

图7-1　自制"瓶颈"瓶

---

① 资料来源：江西省军区机关幼儿园。

## 活动过程

| 具体过程 | 教学组织形式分析 |
| --- | --- |
| 1. 看谁拿得快<br>（1）教师出示"瓶颈"瓶（人手一份），请幼儿以最快的速度拿出小珠子<br>（2）交代操作要求及规则<br>（3）教师注意观察幼儿的操作方法<br>（4）引导幼儿交流分享操作的结果，并发现又快又安全地取出珠子的方法 | **个别、集体**<br>幼儿人手一份操作材料，让他们在个人操作中发现小珠子堵在瓶口的现象，每一幼儿都会思考怎样才能又快又安全取珠子的方法 |
| 2. 了解"瓶颈"现象<br>（1）解释"瓶颈"现象（人较多、通道较窄、口子较小的地方容易出现"瓶颈"现象）<br>（2）对比两张相同场合不同情况的图片，找出"瓶颈"现象<br>（3）引导幼儿联系生活经验，说说身边有"瓶颈"现象的地方 | **集体**<br>教师面向集体共同了解"瓶颈"现象产生的原因，并联系已有的经验找寻生活中的"瓶颈"现象 |
| 3. 说说怎样过"瓶颈"<br>（1）教师提问：如果碰到"瓶颈"现象，应该怎样做呢？<br>（2）幼儿自由表述自己的想法<br>（3）小结提炼：应该有序、一个接着一个，就能很快通过"瓶颈" | **集体**<br>教师面向集体思考怎样快速又安全地通过"瓶颈"，幼儿之间可以进行经验的分享 |
| 4. 遵守秩序过"瓶颈"<br>（1）幼儿六人一组，一组一个"瓶颈"瓶，要求每个幼儿只能拿出一个珠子，看看哪组速度最快<br>（2）幼儿自由选择分组，并和同伴商量怎样快速取出珠子，之后进行比赛<br>（3）教师注意观察孩子的操作情况，如果有争、挤的情况，要及时给予引导和帮助<br>（4）评价小结 | **小组**<br>幼儿以小组合作的形式快速取出珠子，既巩固了他们的认识经验，也检验了他们的实际行为。小组合作的方式需要同伴之间的协调、配合，利于培养幼儿的合作意识 |
| 5. 教师总结，活动结束<br>当遇到"瓶颈"现象时，只要不拥挤、有秩序、一个跟着一个就能快速安全通过 | **集体**<br>通过集体教学组织形式让全体幼儿进一步巩固通过"瓶颈"的方法 |

### 4. 教师提问应具有开放性、层次性和目的性

幼儿是学习的主人，教师扮演的是引导者的角色，在集体活动中，教师应多用提问来引导幼儿主动学习。教师提问的目的在于引发幼儿积极思考，如果教师所问的多是"对不对""好不好"等封闭性的问题，幼儿不用思考就能回答，不利于发展幼儿的思维能力，因此教师应多提开放性的问题。幼儿的能力不都处在同一水平上，因此教师应依据幼儿的能力差异提出不同难度的问题，让每一个幼儿都能在自己的水平上积极思考，发展思维能力。教师应围绕活动目标来设计各种问题，这样才能保证活动目标的达成。

 情境案例

# 大班诗歌教学——家

**诗歌内容：**蓝蓝的天空是白云的家，密密的树林是小鸟的家，绿绿的草地是小羊的家，清清的河水是小鱼的家，红红的花儿是蝴蝶的家，快乐的幼儿园是小朋友的家！

**活动目标：**①理解诗歌内容，感受诗歌的节奏和韵律；②学习朗诵诗歌，享受朗诵诗歌的乐趣；③喜欢仿编诗歌，培养想象力和创造力。

某教师设置了一系列问题：①今天老师带来了一幅美丽的图画，我们一起来看看图画上都有些什么？②天空是什么样子的？树木长得怎样？草地是什么样子的？河水是什么样子的？花儿是什么样子的？③蓝蓝的天空、密密的树林、绿绿的草地、清清的小河、红红的花儿会是谁的家呢？④蓝蓝的天空、密密的树林、绿绿的草地、清清的小河、红红的花儿还会是谁的家呢？⑤还有什么地方会是谁的家？请你对教师提出的这些问题进行分析。

**问题：**教师提出的这些问题有效吗？

**分析：**教师提出的这些问题能很好地为活动目标服务，如问题①、②、③是为完成目标①和②服务的；问题④和⑤是为完成目标③服务的。教师提出的问题以开放性问题为主。例如，"天空是什么样子的？"幼儿可以结合自己的经验进行不同的描述：蓝蓝的、美丽的、黑黑的、大大的……对于"蓝蓝的天空还会是谁的家呢？"这一开放性问题，能活跃幼儿的思维，蓝蓝的天空会是小鸟、太阳、飞机、月亮、星星、宇宙飞船、外星人、风筝等的家。教师的这些问题都是有效的问题，幼儿在教师的启发引导之下，会很好地完成预设的活动目标。

## 5. 教师应善于观察幼儿，及时调整教学

在集体教学活动中，教师除了组织教学之外，还应具有敏锐的观察力。观察是了解幼儿的重要途径，是指导幼儿的前提条件。例如，在活动的开始部分，教师可面向全体幼儿进行观察，当幼儿在操作时教师可选择个别进行观察。集体教学活动是教师预设的活动，但在开展的过程中有时不一定会按照教师设计的方向发展。因此，教师在组织教学活动中要观察幼儿的表现，要依据幼儿的表现不断调整自己的教学活动。只有这样，才能调动幼儿在活动中的主动性，满足幼儿发展的需要。某幼儿园王老师组织幼儿开展一次"认识各种交通标志"的活动，教师把目标重点定位在认识各种交通标志上。然而令王老师没想到的是，在上课时幼儿对这些标志都很熟悉。于是王老师稍作调整，将目标重点调整为让幼儿主动遵守交通规则。王老师组织幼儿认识了常见的交通标志之后，用了大量的时间组织

幼儿玩"大马路"的游戏活动，让幼儿在游戏中体验遵守规则的重要性。

## （三）结束部分

一个好的活动应该有始有终。结束部分是巩固学习的部分，是指在一次活动即将结束时，教师通过口头小结、游戏等各种形式帮助幼儿巩固所学的知识经验，并进一步激发他们继续学习的兴趣的部分。

一个好的结束是下一个活动的开始，但有些幼儿教师在组织活动时只注重活动的导入部分和进行部分，而结束部分呈现松散的状态，有时甚至没有结束部分。这说明教师没有认识到结束部分的重要作用。教师精心设计的结束部分通过教师的总结、概括能够帮助幼儿提升所学的知识、技能等；启发性的问题有利于幼儿知识经验的迁移；提出的新问题能够激发幼儿的求知欲，为下一次的活动架设桥梁，做好铺垫。

### 1. 结束部分的形式

（1）游戏方式。当活动快要结束时，幼儿的注意力开始分散，为了保证良好的课堂秩序，保持幼儿的学习兴趣，教师可采用游戏的方式进一步巩固幼儿的知识经验，让幼儿在玩中学、在乐中学。

例如，大班数学"认识单双数"活动，在活动过程中主体部分已运用操作法和演示法帮助幼儿区分了10以内的单双数。作为结束方式的设计，则可以采用游戏法，即让幼儿去"单双数游乐场"玩耍。教师在教室创设了单双数游乐场。其中单数游乐场是一个人就可以玩的，如画画、折纸、玩玩具等；双数游乐场是必须两个人合作才可以完成的，如下棋、翻绳等。游戏规则：每人到箱子里抽一张入场券，如果入场券上的数字是单数就去单数游乐场，如果是双数就去双数游乐场；入场券要交给入口处的管理员检查。幼儿在结束部分情绪高涨，同时也及时巩固了对单双数的理解。

（2）小结方式。小结是指教师组织全体幼儿回顾学习过程，交流操作结果，梳理和提升学习经验。

例如，"小剪刀，大安全"中的儿歌小结，帮助幼儿回顾使用剪刀的正确方法。"快乐通行"中的教师小结，有利于幼儿知识经验的迁移，帮助幼儿在现实生活中养成主动遵守秩序的好习惯。

（3）讲评方式。教师组织幼儿运用多种方式对幼儿的作品、表现等进行讲评，引导幼儿相互学习、共享同伴间的学习经验。讲评的形式可以多样，如教师讲评、幼儿讲评、师幼共同讲评等，可以是对同伴的评价，也可以是对自我的评价。

例如，在幼儿园的美术活动结束部分，教师会组织幼儿对他人的作品进行评价，教师会采用不同的形式激发幼儿评价的积极性，如有些教师会给每一幼儿一颗小星星，让他们把小星星贴在自己最喜欢的作品上，之后全体幼儿共同找出所得小星星最多的作品，并说说喜欢这幅作品的理由。通过对他人作品的评价，利于幼儿之间相互学习。

（4）表演方式。在音乐活动、语言活动的结束环节，教师可组织幼儿进行表演，帮助幼儿加深对内容的理解和记忆。

例如，在进行歌唱活动时，教师可在活动的最后组织幼儿进行表演，让幼儿以表演的方式巩固歌曲；在进行语言讲述故事活动时，可以安排幼儿分角色进行故事表演作为活动的结尾，让他们在动态的表演中加深对故事的理解。

（5）悬念方式。教师在课程的结束部分，提出问题，设置悬念，让幼儿产生强烈的求知欲，激发他们继续探究的欲望。

例如，大班数学活动"编车牌号"，教师设置情境，让幼儿帮助交警叔叔给汽车编车牌，目的在于让幼儿尝试运用三个数字进行组合排列。整个活动中幼儿在教师的引导下学会了三个数字六种组合的排列方式，最后的结束部分教师出示三种不同颜色的自制车牌并提出问题："车牌上除了字母、汉字及数字不同之外，颜色也是不一样的，你们知道为什么颜色不一样吗？不同的颜色分别代表什么意思呢？请你们回去和爸爸妈妈查查资料，明天回来告诉老师和其他小朋友。"虽然幼儿带着这些疑惑结束了活动，但幼儿的探索没有停止，他们会通过各种方式找寻答案，满足自己的好奇心。

（6）延伸方式。教师在活动最后，提出与本活动内容相关的延伸活动，进一步激发幼儿的兴趣，更好地为目标服务。教师可以将教学活动延伸到区域活动、家庭及日常生活中。

例如，大班科学活动"拱形力量大"，教师分组给幼儿操作材料：一座纸制的拱形桥、一座纸制的平面桥、大小相同的积木块，让幼儿通过实验感知拱形桥承受的力量大于平面桥（幼儿记录两座桥上投放的积木数量）。在结束部分，教师告诉幼儿把操作的材料放在科学区，并鼓励幼儿在自由活动时间继续探究。

**2. 结束部分应注意的问题**

（1）采用多种结束方式。正如导入部分一样，结束部分不能寥寥草草，不能为了结束而结束。教师应依据活动的内容选择各种不同的、有效的结束方式，让结束部分也能为目标达成起到积极的作用，这样就能使结束部分起到"曲终收拨当心画，余音绕梁久不绝"的效果。

（2）对幼儿的表现多些肯定，少些批评。在评价结束方式时，教师对幼儿的表现要多给予肯定，鼓励他们改进做得不好的地方。切忌一味批评幼儿，这样会降低他们的学习兴趣，影响学习的效果。

（3）要考虑幼儿的主体地位。虽然活动快结束时，幼儿的注意力有些分散，但是教师应该激发幼儿参与的积极性，让幼儿成为结束环节的"主人"，让他们自己表演、自己评价、自己参与游戏，这样的形式才能真正发挥结束环节的教育作用。

## 第二节　　集体教学活动设计案例

《3—6岁儿童学习与发展指南》将幼儿的学习与发展分为健康、语言、社会、科学、艺术五大领域，本节针对这五大领域，介绍集体教学活动设计相关案例。

### 一、健康领域集体教学活动设计

#### 小班活动——不跟陌生人走①

**设计意图**

安全教育是我院一直以来坚持开展的园本主题活动之一。今天我组织的是小班安全教育活动"不跟陌生人走"，这是我院结合当前拐卖儿童的社会现象，同时根据小班幼儿认知和辨别能力差、易受诱惑的特点，设计了本次活动。

**活动目标**

1. 不能轻信陌生人的话，不跟陌生人走。

2. 初步掌握自我保护的基本技能。

活动重点：不能轻信陌生人的话，不跟陌生人走。

活动难点：初步掌握自我保护的基本技能。

**活动准备**

1. 课件《不跟陌生人走》。

2. 请两位幼儿不认识的叔叔、阿姨扮演陌生人。

3. 玩具、零食、手机。

4. 背景音乐《甜蜜的家》。

**活动过程**

1. 观看有关"一家人"的图片。

（1）教师导入。

教师：小朋友们，你们的家里有哪些人呢？

那你们和家人在一起是不是觉得很幸福呀？

今天老师就要带你们来认识幸福的婷婷一家，我们来看看吧！

---

① 设计者：叶蕊，江西省八一保育院。

（2）引导幼儿看课件，认识婷婷一家。

教师：婷婷有一个幸福的家，家里有爸爸、妈妈、爷爷和奶奶。婷婷开心的时候爸爸妈妈就会很开心，当婷婷玩大型玩具时，妈妈总在身边小心地保护她；当婷婷和爸爸妈妈一起外出游玩时，爸爸妈妈总紧紧地牵着婷婷的手；当婷婷受伤的时候，爸爸妈妈也会很难过，他们总是会保护和照顾婷婷。婷婷和爸爸妈妈在一起就是很快乐的！可是，发生了一件危险的事，是怎么回事呢？我们一起来看一看。

（3）老师以去换遥控为借口离开，请陌生叔叔来教室诱骗幼儿。

（陌生叔叔用送玩具和带幼儿去玩的方法引诱幼儿。老师及时回教室阻止陌生人，并进行总结）

教师：你们认识这个叔叔吗？不认识的人送的东西能不能要？这可是很危险的。我们一起来看看婷婷到底发生了什么事吧！

2. 观看课件《不要和陌生人走》。

教师：婷婷跟谁走了？她认识叔叔、阿姨吗？（不认识的人就是陌生人）婷婷为什么要跟陌生的叔叔、阿姨走呢？叔叔、阿姨对婷婷说了什么？陌生的叔叔、阿姨有没有带婷婷去找妈妈？（是骗婷婷的，他们想把婷婷骗走）谁来救了婷婷呀？如果没有警察叔叔及时救了婷婷，她会怎样啊？

教师总结：如果小朋友相信了陌生人的话，跟陌生人走，就会非常危险，再也见不到爸爸妈妈了，也失去了自己幸福的家了，那该有多可怜啊！所以小朋友一定不能相信陌生人的话，更不能跟陌生人走。

3. 了解陌生人的行骗方法。

（了解陌生人骗小孩的方法，让幼儿掌握自我保护的基本技能）

（1）观看课件，讨论遇到了陌生人该怎么办。

教师：婷婷把上次发生的事情牢牢地记在心里，如果婷婷又遇见了陌生人，会怎么做呢？

（2）给礼物。

教师：婷婷会不会接受陌生叔叔的礼物？她会怎么做，怎么说呢？

（3）打电话给妈妈。

教师：陌生阿姨对婷婷说了什么？她会相信阿姨吗？她会怎么做，怎么说呢？

（4）看课件，学习大声呼救的自救方法。

教师：如果陌生人硬拉你跟他走时，你该怎么办？（要反抗，大声呼救）

教师：婷婷是怎么做的？她是怎么喊的？声音小了能听见吗？（大声呼救）

教师总结：不能相信陌生人的话，给你任何东西都不要接受，更不能跟陌生人走，如果陌生人硬拉你走，就要大声呼救。

4. 陌生阿姨来"诱骗"。

（老师以拿礼物、还遥控为借口离开，陌生阿姨来教室诱骗幼儿）

（1）陌生阿姨来教室。

陌生阿姨来教室，用送玩具、零食和打电话给老师的方法引诱幼儿，硬拉幼儿离开，幼儿大声求救。

（2）老师进行解释。

老师介绍陌生人叔叔、阿姨是幼儿园老师扮演的，对幼儿的表现进行鼓励。

（3）教师总结。

教师：小朋友要学会保护自己，不能跟陌生人走，外出时也要紧跟着妈妈或老师。

5. 在音乐声中，老师对幼儿进行奖励，幼儿紧跟着老师离开活动室。

### 活动延伸

1. 观看相关动画视频或书籍，让幼儿掌握更多的自我保护的知识。

2. 组织幼儿进行角色扮演，模拟生活中的情境，加深自我保护的意识。

### 活动评析

本次活动的题材和目标符合幼儿的年龄特点。小班幼儿认知水平和辨别能力相对来说较低，表现出易受诱惑、易上当受骗、易跟他人走的特点。幼儿在活动中的真实反应也充分证明了选取这个题材的必要性。

活动的设计和策略也很贴近幼儿的生活经验，采用了真实场景、真人拍摄的方式来制作课件，这样就更贴近幼儿的生活。通过录像和课件为孩子再现了真实的生活情境，让孩子从情绪上受到感染，这种生活化的体验式学习，也是本次活动的亮点。把幼儿的现场反应拍摄下来，这段录像将成为延伸活动的教育素材，让孩子在多次的行为练习中提高安全意识，学会保护自己。

此次活动不仅关注幼儿的人身安全，更加注重幼儿的心理健康，既要让幼儿知道危险，又不能造成恐惧心理。整个活动让幼儿在游戏中学习，在游戏中获得情感体验。

## 二、社会领域集体教学活动设计

### 中班活动——新朋友[①]

#### 设计意图

大部分中班孩子在遇见陌生小朋友的时候，有交往意愿却不知道如何开口。经常会一起玩了半天还不知道对方叫什么名字或者干脆就各玩各的。其实认识新朋友是有一些介绍

---

① 设计者：康文英，江西省八一保育院。

自己并表达交往意愿的方法的，为了让他们掌握这一技能，在交往中能主动去结交新的朋友，扩大自己的朋友圈，感受和朋友在一起交往的乐趣，我设计了"新朋友"这一活动。

### 活动目标

1. 学会用介绍自己的方法来认识新朋友，提高主动交往的能力。

2. 喜欢和朋友一起玩游戏，体验与朋友交往的乐趣。

活动重点：学会用介绍自己的方法来认识新朋友。

活动难点：敢于用新方法和新同伴进行交往。

### 活动准备

1. 两个班级的孩子各8名（贴好姓名贴）。

2. 视频、音乐、小鱼贴纸若干。

### 活动过程

1. 谈话导入，引出主题。

教师：你们好，我是××老师，听说你们都是最聪明最勇敢的孩子，我真高兴能认识你们这么多新朋友，不过我还不知道你们叫什么名字呢，也不知道你们愿不愿和我做朋友，你们愿意吗？太好了！那我们和新朋友认识的时候该说些什么呢？

2. 观看视频，了解认识新朋友的方法。

观看视频，了解认识新朋友的三部曲：问好、介绍名字、表达意愿。

教师：与新朋友第一次见面时，应该做些什么呢？

（主要是帮助幼儿掌握交往的基本方法，为突破重难点做准备）

3. 示范交往，巩固对三部曲的认识。

（1）教师首先示范交往的方法，边示范边讲解三部曲。

（2）教师请2~3名幼儿上来示范和老师互相认识。

教师：现在谁先来和我认识一下？（幼儿介绍完后老师回应，并可握手或拥抱）

（通过幼儿自身的交往示范，基本能掌握三部曲，为接下来的游戏活动做铺垫）

4. 情境体验，巩固认识新朋友的方法。

（1）游戏：小鱼找朋友。

游戏玩法：当音乐响起时，幼儿可学小鱼四处游走，当音乐停止时，要找到一个新朋友互相认识。

①引导幼儿用三部曲找朋友。

教师：要找到一个新的朋友，两两要问好、介绍名字、表达意愿。

（为了激发幼儿参与找朋友的兴趣，当幼儿能找到新朋友时，教师就给幼儿贴上相同颜色的小鱼标记）

②请幼儿交流自己找朋友的方式。

（全体幼儿都找到新朋友时教师请出一对幼儿交流他们是运用了什么方法找到新朋友的）

教师：现在我想请两个小朋友来说说他们是用什么方法交朋友的。

（2）第二次游戏，体验与新朋友游戏的快乐。

游戏玩法：当音乐响起时，幼儿可学小鱼四处游走，当音乐停止时，要找到刚刚认识的新朋友抱一抱。

（3）第三次游戏，认识更多的新朋友。

游戏玩法：当音乐停止时，要四个小朋友抱一抱，并向新朋友介绍自己。

（通过重新组合、多人组合的形式，促使幼儿认识更多的新朋友）

教师：现在请小朋友找到自己另外的三个朋友，然后抱在一起，看谁找得又快又好。

5. 小结提升，向幼儿介绍生活中认识新朋友的场所。

教师：以后，我们在幼儿园的操场上，在我们小区的楼下，还有在游乐场里，看见了不认识的小朋友，都可以用我们今天的方法去和他们认识一下，成为新朋友。

（此环节扩展幼儿的视野，让幼儿了解生活中认识新朋友中的场所，最终使活动目标得以深化，并回归生活）

### 活动延伸

1. 可以组织幼儿区域混班玩，不断创设幼儿的交往环境。

2. 与家长进行沟通，鼓励孩子与不熟悉的孩子互相交流，提高他们的交往能力。利用走亲戚、到朋友家做客或有客人来访的时机，鼓励幼儿与他人接触和交谈。

### 活动评析

这次活动打破了班级间的界限，请了两个班级的孩子参加。孩子们互相都见过但还不认识，如何主动开口交往呢？这对他们每个人都是一个新的体验和挑战。在这种新鲜感的驱动下，幼儿通过观看动画短片和教师亲身示范学习到的"认识朋友三部曲"，去尝试认识一个新朋友，结成一对。通过"抱团游戏"的引入，幼儿和新朋友一下就熟悉起来抱成一团，充分体验和新朋友一起游戏的乐趣。这时游戏情境继续递进到需要每对新朋友合作再去结交一对新朋友，交往圈再次扩大，在新朋友四人小组的共同游戏中他们参与的情绪达到了高潮。幼儿的社会性、合作能力的发展是一个长期的过程，通过这次班际交流活动，幼儿的情感、态度、认知、行为都得到了一定的提高。

## 三、科学领域集体教学活动设计

### 大班活动——风，藏在哪里①

**设计意图**

风是自然界中一种神奇的力量，大家都没见过，却时时能感受到。在一次户外活动时，孩子们对壮壮带来的漂亮风车很感兴趣，于是我抛出问题"风车为什么会转动？""因为有风"孩子们回答我，"风在哪呢？"我继续追问。于是，大家开始到处寻找，同时也引发了孩子们一系列的问题，"嘴巴能吹出风，难道风藏在我的肚子里？""电风扇、空调、吹风机都有风，风也住在它们的肚子里吗？""大自然的风又是从哪里来的呢？"带着孩子们的问题，我结合区域，设计开展了本次科学探索活动"风，藏在哪里"。

**活动目标**

1. 了解风形成的原因，并能通过探索尝试制造风。

2. 通过探索能够初步了解风力大小与物体的关系。

3. 通过探索发现物体重量与风的关系。

活动重点：了解风形成的原因，并能通过探索尝试制造风。

活动难点：通过探索发现物体重量与风的关系。

诗歌——风

**活动准备**

1. 知识经验准备：幼儿事先找找风藏在哪里，并用绘画的方式进行记录。

2. 材料准备：有填充物的纸杯车和空的纸杯车各4辆、各种能扇风的物品、小扇子16把；风的形成实验材料（风箱）；各种风的图画、统计表8份、小车跑道8个、风的分类表格、风的形成图等。

**活动过程**

1. 儿歌导入《风》。

教师：今天我带来了一首有意思的诗歌和你们分享，听完以后告诉我诗歌里说的是谁？它藏在哪里？（教师朗诵诗歌《风》）

2. 风，藏在哪里。

教师：想想看除了诗歌里说过的地方，风还会藏在哪里？

（幼儿结合自己寻找的风进行交流分享）

教师小结：原来风是个爱捉迷藏的小朋友，除了树枝和水里，它还喜欢到处躲藏。

---

① 设计者：文晓梅、赵璇，江西师范大学附属幼儿园。

3. 我会制造风。

教师：刚才诗歌里说当开动的车窗呼呼响起的时候，风就藏在那里，正好我也带来了一辆小车。试试看，你能不碰到小车就让它动起来吗？

（请个别幼儿尝试用身体制造风）

教师：老师还给你们准备了许多东西，试试看它们能让小车动起来吗？

（请幼儿自由探索，用物品造风，并尝试制造大小不同的风）

教师小结：我们的身体或者物品动一动就能带动空气的流动，形成风，让小车动起来。

4. 大风小风变变变。

（1）重量相同，风力不同。

教师：任何物品动一动都能产生风，扇子也是一样的。下面我们就用扇子来做个小实验。

要求：请2名幼儿用扇子分别对着小车用大风和小风扇动5下。

（引导幼儿仔细观察风的大小对小车的影响）

教师：2辆小车跑的距离一样吗？为什么它们有的近有的远？

教师小结：风能推动小车向前进，在一样的环境里风越大，小车跑得越远，就像海上行驶的帆船，风越大帆船行驶的速度越快。

（2）重量不同，风力相同。

教师：下面我们一起动手试试让小车跑起来吧！

要求：2人一组轮流实验。每次一人同时扇动2辆车，另一人在表格上记录每辆小车扇了几次才到终点。

教师小结：当风的大小一样的时候，越轻的小车跑得越远。所以当有大风或者台风来到我们身边时，我们常常会看见报摊的阿姨用石头或其他重的东西压住他们的书籍和报纸，这就是在防风。

5. 自然中的风。

（1）自然界中风的形成。

教师：我们用扇子来制造风，那大自然中的风又是谁制造出来的呢？

（幼儿猜测讨论，教师演示风的形成实验）

教师小结：刚才看见的就是自然界中风的形成。当太阳照射大地时，空气觉得很热，就飞到更高的地方。可是，到了高高的地方以后，空气又觉得太冷了，它们还是喜欢温暖的地方，于是又朝着热的地方流动。这样一来一回，空气到处跑，就形成风啦！

（教师出示空气流动的图片进行小结）

（2）自然界中风的种类。

教师：自然界中的风和我们制造的风不同，它分为对人们有好处的和有危害的。请把你们画的自然风分分类吧。

（教师引导幼儿分类）

教师小结：有好处的风可以帮助植物传播种子，给人们提供动力和能源，帮助改善农田环境；而有危害的风会造成土壤的侵蚀，树木倒塌折断，土地沙漠化，还会传播病菌。所以风是有利也有弊的。

6. 风的方向和风力符号。

结束语：因为风有好处也有害处，所以人们通过了解风利用它的好处回避它的危害，如人们会在有大风的地方利用风力发电，也会种植防风林。为了让更多的人了解风，人们想出了这些表示风的符号，你们知道这些符号是什么意思吗？请到我们的科学区去探秘吧！

### 活动延伸

1. 将教具放在科学区，让幼儿进一步去感知风力的大小。

2. 组织幼儿到户外利用风向标来观测风向。

3. 在美术区让幼儿绘画"风中的世界"。

### 活动评析

此次活动的选题来源于生活，贴近幼儿的生活经验。从造风入手，发现当身体和物品动一动的时候就能产生风，通过幼儿的探索了解了简单的科学道理。通过观察小车的运动，了解了风力的大小与物体的关系。教师借助"风的形成演示箱"进行的演示实验，以及生动、可操作的图示让幼儿直观地感受到自然界中风的形成。几个实验从易到难，层层推进，极大地激发了幼儿参与的热情和探索的欲望。在活动中，教师有意识地培养幼儿的合作能力。在实验中幼儿分工合作，一个统计一个操作，合作意识的培养自然会融入本次活动之中。

## 四、语言领域集体教学活动设计

### 小班活动——老鼠画猫[①]

### 设计意图

小班幼儿年龄小，喜欢模仿、搞怪，而动画片《猫和老鼠》里面，老鼠的机智勇敢、猫的诙谐搞笑都深受孩子们的喜爱，所以幼儿对猫和老鼠一点也不陌生。由奕阳教育研究院发行的绘本《老鼠画猫》讲述的也是猫和老鼠之间的有趣故事，书中用朗朗上口的儿

---

[①] 设计者：谢芳，江西省南昌市滕王阁保育院。

歌，特写式的画面，描绘了"老鼠画猫"这一离奇有趣的场景。《幼儿园教育指导纲要（试行）》中指出："利用图书、绘画和其他多种方式，引发幼儿对书籍、阅读和书写的兴趣。"因此，设计本次活动，旨在提高小班幼儿对阅读和书写的兴趣。

### 活动目标

1. 了解老鼠画猫的过程，理解老鼠把猫画成绘本中样子的原因。

2. 感受故事的幽默，体验表演的乐趣。

活动重点：感受故事的幽默，体验表演的乐趣。

活动难点：理解老鼠把猫画成绘本中样子的原因。

### 活动准备

1. 经验准备：对猫的形态有初步的认识。

2. 物质准备：绘本《老鼠画猫》、老鼠头饰一个、画笔一支、画纸一张。

### 活动过程

1. 游戏导入，引出主题。

（1）教师戴上老鼠头饰，扮演小老鼠，与幼儿玩"小老鼠上灯台"的游戏。

（2）教师演示画猫，鼓励幼儿猜想和表达。

（3）教师与幼儿一起讲述猫捉老鼠的过程，理解猫身体各部位的作用。

2. 观察图画，理解故事。

（1）观察封面。

教师：你在封面上看到了什么？它们在干什么？

（2）逐页阅读第1~6页。

（与教师画的猫做对比，通过提问和肢体动作的表现，根据幼儿的回答进行简短小结，引导幼儿理解老鼠把猫画成这样的原因）

观察第1页。

教师：小老鼠正在画猫的什么？为什么要把猫的眼睛画小呢？

教师小结：眼睛画小了，猫就看不清楚了，就抓不到老鼠了。

观察第2页。

教师：为什么要把猫的胡子画得卷卷的？

教师小结：胡子画翘了，猫就量不出老鼠的洞穴有多宽。

观察第3页。

教师：为什么要把猫的腿画得短短的？

教师小结：腿画短了，猫就追不上老鼠了。

观察第4页。

教师：为什么要把猫的爪子画得这么少？

教师小结：猫的爪子少了，就摁不住老鼠，老鼠会偷偷地从旁边溜走。

观察第5页。

教师：为什么不画猫的牙齿呢？

教师小结：猫没有了牙齿，就不能吃老鼠了。

观察第6页。

教师引导幼儿欣赏小老鼠画的猫，观察老鼠和猫的表情，感受故事结局的幽默。

3. 完整讲述，复习故事。

教师与幼儿完整阅读绘本，共同讲述故事的内容。

4. 动作展现，表现故事。

教师与幼儿一起，用动作表现故事内容，结束活动。

### 活动延伸

1. 美工区：放置一些猫的眼睛、腿和爪子的图片，提供猫的轮廓图，供幼儿拼贴猫的样子。

2. 家园共育：家长与幼儿一起，边画边讲述这个故事。

### 活动评析

选材符合幼儿的年龄特征，能吸引幼儿的注意。故事中朗朗上口的儿歌，容易被小班幼儿理解和掌握。绘本特写式的画面和幽默的结局，让许多幼儿还想阅读绘本。活动形式新颖。现场画真实的猫的样子与故事中的猫做对比，加深幼儿对故事内容的理解。小班幼儿思维具体形象，因此，教师利用画出的猫与故事中的猫做比对，再加上夸张的动作表演，引导幼儿积极表达，有助于幼儿理解老鼠把猫画成绘本中样子的原因。

## 五、艺术领域集体教学活动设计

### 中班活动——调皮的海浪[①]

### 设计意图

"调皮的海浪"这一音乐欣赏活动的设计源于我班幼儿都有去海边玩耍的经历与体验，但他们对大海的了解并不是很全面，孩子眼中的大海并不是变化多端的。所以，我设计了这个活动，意在从幼儿的生活中挖掘有价值的经验，以游戏的形式使幼儿愿意学、乐意学、快乐学，提供幼儿主动操作的情境，在生活中得到教育，在教育中体现生活。

### 活动目标

1. 能根据音乐的变化，用身体动作表现不同形态的海浪。

---

① 设计者：刘新芝，江西省新余市城北幼儿园。

2. 在游戏化的情境中感受音乐活动的快乐。

活动重点：能理解音乐的变化。

活动难点：能用身体动作表现不同形态的海浪。

### 活动准备

1. 海浪视频、《小海军》和关于海浪变化的音乐。

2. 彩虹伞。

### 活动过程

1. 播放音乐，创设情境，导入活动。

教师：小朋友们，老师请你们当一回神气的海军，保卫祖国的海疆，好不好？那我们一起跟着音乐去巡逻吧。（播放音乐）

（幼儿扮作海军，随音乐做神气的海军入场动作，进入活动场地）

2. 分段观看视频，初步感受不同形态的海浪。

教师：神气、勇敢的小海军们，请找个位置坐下来吧。我们巡逻来到了大海边，一起去看一看美丽的大海上会发生什么事情吧！

（启发经验，观看视频中不同形态的海浪，并启发幼儿用肢体动作来表现海浪）

（1）风平浪静。

教师：小海军们，你们看到了什么？（海鸥、游泳）

教师：海水是怎么样的？（微微荡漾、轻轻晃动）

教师：能不能用你的肢体动作来表现轻轻晃动的海浪呢？让你们的小小波浪跟着音乐动起来吧！

（2）小浪。

（播放视频）

教师：小海军们，注意啦！海上起风了，大海涨潮了，看看海上的浪是怎样的呢？（小波浪、小浪花）

教师：谁能用身体动作来表现一下涨潮时的小波浪？调皮的小浪花要跟着音乐来跳舞。（幼儿用身体动作表现小浪）

（3）大浪。

教师：小海军们，狂风吹来了，海面掀起了一个个大浪。去看看吧，大浪是什么样的呢？浪急的时候会出现什么？（幼儿用身体动作表现大浪和漩涡）

（4）退潮。

教师：风总算变小了，大海退潮了，退潮时的海浪是怎么样的？小海军要仔细看看。（冲上去，慢慢安静下来）

教师：谁能表现退潮时的海浪？让退潮时的海浪也随着音乐动起来吧。（幼儿用身体

动作表现退潮）

教师小结：原来大海是多变的，它会随着天气的变化而变化。

3. 完整感知音乐。

（1）教师播放音乐，引导幼儿感知音乐的变化。

教师：仔细听一听，音乐分别表示的是什么样的海浪呢？

（2）幼儿边听音乐边用动作表现不同的海浪。

4. 游戏：海浪。

教师：刚刚小海军们看到了不同样子的海浪，还随着音乐用动作表现了海浪。接下来呢，老师请你们玩一个关于海浪的游戏。

（1）介绍游戏规则。

教师：我们用这大圆伞当海浪，一起抓住伞抖动，海浪就会随着动起来。但是要注意听清音乐，不同的时候会有不同的海浪。

（跟着音乐玩游戏，提醒孩子注意抖动的力度）

（2）开展游戏，鼓励幼儿按老师的口令和方法玩海浪游戏。

小海浪（集体用小力，使布小幅度抖动）；涨潮的小海浪（集体用大力，然后全体往圆心靠拢，使圆布往上拱）；大海浪（集体用大力，使布大幅度抖动）；漩涡（同涨潮动作，并一起朝同一方向快速绕圈跑）；退潮（集体不用力，使布自然下降至地面）。

5. 活动结束。

教师：小海军们，巡逻完了，该回去了，集合！

（教师与幼儿一起收拾、整理场地）

### 活动延伸

1. 将音乐放在表演区，幼儿结伴进行表演。

2. 在户外体育活动中可开展彩虹伞游戏，并将音乐贯穿其中，将音乐活动与体育活动进行整合。

### 活动评析

此活动中教师采用的是分段讲述的方式，让幼儿了解海浪的4种不同形态。为了帮助幼儿理解和记忆，在每一段讲述过后，教师都进行提问，并鼓励幼儿用动作表现所看到的海浪的样子，这样幼儿都能较好地参与到活动中来。随着音乐的播放，孩子想象的海浪也随之而动。

但需要注意的是：幼儿在感知各种形态的海浪之后，用自己的动作来表现，这个时候应该给幼儿多一点思考和想象的空间。玩海浪游戏的时候，也要注意提醒幼儿跟着音乐的变化做海浪的波动，同时在转漩涡的时候要注意安全。

 **本章小结**

　　集体教学是幼儿园的教学形式之一，科学地认识其价值，开展适宜的集体教学活动，具有重要的意义。本章首先介绍了集体教学活动的内涵与作用；其次分析了集体教学活动组织与实施的策略；最后分五大领域介绍了一些集体教学活动优秀案例。

 **理论知识练习**

**一、名词解释**

集体教学活动　集体教学活动组织

**二、简答题**

1. 简述集体教学活动的作用。

2. 简述幼儿园集体教学的利与弊。

3. 简述集体教学活动的导入方式。

**三、论述题**

1. 结合实际，论述集体教学活动的导入需要注意的问题。

2. 结合实际，论述组织集体教学活动进行部分应注意的问题。

 **实践能力提升**

1. 深入幼儿园，观摩一个集体教学活动并进行评价。

2. 设计一个集体教学活动，在教师的指导下在幼儿园实施。

# 幼儿园活动区活动
# 与户外活动设计

**关键词**

活动区；活动区活动；户外活动

**学习目标**

1. 了解活动区的内涵与作用。

2. 掌握各类活动区活动的创设与指导策略。

3. 了解户外活动的内涵与价值。

4. 掌握开展不同类型户外活动的组织与实施策略。

**内容结构图**

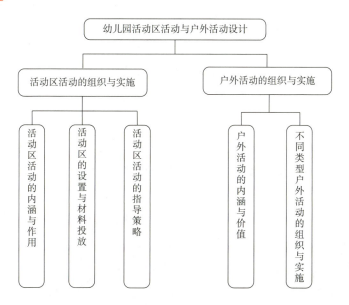

本章介绍了活动区的内涵与作用；分析了各类活动区的创设与指导策略；介绍了户外活动的内涵与价值；剖析了开展不同类型户外活动的组织与实施策略。

# 第一节　活动区活动的组织与实施

## 问题导入

　　去幼儿园观察会发现，有的幼儿园由于活动室较小，教师在创设活动区时会充分利用寝室的空间。例如，有的教师将阅读区安排在寝室一角，有的教师将表演区安排在寝室，还有的教师将美工区安排在寝室。

　　**问题**：你认为老师这样安排合理吗？

　　什么是活动区活动？活动区活动有什么作用？幼儿园活动区设置涉及哪些方面？如何合理投放活动区材料？如何科学指导活动区活动？下面我们一起走进这一节的学习。

## 一、活动区活动的内涵与作用

### （一）内涵

　　活动区活动是一种开放性、低结构性、个别化的幼儿自主学习活动。在幼儿园，教师根据幼儿身心发展水平、兴趣与能力，结合教育目标，将幼儿活动的空间划分为不同的区域，并在区域中投放具有教育意义的活动材料。幼儿自主选择活动区，通过操作材料，与同伴、教师的互动等，获得学习与发展。活动区活动是幼儿园一日活动中的重要组成部分，合理创设的区域活动能让幼儿在操作中学习、在游戏中学习。

### （二）作用

#### 1. 促进幼儿全面、和谐发展

　　幼儿园的教育目标是培养德、智、体、美全面发展的幼儿，教师依据教育目标而创设的各种活动区域，有利于幼儿各方面的发展。例如，为了促进幼儿身体的发展，幼儿园会在户外购置一些大型体育器械，让幼儿在户外活动中发展他们的钻爬、攀登等运动技能（图8-1）。有些幼儿园还会将户外活动进行分区（图8-2），如种植区、车类区、角色区等，甚至有将各类活动区功能融合在一起的综合性活动区（图8-3），更好地促进幼儿各方面能力的发展。又如，为了发展幼儿的社会交往能力，教师会为幼儿提供社会角色扮演的区域，如娃娃家（图8-4）、公交公司（图8-5）、甜品屋（图8-6）等，他们在区域中既能得到扮演角色后的满足，又能提高与人交往的能力。设置建构区（图8-7），不但可以提高幼儿的空间架构能力，而且能启发幼儿的认知概念，并引入装扮、合作等活动。设置美术区（图8-8），可满足幼儿用自己喜欢的方式大胆地表现自己的感受与体验的需求。

**图8-1　户外大型玩具**
（资料来源：江西省人民政府直属机关保育院）

（a）户外种植园

（b）户外车类角色区

**图8-2　户外活动分区**
（资料来源：江西省人民政府直属机关保育院）

**图8-3　综合性活动区**
（资料来源：江西省人民政府直属机关保育院）

**图8-4　娃娃家**
（资料来源：江西省人民政府直属机关保育院）

图8-5　公交公司

（资料来源：江西省人民政府直属机关保育院）

图8-6　甜品屋

（资料来源：江西省人民政府直属机关保育院）

图8-7　建构区

（资料来源：江西省人民政府直属机关保育院）

图8-8　美术区

（资料来源：江西省人民政府直属机关保育院）

### 2. 利于幼儿与同伴间的相互学习和交往

活动区活动是幼儿按照自己的意愿选择的，因此在同一个区域中的幼儿就因共同的兴趣爱好而自发形成了一个学习小组。在活动区活动中，同伴之间的言行举止幼儿都会看在眼里、记在心上，他们会学习借鉴同伴好的经验，愿意与同伴探索新的玩法和发现其中的奥秘所在，进而激发他们在活动区探索的积极性。

活动区活动不是一个人独自进行的活动，幼儿在活动中与同伴展开交往，这就对幼儿交往能力的发展起到了潜移默化的作用。例如，在建构区，幼儿会先协商讨论建构的主题，然后进行分工，共同建构作品。在表演区，幼儿首先要协商好各自角色，如哪些人当观众，哪些人做演员，然后讨论表演什么节目、先后顺序如何，表演时怎样与他人合作等。在表演的过程中，幼儿学会了协商讨论、礼貌谦让、团结合作。

### 3. 利于幼儿主动学习、持续学习

《3—6岁儿童学习与发展指南》中指出："幼儿的思维特点是以具体形象思维为主，

应注重引导幼儿通过直接感知、亲身体验和实际操作进行科学学习，不应为追求知识和技能的掌握，对幼儿进行灌输和强化训练。"活动区中教师为幼儿提供了各种操作材料，让幼儿在与材料的互动中主动学习，幼儿知识经验的获得不是教师传授给他的，而是自己通过探索、操作获得的。

有时幼儿对某一事物的探索欲望会持续一段时间，教师就可在活动区投放相应的材料，让他们持续探索，保持浓厚的好奇心。例如，某教师在自然角创设土培、无土、水培、沙培等不同生长环境下的植物（图8-9），激发幼儿不断观察、比较不同的探索兴趣。或投放"种子发芽"的材料，让幼儿通过观察了解种子发芽所需要的条件：空气、水、阳光（图8-10）。

图8-9　自然角
（资料来源：江西省人民政府直属机关保育院）

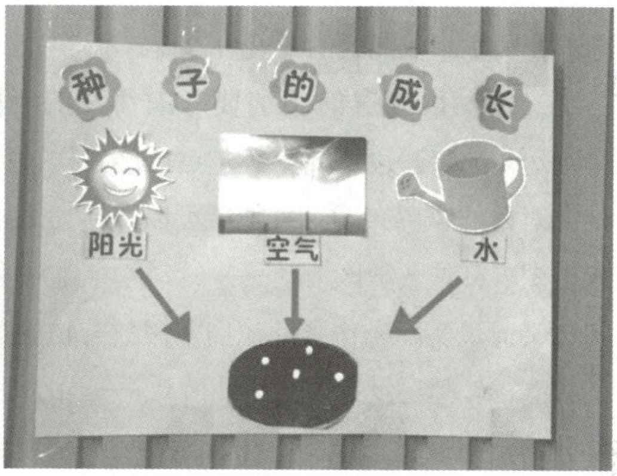

图8-10　种子的成长示意图
（资料来源：江西省人民政府直属机关保育院）

## 二、活动区的设置

活动区活动的出发点要考虑到幼儿的兴趣和需要，考虑到幼儿原有的经验和水平，最终的目的是支持帮助幼儿学会学习。因此，活动区的设置就显得尤为重要。

### （一）数量

一个班级中到底要设置几个活动区，这是许多教师首先要考虑的问题。活动区的数量要考虑到活动室的面积及幼儿的人数两方面的因素。一般来说，每个活动区能容纳的最佳人数为5~7人，这样利于协商、合作。如果人数太多，意见很难统一；人数太少，又很难发挥小组学习的作用。以一个班30~35名幼儿来计算，每班需要设置6~7个活动区，这样才能保证每位幼儿都能进入活动区，同时，只有设置数量较多的活动区，才能真正做到幼儿依据自己的兴趣进行自由选择。

## （二）类别

在班级中设置活动区的目的是给幼儿一个自由、宽松的学习环境，更好地促进其身心和谐发展，因此科学设置不同性质的活动区具有重要的意义。

**1. 活动区设置的类别要考虑幼儿园的教育目标**

活动区活动在促进幼儿全面发展的过程中起着重要的作用。因此，教师在设置活动区时首先要考虑所设置的区域是否能满足幼儿全面发展的需要，能否涉及幼儿德智体美儿方面的内容，能否与幼儿园五大领域的内容相匹配。例如，促使幼儿体育的发展可以在室外设置相应的体育活动区；促使幼儿美育的发展可以设置美工区、音乐表演区等；促使幼儿语言的发展可以设置语言区、阅读区等；促使幼儿社会性的发展可以设置角色扮演区；促使幼儿科学学习能力的发展可以设置科学探索区、数学操作区等。

**2. 活动区设置的类别要考虑幼儿的年龄特征**

幼儿的年龄段不同，兴趣点也不一样，因此设置的活动区也应有所不同。例如，小班幼儿对娃娃家感兴趣，教师就可以在活动室中多设置几个娃娃家，满足幼儿平时游戏的需求。图8-11是数学区活动——给动物宝宝喂食，既满足小班幼儿动物与食物对应匹配的认识，又通过实际操作帮助他们掌握数与物的关系。同时，为了帮助小班幼儿学会生活自理的技能，教师还设置了生活区活动——给小动物刷牙（图8-12）、夹辫子（图8-13）。大班幼儿的抽象逻辑思维能力开始得到发展，而且他们探究的欲望更加强烈，因此教师可以在科学探索区提供丰富的材料。大班幼儿喜欢玩对抗性的游戏，因此可以设置益智区，如"棋乐无穷"（图8-14），包括围棋、五子棋、跳棋等多种材料，在发展他们智力的同时还培养了他们独立思考的能力及正确对待输赢的态度。

图8-11　给动物宝宝喂食
（资料来源：江西省人民政府直属机关保育院）

图8-12　给小动物刷牙
（资料来源：江西省人民政府直属机关保育院）

图8-13 夹辫子
（资料来源：江西省人民政府直属机关保育院）

图8-14 益智区——棋乐无穷
（资料来源：江西省人民政府直属机关保育院）

## （三）位置

教师可以充分利用活动室的一切资源，如地面、墙壁、窗户、走廊等，最大限度地为幼儿创设活动空间。活动室在安排活动区的空间位置时应考虑以下问题。

### 1. 考虑活动区的特点

例如，操作区，幼儿要进行各种细致的操作，因此需要充足的光线，最好安排在靠窗户的位置；阅读区，幼儿需要阅读图书及听录音故事，因此应安排在窗户边和接近电源的位置；美工区，幼儿随时要使用颜料，容易弄脏地板，同时幼儿又有许多作品要展示，因此应安排在容易清洗又有墙饰的地方。

### 2. 考虑活动区的性质

教师应尽量把性质相同的活动区安排在一起，以免互相干扰。例如，把相对安静的阅读区、美工区等安排在一起；把表演区、角色扮演区安排在一起。

 情境案例

### 利用寝室安排活动区？

某幼儿园活动室较小，教师在创设活动区时会充分利用寝室的空间。张老师将阅读区安排在寝室一角；李老师将表演区安排在寝室；王老师将美工区安排在寝室。

**问题：** 你认为三位老师的安排合理吗？

**分析：** 张老师将阅读区安排在寝室，幼儿进行阅读区活动时，置身于一个相对安静的环境中，能避免其他区域的干扰；李老师将热闹的表演区进行"隔离"，可让表演区的幼儿尽情表演，同时又不会影响其他区域的幼儿。这两位老师都依据活动区的性质合理安排了场地。王老师将美工区放在寝室就不是很合适，美工区有剪刀、颜料等材料，会带来一些安全隐患，同时需要用颜料时会影响寝室的卫生，不便于清洁。

### 3. 考虑幼儿的活动延伸

幼儿在活动区活动时，可能会出现从一个活动区延伸转换到另一活动区的情况。教师在划分区域活动时，应考虑到如何满足幼儿的转换需要，如将积木区和娃娃家安排在一起，因为幼儿会用积木建构娃娃家所需的物品；将自然角与美工区安排在一起，便于幼儿将在自然角观察到的现象及时在美工区记录下来。例如，某大班教师在班级设置的区域活动中，将美美服装城（图8-15）与美美T台秀（图8-16）安排在一起。教师让美美服装城的幼儿为T台秀设计服装、道具等装扮造型。T台秀的幼儿在每天的表演结束后会写好一张预订单：如项链×串、帽子×顶，服装×件，美美服装城的幼儿就会依此为他们进行准备。

图8-15　美美服装城
（资料来源：江西省人民政府直属机关保育院）

图8-16　美美T台秀
（资料来源：江西省人民政府直属机关保育院）

图8-17　活动分区
（资料来源：江西省八一保育院）

### 4. 考虑区域分割的方式

为了便于幼儿更好地区分区域，教师有必要将各区域之间进行分隔。分隔的方式有很多种，如平面界限的划分、立体界限的划分及用标牌直接进行分隔，并充分利用空间、墙面、柜层板、柜面和地面营造具有本区域特点的环境。如图8-17所示，活动室中央的地垫就是一个平面界限划分的活动区域，幼儿可以在地垫上进行活动；活动室中用玩具柜分隔的区域就属于立体界限的划分；每个区域中教师都用图文对应的标牌给区域命名，如"创意空间"（美工区）、"星光大道"（音乐表演区）等。

## 三、活动区材料的投放

在活动区，幼儿通过与材料的互动获得发展，因此，活动区材料的投放就显得尤为重要。如何投放相应的材料，满足每位幼儿的发展，直接影响区域活动的开展。活动区材料投放除了要做到安全性、卫生性、教育性外，还应注意以下几个方面。

### 1. 材料投放应做到目的明确

教师应了解幼儿的年龄特点，依据幼儿的发展需求投放相应的材料。例如，小班幼儿入园后，为了培养生活自理和手眼协调能力，促进他们手指等精细动作的发展，教师会投放相应的"团团和绕绕"（图8-18）等材料，通过与材料的互动，锻炼幼儿小肌肉的控制能力，从而提高幼儿的生活自理能力。为了激发小班幼儿对色彩的兴趣，便于他们去表现美和获得成就感，美术区投放的拓印材料是各种蔬菜水果印章（图8-19），它们的大小和天然的形状使得幼儿的作品造型夸张、色彩感强，使活动取得很好的效果。大班幼儿的手指灵活性和精细程度较小班幼儿有较大的提高，教师在生活区投放适合他们的各种不同的编编绕绕材料（图8-20），更好地促进了他们这部分能力的提升。

图8-18　团团和绕绕
（资料来源：江西省人民
政府直属机关保育院）

图8-19　蔬菜水果印章
（资料来源：江西省人民
政府直属机关保育院）

图8-20　编一编，绕一绕
（资料来源：江西省人民
政府直属机关保育院）

### 2. 材料投放应具有丰富性

教师只有在活动区投放丰富的材料，幼儿才能依据自己的兴趣自由选择。面对过于单一的材料，幼儿很快就会失去兴趣；反之，丰富的材料会让幼儿对区域保持充分的、持续的兴趣。例如，建构区应以幼儿的年龄特点为依据，为幼儿进行空间建构提供可能，可以准备平面、立体或各种材质的材料。其中，平面材料要形状、大小不同；立体材料要有高低、粗细的变化。此外，如果材料有不同的捆绑组合，则利于幼儿作品呈现新的效果和变化（图8-21）。

（a） （b） （c）

**图8-21　建构区各类材料**

（资料来源：江西省人民政府直属机关保育院）

除了要做到材料种类丰富之外，每一种材料的数量也应充足。例如，小班幼儿多以平行游戏为主，因此，给他们提供的材料中每一种类的玩具数量要丰富，以满足他们平行游戏的需要。下面以热闹的娃娃家为例。

幼儿园娃娃家
布置示例

娃娃家是小班幼儿最喜欢的区角，王老师在活动室中尽量安排稍大的空间供幼儿活动。娃娃家除了提供娃娃之外，还根据家庭房间的功能提供相应的材料，具体如下。

卧室：小床、被子、被单、床头柜、电话等。

书房：书桌、图画书等。

客厅：沙发、茶几、饮水机、茶杯、电视机等。

餐厅：餐桌、椅子、奶瓶、电冰箱等。

厨房：炊具（如煤气灶、锅、铲、勺等）、餐具（碗、盘子、小勺、杯子等）、各种食物（蔬菜、水果、面条、米饭等）、微波炉。

卫生间：洗手池、热水器、坐便器、毛巾、梳子、衣服、洗衣机、衣架、绳子等。

每次区域活动时，幼儿都玩得很开心，娃娃家非常热闹。有的幼儿开展"哄娃娃睡觉""打电话"的游戏；有的幼儿抱着娃娃看书，给娃娃讲故事；有的幼儿坐在沙发上和同伴边聊天边喝水或看电视等；有的幼儿开展煮饭、炒菜、用微波炉热菜等游戏；有的幼儿给娃娃喂饭或自己吃饭；有的幼儿开展给娃娃洗澡、帮娃娃洗衣服、晾衣服、带娃娃上厕所等活动。

娃娃家之所以呈现出热闹的场面，得益于王老师在娃娃家所提供的材料。只有材料丰富了，才能让情节更为丰富。王老师将幼儿感兴趣的娃娃家依家庭房间的功能分割成几个区域，一次可容纳很多幼儿，满足了小班幼儿平行游戏的需要。

### 3. 材料投放应具有层次性

在班级中，幼儿的能力有所差异，因而教师提供的材料应尽量满足每一幼儿的发展需要，满足不同发展水平幼儿的需要。例如，在美工区的剪纸活动中，教师除了提供剪刀之外，还应提供难易不同的剪纸示意图。教师考虑到不同发展水平幼儿的需要，在提供的剪纸示意图中，有以剪直线为主的图案、剪转折线为主的图案、剪弧线为主的图案，幼儿可以依据自己的能力自由选择由易到难的图案：剪直线—剪转折线—剪弧线。又如，阅读区中提供的图书应有层次性，为幼儿提供的图书有幼儿熟悉的、不太熟悉的和不熟悉的读物三种层次，以满足不同阅读水平幼儿的阅读需要。

 情境案例

## 为什么夹不起来

某幼儿园中班的李老师，在活动区中投放了"给动物喂食"的材料：竹制筷子及珠子（幼儿穿珠子所用的珠子：圆柱体、中间镂空便于细绳穿过来）。该幼儿园中班幼儿开始使用筷子吃饭，李老师投放此材料的目的是让幼儿学会正确地使用筷子，掌握使用筷子的方法。可在一次区域活动时，李老师发现虽然有一小部分幼儿能正确夹起珠子，但有许多幼儿拿筷子的方法不对：有的幼儿直接将筷子插入到镂空的"洞洞"里，将珠子"夹"出来；有的幼儿试着夹珠子，但珠子太光滑，夹不起来，他们就干脆用手直接"抓"珠子。

**问题：**李老师在活动开始时给幼儿进行了讲解示范，为什么仍旧有幼儿学不会呢？

**分析：**李老师提供的材料目的性很强，就是帮助幼儿学会正确使用筷子。但是李老师提供的材料过于单一，对于大多数刚使用筷子的幼儿来说有一定的难度，李老师提供的材料没能满足不同能力幼儿的需要。李老师除了要提供夹取难度较大的珠子之外，还应提供难度稍低些的材料，如小纸团做的"汤圆"、扁形的豆子、花生等材料，让幼儿依据自己的能力选择材料，循序渐进地提高使用筷子的能力。

### 4. 材料投放应具有多样性

教师提供的材料可以是购买的现成的材料，也可以是废旧的材料或自制的材料。如图8-22所示，教师提供的材料有购买的铃鼓、碰铃等，还有自制的沙锤、音箱、麦克风、DVD等。如图8-23所示，在"顶呱呱餐厅"区域，教师在家长的帮助下，收集了大量食物外包装盒制成的食品。如图8-24所示，在"中国风舞台"区域，有幼儿在各类空白扇面等半成品上自制的折扇、团扇，还有用废旧包装袋制成的中式服装，以及家长们捐赠的具有浓郁中国特色的面具、花伞等。

图8-22　音乐表演区
（资料来源：江西省政府
直属机关保育院）

图8-23　顶呱呱餐厅
（资料来源：江西省政府
直属机关保育院）

图8-24　中国风舞台
（资料来源：江西省政府
直属机关保育院）

　　教师提供的材料还应考虑到玩法的多样性，可以提供一人玩的材料，还应投放需要两人或多人合作才能完成的材料（图8-25和图8-26）。一人玩的材料，可培养幼儿的专注力，激发幼儿的兴趣；多人玩的材料，可培养幼儿的合作能力，提高幼儿社会交往的能力。

图8-25　跳竹竿
（资料来源：江西省人民政府直属机关保育院）

图8-26　下棋
（资料来源：江西省八一保育院）

### 5. 材料摆放应做到清晰、明确

　　活动区中丰富多样的材料，应该摆放得清晰、明确，便于幼儿自由取放。教师可以将材料分类摆放在低矮的玩具柜上，每一种材料可以用小筐子、托盘（图8-27）等进行摆放。每一种材料可用文字或图案来表示材料存放的位置，利于幼儿轻松顺利地拿取和收拾物品。

图8-27　小班美术区标记
（资料来源：江西省人民政府直属机关保育院）

**情境案例**

## 区域活动研讨

　　某幼儿园在进行区域活动研讨时，有教师提出问题：区域活动中材料的标记应该贴在哪儿？李老师认为标记贴在托盘或小筐上即可，这样能保证幼儿依据标记选取自己喜欢的材料；刘老师认为标记既要贴在托盘或小筐上，还要贴在玩具架上，使每种材料的放置位置固定，便于幼儿玩儿完玩具后放回原处，也便于幼儿快速选取材料。你认为谁说得更有道理呢？

　　**问题：**材料的标记该贴在哪儿？

　　**分析：**李老师提出的只将标记贴在托盘或小筐上的方法，能保证材料与标记内容的一致，幼儿能依据标记选择材料，但当幼儿玩儿完之后，将材料放回到玩具柜中时，由于玩具柜上没有贴标记，就很难保证能放回到原处，下次再想玩这一材料时就要在玩具柜上"大搜索"，不利于幼儿快速选择自己想玩的材料。相反，如果玩具柜上和托盘或小筐上都贴有标记，即使是小班的幼儿，也能运用一一对应的方法将材料放回原处。

## 四、活动区活动的指导

　　在活动区，幼儿虽然是自主地活动，但是要想取得更好的效果，还是离不开教师的有效指导。

### 1. 幼儿自由地选择区域活动

　　区域活动是幼儿依据自己的兴趣选择的活动，教师切不可给幼儿指定区域。很多教师在组织幼儿分组取区域牌时，都会有意识地安排每组的顺序。例如，周一分组取区域牌的顺序是1→2→3→4→5组，周二就是2→3→4→5→1组，周三就是3→4→5→1→2组，依次类推，这样做能让每位幼儿都有选择自己最喜欢的区域的机会。

### 2. 师幼共同制定区域规则

　　教师要善于用环境来暗示规则，如整齐有序的材料摆放、清楚明显的标志都会潜移默化地鼓励幼儿玩后把原物放回，收拾整齐。同时，教师还要与幼儿共同制定一些必要的规则，如每个活动区中进区的人数、在活动区中如何开展活动、活动后收拾整理材料和场地等。规则的呈现应

**图8-28　小吃店**
（资料来源：江西省人民政府直属机关保育院）

以图画为主，文字为辅。如图8-28所示，教师通过照片及文字给在"小吃店"中扮演服务员的幼儿提出相应的要求，如"顾客就是上帝"让"服务员"明白自己的态度要好；"我们是这样服务的"通过图文并茂的形式让"服务员"明白自己工作的流程。

**情境案例**

## 美工区的规则

　　邹老师在美工区制定了以下规则：①每次进区的人数为6人；②使用剪刀要当心；③废纸不能随便乱扔；④用过的笔要放回原处。

　　**问题：**如何评价邹老师制定的区域规则？

　　**分析：**案例中邹老师制定的规则①和④能让幼儿明白应该怎样做，而规则②的制定没有告诉幼儿安全使用剪刀的方法，一句"使用剪刀要当心"会让幼儿对使用剪刀心存畏惧，不利于幼儿学会正确使用剪刀。规则③用否定的句式给幼儿提出要求，幼儿只知道废纸不能随便乱扔，但要扔在哪儿，他们还是不清楚，教师应明确告诉他们"废纸应扔在垃圾篓内"。因此，教师在制定规则时，不宜采用否定式的语句，而应用肯定的语句让幼儿明白应该怎样做。

### 3. 教师全面细致观察幼儿在区域中的活动

　　当幼儿在进行区域活动时，教师要善于运用各种观察的方法了解幼儿在区域活动中的表现，以便更好地指导幼儿。

　　当区域活动刚开始时，教师要善于运用扫描法了解全体幼儿的基本情况，如了解幼儿选择了哪些区域，扮演了哪些角色，使用了哪些材料等。当幼儿进入相应区域后，教师可以运用追踪法了解幼儿的表现，如幼儿在区域活动中是否专注，是否遵守规则，是否能与同伴友好合作，情绪是否愉快，是否能创造性地使用材料等。

**情境案例**

## 娃娃书房

　　某幼儿园教师在幼儿园小班观察幼儿的区域活动时，发现娃娃家的孩子很多，阅读区却没有一个孩子，与热闹的娃娃家形成了巨大的反差。在之后的研讨中，一部分教师认为可以取消阅读区，因为小班幼儿最喜欢的是娃娃家；另一部分教师则持不同意见，认为教师不应取消而是应想办法激发幼儿进阅读区的兴趣，因为阅读能力也需从小培养。经过大家的讨论与专家的引导，老师们最后都认为应保留阅读区，把阅读区改名为"娃娃书房"，并投放与进区人数等量的娃娃，让每一幼儿扮演"爸爸""妈妈"的角色，给娃娃讲故事。在第二天的区域活动中，老师发现"娃娃书房"中的幼儿正抱着娃娃看图书，有些幼儿还一边看书一边给娃娃讲述。

**问题**：你是否赞同案例中教师的做法？

**分析**：案例中教师的做法值得肯定。兴趣是可以培养的，不能因为幼儿对区域活动不感兴趣就取消各种活动。教师应利用小班幼儿好模仿大人行为的特点，激发他们的兴趣。把阅读区改为"娃娃书房"，幼儿扮演了父母的角色，就会上演家庭中温馨的一幕：家长给幼儿边翻书边讲故事，这时幼儿的阅读就变成了自发的活动。

### 4. 教师应把握指导幼儿的时机

在区域活动中，幼儿是主体，教师不能随意干扰幼儿的活动。教师需要把握指导的时机，一般来说，出现以下情况时需要教师给予指导：①幼儿主动向教师寻求帮助，如有些幼儿用语言（"老师，我不会""老师，××材料用完了"）直接向教师求助，有些幼儿虽然嘴上不说，但是却用眼神示意教师来帮助他。②幼儿在区域活动中无所事事，没有目的时，教师应引导幼儿选择区域进行活动。③幼儿出现破坏规则行为时，教师应及时制止。④当幼儿之间出现纠纷时，教师应及时引导幼儿解决纠纷，避免干扰其他幼儿的活动。⑤当幼儿只进行简单而重复的游戏时，教师应引导幼儿不断提高游戏水平。

### 5. 教师多采用间接指导的方式

教师在指导幼儿活动时，不宜采用直接的方式指导幼儿，而应多采用间接指导的方式。

（1）平行活动方式。平行活动方式是指教师为了指导幼儿，与幼儿用相同的材料玩相同的游戏，但是教师与幼儿独立操作，不发生任何交往。这种方式既不影响幼儿的游戏过程，又能通过教师的榜样示范实现指导。这种指导方式多用于建构区、科学探索区、阅读区及表演区等。例如，在娃娃家，教师发现一个女孩扮演"妈妈"，准备带生病的娃娃去看病，"妈妈"准备拿一个小毯子将娃娃包好之后抱娃娃看病，可是在用毯子包娃娃时却遇到了麻烦，由于毯子比较小，"妈妈"在给娃娃包毯子时顾了头就顾不上脚，顾了脚就顾不上头。"妈妈"试了几次都没成功，有些不耐烦了。这时教师也进入娃娃家，走到离"妈妈"不远的地方，也拿起一块毯子，把娃娃放在毯子的对角线上包好了，并"自言自语"地说："斜着包就可以包好娃娃了。"教师带着娃娃出去后，"妈妈"也马上将娃娃斜放在毯子上，并成功地包好了娃娃。

（2）合作活动方式。合作活动方式是指当幼儿在进行区域活动时，教师以合作者的身份扮演其中的某一角色，加入到幼儿的活动过程中，指导幼儿的游戏进程。例如，某大班角色游戏区，一幼儿正玩开"出租车"（椅子）游戏。因为老是做转"方向盘"一个动作，一会儿就有点烦了，东张西望的，没人搭理他。这时，老师走过来："哎，出租车师傅，我要到沃尔玛商场，请开车把我送去吧。""好的，请坐好。"孩子来了精神。

（a）棋王要求

"哎，我还有大的行李箱，你能帮我搬上车吗？""乘客"（教师）提出了要求，于是，"师傅"把"行李箱"搬到了"车"（椅子）后头。上车后，"乘客"又问，"我不知道怎么走，你知道吗？""知道，要经过北京西路，八一大道……""师傅"果然是尽职尽责、热情服务。

（3）环境暗示方式。教师要善于用环境来暗示方法，用图文并茂的形式展示有关资料，为幼儿主动探索、思考学习提供可能。如图8-29所示，在大班"争当棋王"的区域中，对于棋王的要求、各式棋类的玩法与规则一目了然，幼儿可以根据图示自主学习各类棋的玩法，探索并寻找其中的规律，不断提高逻辑思维能力。

（b）学下跳棋

（c）学下象棋

（d）学下军棋

**图8-29　争当棋王**
（资料来源：江西省人民政府直属机关保育院）

### 6. 重视区域活动后的分享交流

在区域活动结束后，教师应组织幼儿集中在一起交流区域活动中的经验及成果，便于幼儿之间互相学习、互相借鉴。分享交流环节不是一种形式，切忌泛泛而谈，而是通过幼儿之间交流的平台，提升幼儿的关键经验，寻找存在的问题及解决的策略，使幼儿零散的经验概念化、系统化，从而实现经验的主动建构。著名的高瞻活动课程的实施就包括了分享交流环节。

（1）分享交流的环节应与区域活动前的组织相呼应。例如，教师在区域活动前提出了应该遵守的规则"活动结束时材料应放回原处"，那么在分享交流环节就应组织幼儿讨论大家执行的情况；如果教师在活动前给幼儿介绍了新的材料，那么在分享交流环节就应请幼儿说说使用新材料的情况；等等。

（2）分享交流环节不是教师一言堂，而应充分发挥幼儿的主动性。区域活动结束后，教师可以将分享交流的主动权交给幼儿，让他们相互讲讲自己在活动中的感受，如"今天玩得开心吗？为什么？"教师也可引导幼儿讲讲自己在区域活动中的玩法，如在美工区教师发现一位幼儿在剪纸时剪出的图案与其他幼儿不一样，教师就可请这位幼儿拿出自己的作品向同伴介绍自己的方法，让同伴之间互相借鉴好的经验。把主动权交给幼儿，既满足了幼儿表现的欲望，又增强了幼儿的信心。

（3）分享交流环节注重幼儿活动过程中的表现和收获，而不是结果。要以到幼儿在活动中的表现和收获进行综合评估（如合作、耐心、不怕困难），通过自评、互评等多种形式，做出公正、相应的评价，有利于幼儿形成良好的学习品质。

（4）分享交流环节应鼓励幼儿自己发现问题、尝试解决问题。幼儿在区域活动中经常会发生一些困难或遇到一些问题，教师可以在交流环节鼓励幼儿说说自己在活动中发现的问题，通过大家对问题的思考、讨论，能激发幼儿再次活动的欲望，同时也提高了他们解决问题的能力。

总之，教师通过合理安排区域活动的空间，提供相应的活动材料，组织幼儿开展各种利于全面发展的区域活动，对幼儿的活动进行细致深入的观察，有目的地指导幼儿更好地开展活动，让幼儿在区域活动中学会分享与合作，体验成功与挫折，从而促进他们个性的全面发展。

## 第二节　户外活动的组织与实施

**问题导入**

　　户外活动的时间到了，大班的孩子来到了户外活动区域——综合区，他们有的搬着不锈钢钻圈，有的拎着小地垫，有的合作抬着双面人字梯，有的拉着装满了小木块的小推车，还有的在滚着轮胎，大家都很自然地搬运起了各种综合区的材料，没过一会儿，孩子们一起跑过来告诉老师："熊老师快来看啊！这是我们搭建的城堡！"老师用欣赏的眼光注视着他们的"杰作"，问孩子："你们能用这个城堡玩什么体育游戏呢？"听了老师的提示，孩子们马上就在"城堡"里玩起来了，有的灵巧地钻过了钻圈，有的爬上了人字梯……突然，欣欣跑过来告状："熊老师，东东他们没有玩游戏，他们去救蚂蚁啦！"老师一听，嘴里就下意识地说："怎么又是东东！"于是马上开始寻找东东的身影，终于在操场边的花坛下找到了蹲在地上非常投入的东东，旁边还有几个平时就很调皮的男孩子，他们正在聚精会神地观察小蚂蚁。老师没有任何询问，大声地对东东说："看够了吗？看够了就赶快去玩游戏去！"东东很不情愿地站了起来，说："熊老师，我不想玩体育游戏，我想和小蚂蚁待在一起。"老师说："不行，现在是户外活动时间，你还没有运动呢，快点和小伙伴们一起运动！"东东用很小的声音说："每个星期三都要玩这些玩具，我都玩厌了。"重回游戏的东东没有了刚才的认真劲儿，只是机械性地在同伴们搭好的"城堡"里走着、跳着。

　　**问题：**东东为什么不愿意参加户外活动？

　　户外活动的内涵和价值是什么？包括哪些环节？我们该如何组织与实施户外活动呢？下面我们一起走进这一节的学习。

## 一、户外活动的内涵与价值

　　幼儿园户外活动是幼儿整体教育活动的重要组成部分。《幼儿园教育指导纲要（试行）》中明确要求："开展丰富多彩的户外游戏和体育活动，培养幼儿参加体育活动的兴趣和习惯，增强体质，提高对环境的适应能力。"《3—6岁儿童学习与发展指南》中指出："幼儿每天的户外活动时间一般不少于两小时，其中体育活动时间不少于1小时，季节交替时要坚持。"

## （一）内涵

幼儿园户外活动是指利用幼儿一日生活的各个时段（晨间活动、早操、午间散步、离园及上下午的户外游戏活动时间），在幼儿园内开展的室外活动。户外活动是幼儿比较自由的活动时间，内容不再是目标单一的体育活动，而是以体育游戏、户外活动区活动、自由活动及其他探索活动等为主。其形式多样，有集体户外活动、小组活动、幼儿个人活动等。

户外活动除了运动以外，还有自发性游戏。教师在户外组织的游戏，可以是分类进行的游戏，如在不同时间进行户外角色游戏、户外建构游戏、户外表演游戏等；也可以是不分类的游戏，即在同一时间里提供各种材料，不限定幼儿进行哪一类游戏。特别要提出的是，目前教师们有一个很大的认识误区：不少幼儿园窄化了户外场地的功能，只把户外当成运动场，强调它的运动功能，却忽视了它的游戏功能[①]。

## （二）价值

幼儿的发展是与周围环境积极主动相互作用的结果，户外活动为幼儿提供了自然野趣的环境，丰富多彩、设计巧妙、功能各异的玩具，大大激发了幼儿的探索兴趣。在探究过程中，幼儿主动获取有益于身心健康发展的丰富经验，幼儿的好奇心、发散思维以及想象力、创造能力、运动能力都得到了很好的发展。

## 二、不同类型户外活动的组织与实施

户外活动一般安排在晨间、上午或下午午睡后进行。户外活动的组织与实施应充分结合主题、季节和幼儿身心发展特点，不同时段的户外活动组织形式、内容应有所不同。

### （一）体育游戏

体育游戏，即根据幼儿不同的年龄特点及身心发展水平，以游戏的形式开展有目的、有计划、有组织的体育活动。体育游戏能激发幼儿积极参加体育活动的兴趣和愿望，使幼儿在轻松愉快的游戏活动中自然习得各种基本动作，锻炼身体素质和体能。

---

[①] 华爱华. 关于幼儿园户外运动的几点思考[J]. 幼儿教育，2015（9）：18-21.

## 平衡板游戏

开学前，幼儿园在户外安放了一些色彩鲜艳的平衡板，作为幼儿的游戏器材。这些亮丽的平衡板很快就引起了幼儿的游戏兴趣，他们有的在平衡板上双脚站立练习平衡，有的练习跨跳过平衡板，还有的拿着小木板架在平衡板上练习平衡……今天大（2）班的王老师带孩子们来到了游戏场地，她告诉孩子们今天要玩平衡板游戏，鼓励孩子们想出各种平衡板的玩法。同时，她还告诉孩子们旁边有一些辅助的游戏器材，有高跷、皮球、绳子等，都可以结合平衡板一起游戏。于是孩子们自己去拿平衡板玩起了游戏，有的孩子把平衡板翻过来玩，有的踩着高跷想站在平衡板上。一个踩高跷的小朋友一只脚已经站在了平衡板上，另一只脚也正准备踩上去，突然旁边另一个也在踩着高跷想通过平衡板的孩子崴了一下脚，他直接向这个小朋友撞了过来，结果两人一起摔倒了。王老师赶紧将摔伤的孩子送到幼儿园保健所，一场体育游戏就这样匆匆结束了。

**问题：**平衡板游戏为什么玩不下去？

**分析：**首先，教师在开展体育游戏前没有针对幼儿前期的游戏经验进行一个有效梳理，没有根据幼儿年龄特点和认知特点来设计适宜的体育游戏，只是一味地放任幼儿自己游戏，造成游戏中存在安全隐患。其次，教师对体育游戏的内容和情节没有一个预设，没有将材料赋予游戏的特点，材料虽然简单，但无法激发幼儿游戏的兴趣和欲望。最后，作为一个体育游戏，教师并未为之设定游戏规则。

我们可以从以下几个方面着手开展体育游戏的组织与实施。

**1. 根据幼儿的年龄特点及兴趣，精心设计体育游戏**

（1）设计体育游戏的步骤：活动名称、活动目标、活动准备、活动过程、活动延伸。

（2）幼儿阶段，有着明显的年龄差异，在设计体育游戏时要以不同年龄段幼儿的心理、生理和动作特点为依据。

**2. 提供安全适宜的场所与材料**

（1）体育游戏场地要根据幼儿人数及游戏内容来选择。

（2）场地平坦、开阔，有一定的弹性。

（3）体育游戏器材要卫生、牢固、安全，适宜幼儿。

**3. 介绍游戏的名称、玩法和规则**

（1）教师应面向全体幼儿进行讲解。

（2）讲解要简明扼要，生动形象。

（3）游戏要有一定的内容和情节。

（4）可根据游戏需要，适当增添头饰、玩具等辅助材料，可加入角色游戏的元素，使游戏情节更生动。

**4. 根据幼儿的运动卫生开展有效的指导**

（1）游戏时注意动作要循序渐进。

（2）游戏中教师应根据幼儿的面色、汗量、心率、情绪状态等的表现来调整游戏节奏。

（3）运动量不宜过大，运动密度适宜。

**5. 需要注意的事项**

（1）带好衣物篓，随时提醒幼儿根据游戏运动量和孩子自身的情况增减衣物。

（2）带好吸汗巾，可以针对体弱儿随时为孩子擦汗。

（3）教师应根据孩子的兴趣、个体差异和发展速度来组织和实施游戏，切忌一刀切，要因人而异。

 活动场

# 小班体育游戏——爱玩的小猫咪

## 活动目标

1. 乐意模仿小花猫的动作特征。

2. 能够听信号进行游戏。

## 活动准备

场地布置：小猫的家（纸箱开好洞）。

材料准备：大小不一的纸质"鱼骨头"（数量是幼儿人数的2~3倍）。

## 活动过程

1. 热身活动：小猫找食。

教师扮演猫妈妈，幼儿扮演小猫，边念儿歌边活动身体。（儿歌：今天天气真正好，小猫小猫起得早；轻轻走，轻轻跳，小猫本领最最棒；轻轻走，轻轻跳，猫宝宝找食最能干）

2. 游戏：躲躲乐。

（1）教师讲解游戏玩法及规则。

教师：小猫特别爱玩，总是喜欢独自偷偷溜出家到外面玩耍，总不记得回家，于是猫妈妈要到处找爱玩的小猫。小猫总是一等猫妈妈睡着了就立刻躲起来，千万不能让猫妈妈看到，如果被猫妈妈看到就会被送回家。

（2）教师扮演猫妈妈，幼儿扮演小猫，幼儿边念儿歌边游戏。

老猫老猫睡懒觉，小猫小猫最爱玩，小猫偷偷往外瞧，轻轻跑到外边去。（教师观察幼儿躲在哪里，怎样躲的）

（3）交流分享：请小猫说说他们都躲在哪里。

3. 游戏：小猫找食。

（1）教师讲解游戏玩法及规则。

教师将不同大小的食物——鱼骨头在活动场地上藏好，鼓励幼儿扮演小猫，去寻找鱼骨头，将不同大小的鱼骨头送回家。

（2）交流分享：请幼儿说说自己找到了什么样的食物，把食物送到了哪个家。

4. 放松活动：开心大餐。

教师扮演猫妈妈，幼儿扮演小猫，大家一起吃鱼骨头。

## （二）运动性活动

### 1. 大型户外玩具活动

大型户外玩具活动，是指充分依托园所户外环境固定的大型玩具开展的活动，玩具可以发展幼儿的各种基本动作，如平衡、吊、跳、爬、钻、攀登等。

为了使幼儿园户外活动场地的玩具达到既能锻炼幼儿体能又能发展基本动作的作用，可以把户外活动大型玩具综合结合起来开展活动。例如，大型户外玩具可以进行初步的活动区域划分，如垂吊区、攀登区、钻爬区、投掷区、角色游戏区、平衡区等不同区域，既可以开展集体活动，也可以开展分组或个体活动。可以为孩子们创设情景式的运动环境：过小路（平衡区）、吊一吊（垂吊区）、投一投（投掷区），小朋友跨过雷区、钻过山洞、爬过玩具绳网等游戏……

我们可以从以下几个方面着手开展大型户外玩具活动的组织与实施。

（1）创设安全的环境。教师在活动前应对活动范围、场地及大型户外玩具设施进行检查，清除不安全因素，如检查大型玩具活动器械的各区域衔接处、隐藏的区域有无危险物品、有无污渍和水渍等。针对户外大型玩具场地活动范围较广、幼儿活动分散的特点，教师的视线不能顾及每个幼儿，因此，活动前两位教师要分开组织幼儿活动，交代清楚活动的规则和有关安全事项，孩子们在活动时先进行必要的安全教育，培养他们初步的自我保护意识，并告诉他们一些自我保护的方法，进一步增强幼儿的自我保护意识。例如，让幼儿知道在开展户外大型玩具活动时不应和同伴在同一区域进行争抢，特别是在通道口比较狭窄时要一个接一个通过等。教师要四处巡回走动，在活动中及时观察幼儿活动的情况，并进行适当调节，避免一些意外发生的可能，及时纠正幼儿的危险动作，发现拥堵等问题及时给予指导和帮助。

（2）设计富有趣味性的游戏。大型户外玩具的区域基本都是固定的，时间一长或者活动次数较多时孩子容易失去兴趣，而兴趣是孩子活动的源泉，因此在活动时，坚持结合大型玩具的特点来设计趣味性的游戏对孩子的身心发展更重要。应根据玩具和场地的特点，将活动内容游戏化，或增加情节、角色，使之更具趣味性。

（3）加强体能及身体素质的锻炼。户外大型玩具活动不仅可以发展幼儿基本动作，更多的是可以加强幼儿的身体素质和体能锻炼。幼儿的身体素质是指幼儿的力量素质、速度素质、耐力素质、柔韧素质及灵敏素质等。在大型户外玩具区域的划分中，教师可以对个别身体素质差的幼儿进行单独指导。

（4）需要注意的事项。第一，户外大型玩具活动更多的是小组活动的方式。第二，可以事先准备一些辅助材料来开展活动，增加活动的趣味性。

**2. 综合性运动活动**

综合性运动活动，是指在户外场地上引发的，通过幼儿操作可移动运动器材进行的运动，或结合富有野趣的自然游戏场所开展的运动活动。

可移动的运动器材有两类：一类是教师根据幼儿某项运动能力的需要，设计或投放的能发挥特定功能的器材，如高跷、竹梯、平衡木等。另一类是能够做各种组合变化的非结构性材料，如球、圈、绳、棒、箱子、板条、轮胎等能够滚动、能够推拉、能够抛接的材料。这些材料的价值在于，每种材料有多种玩法，材料之间可以任意组合，具有更加灵活使用的多功能性。运动材料越具有可移动和可变化性，其丰富的运动体验、对幼儿综合运动能力及运动思维的意义就越大。①

结合富有野趣的自然游戏场所开展的运动活动，带给幼儿的是不一样的运动体验。其趣味性主要体现在场地特征的多样性上，土坪、草地、石子小路，阶梯、坡地、百草园地，沟渠、帐篷和小屋……在这样的场地上奔跑、追逐、捉迷藏，能让幼儿体验各种场地特征对身体控制能力的不同要求（如上坡、下坡，跨越沟渠，绕开障碍物），获得多种运动经验。①

我们可以从以下几个方面着手开展综合性运动活动的组织与实施。

（1）培养安全、自主的活动常规。考虑到综合性运动活动材料丰富、场地挑战性较大等特点，教师应提前让幼儿分批熟悉材料，分场地开展活动，针对不同年龄幼儿的认知特点和运动特点，师幼共同讨论和制定综合性运动活动的常规内容，如认识材料及标记，了解材料的摆放规律，掌握安全搬运材料的方法等。鼓励幼儿在遵守一些基础性的活动常规后，自主开展活动。

① 李季湄，冯晓霞.《3—6岁儿童学习与发展指南》解读[M]. 北京：人民教育出版社，2013：256.

（2）鼓励幼儿大胆探索。不同的材料和场地有着不同的特点和价值，教师应鼓励幼儿充分感知、体验、探索材料和场地带给自己的不一样的运动经验，并学会和同伴、老师一起分享、交流，以此拓宽幼儿的综合运动能力及运动思维。

（3）需要注意的事项。第一，综合性运动活动更多的是自主的活动方式。教师应充分尊重幼儿对材料的选择和玩法，要在认真观察幼儿游戏行为的前提下，适时、适宜、适度地进行指导。第二，充分发挥自然环境的教育意义，在挑战器械及场地的各种玩法的同时，使幼儿安全有效地体验如何调控自己的身体，巧妙地避开障碍，习得自我保护的技能。

## （三）探索性活动

一般来说，新异刺激引发的是探索性活动，因此，探索是以未知为导向的，目的是使幼儿通过活动对未知世界有所发现，从而获得新知，以充实自己的认知结构。[①]对幼儿来说，探索性活动能满足他们与生俱来的好奇心和探究欲望。户外环境中的鸟语花香、奇石怪树、排队搬运食物的小蚂蚁都是孩子们乐此不疲的观察对象。散步时孩子们会忍不住蹲下来静静地观察发芽的小植物，户外活动时会去追逐翩翩飞舞的蝴蝶，去拾取飘落在地上的树叶，为幼儿园盛开的第一朵桃花而惊呼等，这些现象是激发孩子探索欲望的源泉，也是探索性活动的主要内容。作为户外活动重要内容之一的探索性活动，能够让孩子亲身感受大自然和生活中真实的事物与现象，鼓励孩子体验探究过程，发展初步的探究能力。探索性活动可以通过自由活动环节、散步环节或生活活动环节来开展，结合自然环境、班级的种植区和饲养区，鼓励幼儿按自己的兴趣，根据自己的学习特点来进行集体、分组、个别、混龄等多种形式的探索活动。

**情境案例**

**找　雾**

清晨，出现了大雾天气，连一米以外的东西都看不清。来园的幼儿热情地与老师和同伴们谈论着自己看到的雾和在雾中的体验。

"我爸爸开车送我，开得很慢，一点都看不见东西！"

"我和奶奶走路来的，我们的头发都湿了。"

"雾蒙蒙的，我好像走在烟里。"

---

① 教育部基础教育司.《幼儿园教育指导纲要（试行）》解读[M].南京：江苏教育出版社，2002：254.

"刘老师，早上我们不能去户外活动吗？"

刘老师灵机一动，对孩子们说："可以去啊！我们一起去找找这个让我们无法看见东西的雾吧！"

刘老师带着幼儿到院子里去体验一下雾，幼儿又有了新的发现。

"楼梯的扶手上有水！"

"我看见滑滑梯上有好多的水珠。"

"树上掉下来好多水。"

刘老师跟随孩子们的脚步，一块儿寻找着，这时小勇问："沙池里会有雾吗？"

孩子们的兴趣越来越浓，他们三个一群、五个一团，在院子里寻找着，随着孩子们的发现越来越多，一场探究、收集信息和寻求答案的活动悄然进行。回到教室里，孩子们还在兴奋地讨论着，他们对刘老师说："刘老师，等会儿你还会带我们去户外活动找雾吗？"刘老师说："可以啊，不过待会儿你们可得把你们找到有雾的地方记录下来，我们一起来说一说雾的秘密！"孩子们顿时欢呼起来。

**问题：** 为什么孩子们这么喜欢这次的户外活动？

**分析：** 首先，教师能随时捕捉教育契机，尊重幼儿的兴趣，及时利用户外活动这个环节生成了一个很有意义的探索性活动。其次，教师在探索性活动过程中从来没有直接说出答案和方法，而是通过提问、观察、记录等方法来激发幼儿探索的兴趣和愿望。

我们可以从以下几个方面着手开展探索性活动的组织与实施。

### 1. 创设安全、适宜、利于探索的环境

（1）保证探索环境、材料和工具的安全性。

（2）教师和孩子一起积极参与活动。

（3）耐心倾听孩子的提问，尊重孩子的想法和观点。

（4）允许孩子在探索活动过程中出错。

### 2. 选择贴近生活的探索内容

（1）教师应针对幼儿的年龄特点和认知特点来选择孩子感兴趣的探索内容。

（2）探索内容宜贴近幼儿的生活经验。

### 3. 提供适宜的探索材料

教师应结合本园和本班的环境特点来选择适宜的探索材料和探索工具。

#### 4. 需要注意的事项

（1）探索性活动更多的是小组或个别活动的方式。

（2）在提供探索材料和工具时应考虑到探索性活动内容的特点。

（3）教师应根据孩子的兴趣、个体差异和发展速度来组织和实施游戏，为孩子提供不同的发展阶梯。

### （四）沙水活动

沙水游戏是涉及幼儿各个发展领域多种经验的综合，由于沙水自身的多种特点就极具探索的价值，同时沙水材料的开放性，又适宜幼儿的多种表现，所以沙水游戏具有探索与表现的双重特点，对幼儿来说是一种具有多样探索价值的综合性游戏。[①]玩沙、玩水是幼儿最喜欢的游戏内容，有水有沙，孩子的创造力会逐渐被释放，他们能用沙和水玩出很多花样，并能充分利用各种自然材料，来增进对沙和水特性的了解，加深亲近自然、热爱自然的情感。在游戏活动过程中，幼儿可以不断进行自由探索，大胆尝试，动手动脑，与同伴合作、交流与协商，学会解决困难，体验创造性活动带给自己的成功和愉快。

玩沙游戏主要有堆、挖、铲、筛、造型等活动，也可以设计玩沙的创造性活动，让幼儿探索沙的性质。比如，体验沙的质感，用手或树枝在沙上画画，用沙堆成山、围墙，用沙塑造桥梁、房屋，挖山洞、隧道等。

玩水游戏主要是让幼儿自由地玩水，如用工具舀水进容器，倒水、运水等。还可以启发幼儿利用水做些探索类小游戏，如"物体的浮沉"等。

沙水活动可以将玩沙玩水区有机结合在一起，通过各种辅助材料来开展创造性活动或探索活动，如提供大小长短不同的竹管、PVC管、废旧的轮胎、油壶等半成品材料或成品材料，来做一些科学类的游戏，如"水往哪里流""沙堆里的水会变少吗"等游戏。

我们可以从以下几个方面着手开展沙水活动的组织与实施。

#### 1. 为沙水活动提供充足的场地和时间

室外的沙水场地可以设置在大树下或大型玩具旁边，沙水区旁设计储物柜，内放玩沙、玩水的雨鞋、防水服装等。尽可能安排时间让幼儿自由去玩。

#### 2. 收集开展沙水活动的材料

教师和幼儿应该共同充分利用身边的生活资源，收集家中自己长期玩的玩具、小车模型等，将生活中的洗衣液瓶或一些生活用品类罐子、盒子、塑料瓶和盆或各种容器等进行加工，自制成沙铲、盛水的容器等。

---

[①] 教育部基础教育司.《幼儿园教育指导纲要（试行）》解读[M].南京：江苏教育出版社，2002：255.

### 3. 教师应关注幼儿的游戏过程，提供适时、适宜、适度的支持和引导

虽然沙水活动是一个自由活动，但教师应随时观察幼儿的游戏过程，并随机参与到活动的过程中，为幼儿创设开放性、支架性的问题情境，引导幼儿学会充分利用材料开展游戏，发现材料在孩子游戏内容的深入过程中存在的问题，并把握教育契机，进行有效的介入，激发幼儿的游戏兴趣。

### 4. 各年龄班开展沙水活动的指导建议

沙水活动通常是幼儿自由的活动，教师只需要细致地观察幼儿的游戏活动，在适当的时机启发、指导幼儿发现问题、思考问题、解决问题，激发幼儿游戏的兴趣。

（1）小班。小班幼儿在活动时一般都是平行游戏，以自我为中心，自己玩自己的。玩沙时，他们喜欢用小铲子挖沙、堆沙山，也喜欢用模子装沙，做出一些造型。根据此特点，教师可以指导他们玩体验沙的质感的游戏。玩水时，小班幼儿会反复做些把水舀进容器再倒出来，以及把手泡在水里这样的动作游戏。根据此特点，教师可以引导他们感知水的流动。

在小班进行沙水活动，先要培养幼儿遵守规则的能力，建立沙水活动的规则。例如，玩沙玩水时不把沙和水洒得到处都是；玩沙玩水后不能乱摸东西，也不能往身上擦；游戏结束后要把玩沙玩水的玩具洗净擦干收好，并把手洗干净。

（2）中班。针对中班幼儿的年龄特点和认知特点，中班的幼儿已经可以开展多人合作进行游戏，玩沙玩水的方法也丰富了，开始出现创造性的玩法。玩沙时，可以建造山和路，还会挖山洞，也会使用一些辅助材料。在中班，教师应着重激发幼儿的创造力和想象力，丰富他们玩沙玩水的技能，使他们能把想到的东西表现出来。

（3）大班。教师应鼓励大班幼儿建造大型的有新意的主题，如桥、城堡、体育馆等，并启发他们创造性地使用材料。在活动中，可以鼓励幼儿分工搭建主体，鼓励幼儿间进行协商与讨论。

### 5. 需要注意的事项

（1）沙水活动更多的是小组活动的方式。

（2）可以事先准备一些辅助材料来开展活动，还可以结合户外环境提供自然类的辅助材料，如树枝、树叶、果实等，增加活动的趣味性。

（3）材料必须安全、无毒，分类摆放，便于幼儿取放。

（4）沙水活动区域应靠近水源，便于为沙池、水池加水，便于幼儿洗手和收拾、整理、清洁材料。

（5）游戏结束后，引导幼儿学会主动收拾、整理工具和场地，进室内换鞋、洗手等，培养其良好的卫生习惯。

（6）制定共同的沙水活动游戏规则，如不扬沙，不将材料放入口中，不用力破坏游戏材料等。

 **本章小结**

活动区活动和户外活动是幼儿园贯彻游戏活动为主，促进幼儿自主建构的重要载体。活动区活动和户外活动中宽松的氛围、丰富的材料、多样的玩法，促进了幼儿个别化的自主学习，弥补了集体教学难以进行个别教育的弊端，对幼儿健康、和谐、全面的发展起着重要的作用。本章介绍了活动区活动的内涵与作用；分析了各类活动区的创设与指导策略；介绍了户外活动的内涵与价值；剖析了开展不同类型户外活动的组织与实施策略。

 **理论知识练习**

**一、名词解释**

活动区　户外活动　大型户外玩具活动　合作活动方式

**二、简答题**

1. 简述活动区活动的作用。

2. 简述户外活动对幼儿发展的意义。

3. 简述大型户外玩具活动的组织指导策略。

4. 简述开展沙水活动需要注意的事项。

**三、论述题**

1. 在组织幼儿户外活动时需要注意哪些问题？

2. 结合实际，论述活动区活动的指导策略。

 **实践能力提升**

以小组为单位，对一所幼儿园的活动区创设与实施情况进行调研，形成报告。

# 幼儿园生活活动设计

关键词

生活活动；盥洗；进餐；散步；午睡；喝水；如厕

## 学习目标

1. 了解幼儿园生活活动的定义及其内容。
2. 知道该如何组织幼儿园生活活动。
3. 把握生活活动应关注的问题。

## 内容结构图

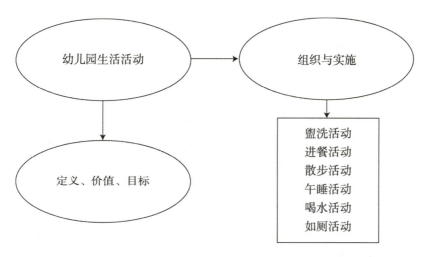

　　本章从幼儿园生活活动概述切入，分别就盥洗、进餐、散步、午睡、喝水、如厕六类活动进行阐述。不仅以具体实例为载体，阐明了各自的定义，且提出了各自应关注的问题。

## 第一节　　幼儿园生活活动概述

 问题导入

早上，5岁的小万吃了妈妈买的糯米鸡，并喝了一杯牛奶，然后就跟着妈妈去幼儿园了。

吃午饭时候，小万所在班级的林老师说小朋友不能浪费食物，一定要把饭菜吃完，小万是个乖孩子，老师说什么就是什么，于是大口大口把饭吃完了。12：10，林老师组织孩子们去睡午觉，唱完3首儿歌，林老师就要求小朋友进入睡眠，可发现小万还在玩，还没睡，于是就呵斥了几声。小万跟老师说他睡不着，肚子还饱饱的，林老师说小朋友一定要睡午觉，不然不会长高，之后，小万趴在枕头上进入了睡眠。2：30，大部分小朋友已经午睡醒了，陆续回到了教室，林老师见到小万还没醒，以为是迟睡的原因，因此并未叫醒他。20分钟后，林老师过去叫小万，发现他怎么都没有反应，于是上前摸摸他的额头，才发现小万嘴唇发黑，嘴巴鼻子都有黑色污物，已经停止了呼吸。随后两位老师合力把小万抬往医务室，不久又让司机开车将他送往医院，等到达医院抢救时，孩子已经抢救不回来了。

**问题：** 是什么原因导致了5岁孩童的死亡？教师忽视了什么？

洗手、喝水、如厕、午睡等都是幼儿园幼儿每日必做的生活活动，虽然看起来毫不起眼，但却非常重要，关系到孩子的身体健康和生活习惯的养成，甚至是影响今后的生活质量。那么这些环节应该如何组织？应该关注什么呢？带着这些问题，我们一起走进这一节的学习。

### 一、生活活动的定义

幼儿园生活活动是指满足幼儿基本生活需要的活动，它主要包括盥洗、进餐、散步、午睡、喝水、如厕等环节。

### 二、生活活动的价值

《3—6岁儿童学习与发展指南》中明确提出"发育良好的身体、愉快的情绪、强健的体质、协调的动作、良好的生活习惯和基本生活能力是幼儿身心健康的重要标志，也是其他领域学习与发展的基础"。幼儿园的生活活动能使幼儿掌握最基本的生活经验和社会规范，对他们自信心的树立也有一定的影响，为幼儿的终身发展奠定基础。由此可见，生活活动在幼儿生活中占有重要的地位。因此，幼儿园要重视生活活动，帮助幼儿学习和养成良好的生活习惯，提高自理能力，这对他们今后的发展起着至关重要的作用。

## 三、生活活动的目标

幼儿园生活活动的主要目标有如下几个方面。

（1）了解初步的卫生常识以及遵守有规律的生活秩序的重要意义。

（2）学会多种讲究卫生的技能，逐步提高生活自理的能力。

（3）养成良好的盥洗、饮食、散步、排泄、睡眠等卫生习惯。

根据《3—6岁儿童学习与发展指南》的精神和幼儿不同的年龄特点和发展水平，不同班级阶段，生活活动的目标不同。

### 1. 小班

（1）了解盥洗的顺序，在教师的提示和帮助下洗手、擦脸；在提醒下，每天早晚刷牙、饭前便后洗手。

（2）在提醒下，按时睡觉和起床，并能坚持午睡。

（3）知道穿脱衣服的顺序，在帮助下能穿脱衣服或鞋袜，能将玩具和图书放回原处。

（4）在轻松自然的气氛中，情绪愉快地进餐；愿意饮用白开水，不贪喝饮料；在引导下，不偏食、挑食，初步养成良好的进餐习惯，懂得就餐卫生。

### 2. 中班

（1）初步掌握洗手、擦脸等的基本方法；每天早晚刷牙、饭前便后洗手，方法基本正确。

（2）每天按时睡觉和起床，并能坚持午睡。

（3）能自己穿脱衣服、鞋袜，扣纽扣；能整理自己的物品，有初步的生活自理能力。

（4）学习使用筷子进餐，能情绪愉快且安静地进餐；常喝白开水，不贪喝饮料；不偏食、挑食，不暴饮暴食；进一步养成良好的饮食习惯。

### 3. 大班

（1）掌握洗手、擦脸等的正确方法，运动后主动洗手；每天早晚主动刷牙，饭前便后主动洗手，方法正确；保持个人卫生，并能注意生活环境的卫生；进一步养成良好的生活卫生习惯。

（2）养成每天按时睡觉和起床的习惯。

（3）会自己系鞋带；能知道根据冷热增减衣服；能按类别整理好自己的物品，提高生活自理能力。

（4）主动饮用白开水，不贪喝饮料；吃东西时细嚼慢咽；知道有些食品不能吃，有些食品不宜多吃，否则会有碍于身体健康。

# 第二节　幼儿园生活活动的组织与实施

**问题导入**

倩倩和小伙伴们一同来到卫生间，排好队轮流洗手。只见她打开水龙头，对着水简单冲冲就关上水龙头，回到了教室。且当老师问"刚才都洗手了吗，洗干净了没有"时，倩倩的小手举得高高的，并且大声说"洗干净了！"

**问题：**倩倩的小手洗干净了吗？在洗手环节教师忽视了什么？案例给我们组织幼儿园生活活动带来什么启示？

幼儿阶段既处在儿童身体发育和机能发展极为迅速的时期，又处在身体机能发育尚不成熟，神经系统发育尚不完善的阶段。因此，需要教师在幼儿园合理地组织安排他们的生活活动，帮助幼儿养成良好的生活与卫生习惯，保持良好的精神状态参与学习和游戏，为他们的终身发展奠定良好的基础。

## 一、盥洗活动

盥洗是幼儿园最常见的生活环节，也是尤为重要的环节。一般餐前、便后、运动后，幼儿都要进行盥洗活动。幼儿在园的盥洗主要包括洗手、漱口、梳头、擦脸四个环节，由于各盥洗环节所占的时间、性质各不相同，对幼儿的常规要求自然也不尽相同。

### （一）洗手

洗手是幼儿一日生活活动的重要内容，养成用肥皂洗手的良好习惯是帮助孩子远离细菌、预防腹泻和肺炎的最为经济高效的方法之一。

#### 1. 洗手的组织与实施

洗手看似简单，但大多数人都没有良好的洗手习惯，也不知道如何正确洗手。科学的洗手过程包括6个步骤。

（1）挽。捏住袖口，把袖子一层一层挽或推至手肘以上。

（2）湿。在水龙头下把手淋湿，擦上肥皂或洗手液。

（3）搓。手心、手背、指缝相对搓揉20秒。其中也包括6个步骤：掌心相对，手指并拢相互摩擦—手心对手背沿指缝相互搓擦—掌心相对，双手交叉沿指缝相互摩擦——只手握另一只手的大拇指旋转搓擦—弯曲各手指关节，在另一手掌心旋转搓擦—搓洗手腕。

（4）冲。双手指尖朝下，用清水冲洗干净手心、手背、手指、手腕上的肥皂泡，用时10秒。

（5）捧。用手捧清水将水龙头冲洗干净，再关闭水龙头。

（6）甩。双手五指自然下垂，在水池里拍拍手、转转手、甩甩手，防止手上的水滴在地上。

幼儿园洗手儿歌

**2. 洗手应关注的问题**

（1）提出明确要求。

·分批次、有秩序地排队洗手，不推不挤。

·不在盥洗室内大声喧哗吵闹，不妨碍他人如厕、洗手，不在盥洗室内追跑嬉戏。

·不玩水和肥皂。

·洗手完毕要在水池中甩掉手上的水再离开，不把水甩在别人身上和地上。

（2）及时关注指导。

·一般幼儿园的盥洗室都与活动室相隔，为保证幼儿的安全，教师应根据盥洗室的空间大小和幼儿班级人数合理分组，提示幼儿分批进入盥洗室洗手，避免拥挤和碰撞。与幼儿一道进入盥洗室，且等最后一个小朋友洗完手后再离开盥洗室。

·关注每个幼儿是否洗手、方法是否规范、是否主动洗手。必要时候可以尽量以游戏的口吻提示、吸引幼儿洗手；有些时候还可以采取口头提示的方法，或发挥墙面教育功能，在盥洗室的墙面上张贴图片或照片形式的洗手流程图，甚至是采用多种适宜的方式，及时鼓励、表扬幼儿在盥洗中的良好表现和点滴进步，来帮助幼儿养成洗手的习惯，掌握正确的洗手方法。

·关注水流的大小，防止水溅到地面或因水流过大打湿孩子的袖子或前襟；关注地面是否湿滑，防止滑倒。

·冬季，由于气温较低，手极易冻伤冻裂，为防止此类事件的发生，建议班级配备儿童护手霜或护肤霜，供每位幼儿洗手后擦护。

## （二）漱口

**情境案例**

### 豆豆漱口

孩子们吃完午饭后，老师一边提示："吃完午饭的宝宝记得漱口！"一边打扫卫生。豆豆吃饭较慢，他吃完午饭来到盥洗室，端起茶杯喝了一口水就放下了茶杯，正好被打扫完卫生进来的老师看见，她问："豆豆，你还没漱口呢？"豆豆说："我刚刚喝了水，把食物都推进了肚子里，现在牙齿很干净。"

**问题：** 豆豆漱口了没有？

**分析：** 由此案例可知，孩子有认知误区，认为只要喝了水，嘴里的食物残渣就会清除干净。但喝水只是水进口腔，顺着食道而下，冲下了口腔中的部分残渣，而真正漱口是水在口腔中来回翻搅，带走牙缝和口腔中的食物残渣，达到清洁口腔的效果。

漱口是幼儿园必不可少的盥洗环节，起着洁牙护齿、促进幼儿身体健康的作用。一般安排在午餐或午点之后。

**1. 漱口的组织与实施**

漱口看似简单，其中也不乏学问。一般我们可以按照如下程序进行。

（1）取。按照相应的标记找到并取出茶杯，装上半杯水（年龄越小越宜用凉开水）。

（2）含。将水含在口腔内。

（3）鼓。不断鼓动腮帮子，使水充分与口腔的每个部位接触。

（4）吐。把口腔里的水吐掉。反复2~3次，使牙齿和牙龈等处的食物残渣清除干净。

（5）放。把杯子里残余的水控干净，然后按照标记所示，把自己的茶杯归于原位。

**2. 漱口应关注的问题**

儿歌——咕噜噜

（1）提出明确要求。

·分批次、有秩序漱口，不推不挤。

·不在盥洗室内大声喧哗吵闹，不在盥洗室内追跑嬉戏。

（2）及时关注指导。

·关注每个幼儿是否漱口，动作是否规范到位。为避免形式单调，教师可采取多种方式提示幼儿漱口。例如，采取激趣的方式：快去亲亲你们的小水杯吧，让他听听你给他唱的咕噜歌！采取鼓励的方式，督促每个孩子漱口，如漱好口，可到老师这领一个小笑脸奖励自己呦！

·关注幼儿是否取拿自己的茶杯漱口，漱完后放回原位。为帮助幼儿记忆，避免交叉感染，可以在茶杯架上以记号注明：小班贴照片，中大班贴数字。

## （三）梳头

 情境案例

### 小男孩要梳头

"老师，你也帮我梳梳头。"某班一个男孩对老师说。当时老师愣住了，问道："你的头发很短，根本不需要梳头呀！"男孩委屈地说："你看陈超每次梳头的时候都非常开心，我也想像她一样。"

**问题：**面对孩子的请求，教师应该如何应对呢？

**分析：**梳头这一环节往往是幼儿园比较轻松自由的时候，在一些老师的引导下，幼儿自选发式，有意识地交流，而教师也能关注幼儿的心理需求，把这一时间作为个别交流的时间，和幼儿做轻松的交流，增进幼儿与教师间的情感。但这一环节，教师通常针对的是有辫子的女孩，那些短发的女孩和男孩，往往被忽略。其实每一个孩子都渴望和老师亲近，教师可以给大家都梳头，既满足大家的心理需求，又有利于孩子生活习惯的养成，知道起床要梳头，保持仪容的整洁。

幼儿园午睡起床后的梳头环节不仅能帮助幼儿保持仪表的整洁，如果有意识把握这一环节，同幼儿做轻松的交流，还能增进幼儿与教师间的情感。

那么组织梳头的整个过程是什么样的？梳头环节又应该关注哪些问题呢？

**1. 梳头的组织与实施**

（1）梳。五指弯曲握住梳子柄，梳齿朝下，手从上至下轻轻梳整前面、侧面和后面的头发。

（2）束。一手将头发束起，一手拿着皮筋。

（3）扎。轻柔用力、松紧适度、双手交替配合将头发扎好。

**2. 梳头应关注的问题**

（1）梳头前后把手清洗干净。

（2）保持梳子的清洁卫生，定期给梳子清洗消毒。

（3）需要关注男孩的情绪，在可能的情况下给每个幼儿都梳头。

（4）随着幼儿的年龄和能力的增长与提高，可逐步提高要求：中、大班短发幼儿照着镜子自己梳理头发或互相梳头。

（5）在梳头时，组织一些区角活动、自由阅读活动等，避免时间的隐性浪费。

## （四）擦脸

 情境案例

### 着急的梦梦

一天，孩子们吃完午点陆续擦了脸，搬好椅子来到走廊，取出自己布袋里的游戏绳、魔法棒等玩了起来，时不时发出快乐的笑声。梦梦一看，有些着急起来，三口两口吃完点心，在托盘里抓起毛巾胡乱地擦了擦脸，搬好椅子就加入了同伴的行列。

问题：梦梦擦脸的方式对吗？

分析：由案例可见，梦梦有饭后擦脸的良好习惯，但没有掌握正确擦脸的方法，没有很好地达到擦脸的效果，以至于形同虚设，甚至有可能会交叉感染。

教师应认真组织擦脸活动，指导、帮助幼儿在午餐和午点后清洁嘴巴周围、两侧脸颊的遗留食物，防止孩子在不注意时带着这些食物睡觉或活动造成的不舒适，甚至造成对孩子皮肤的伤害。

**1. 擦脸的组织与实施**

（1）拿。在放有干净毛巾的托盘里拿起一块毛巾。

（2）托。双手放在毛巾的中间托住毛巾。

（3）扑。仰起头，把毛巾扑在脸上。

（4）擦。由上往下擦脸一次。

（5）折。把毛巾对折一次。

（6）捂。双手托住毛巾捂住嘴。

（7）推。双手分别把毛巾由嘴侧向鼻端推出。

（8）折。把毛巾再对折一次。

（9）擦。一侧手捏住毛巾擦另一侧手的正反面，反之亦然。

**2. 擦脸应关注的问题**

（1）幼儿的擦脸毛巾应做到每天高温或紫外线消毒。

（2）保证一人一巾，避免交叉感染。

（3）每班配备两个装毛巾的托盘或其他容器，一个装干净毛巾，一个放已擦过脸的脏毛巾。

# 二、进餐活动

 情境案例

## 幼儿园午餐

幼儿园今天中午安排的食物是：基围虾、扬州炒饭、海带大骨汤。孩子们开心地吃着，特别是吃到基围虾的时候时不时地发出吧唧吧唧的响声，好像吃到了无与伦比的美味一样。当医务人员来班指导并检查幼儿的进餐时，大家异口同声地回答："今天的饭好好吃，特别是基围虾。"看到孩子们的灿烂笑容，听到孩子们欢快的话语，医务人员满意地离开。而正当她们转身时，意外发生了，只见罗毅大口大口地喘着粗气，医务人员连忙进行了急救，防止了一场由于海鲜过敏造成的事故。

**问题：** 幼儿园午餐时教师忽视了什么？

**分析：** 随着生活水平的提高，幼儿园对午餐的质和量越来越重视，既要达到营养均衡，又要在花色品种上下功夫。案例中的幼儿园制定了基围虾食谱，这本来是一个非常好的午餐安排，十分受孩子欢迎。但海鲜类食品容易导致过敏反应，对于孩子而言尤其如此，教师却没有考虑到这些，事先没有做相关问询与调查，最终导致事故发生。

午餐是幼儿一日生活中的重要环节，它关系到幼儿的营养摄入和健康发育，也直接影响到幼儿是否能保持活动的积极性和旺盛的精力。因此，幼儿园教师要合理组织进餐，保证幼儿有充足的营养，养成良好的进餐习惯。

## （一）进餐活动的组织与实施

（1）取。每位幼儿取一双筷（勺）、一碗饭、一盘菜，端平、慢走至自己的座位坐下。

（2）吃。愉快进餐，吃饭后盛汤。

（3）收。把碗筷归类放进收纳篮里。

## （二）进餐活动应关注的问题

儿歌——下巴上
的洞洞

### 1. 提出明确要求

（1）有序端取饭菜。

（2）安静就餐，不交头接耳。

（3）细嚼慢咽，边吃菜边吃饭。

（4）不挑食、不剩饭菜、不撒饭粒。

### 2. 及时关注指导

（1）根据幼儿的进餐量盛饭，少盛勤添，并根据幼儿的实际情况，合理调整幼儿的进餐量。指导大班幼儿或值日生为自己或同伴加饭菜、盛汤。

（2）关注餐具的使用方法和进餐的正确姿势，特别是中、大班幼儿筷子的使用方法和握法。

（3）个别指导不会咀嚼、有吞咽困难，或不会用饭勺或筷子的幼儿。

（4）关注生病、有过敏史幼儿，有过敏食物提前告知家长。

（5）关注幼儿的进餐情绪，不要不停催促，更不要批评甚至辱骂幼儿。

（6）注意餐前桌面的消毒工作及餐后的整理工作，提示并指导幼儿用勺或筷把桌上的食物残渣拨进饭碗里，把饭碗、餐盘、筷子或饭勺分别放进指定的容器中。大班还可建立值日生制度（图9-1），帮助教师进行桌子、地面的清理。

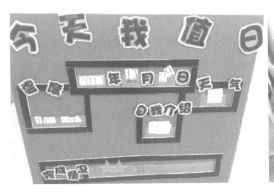

（a）

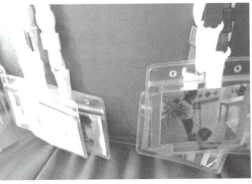

（b）

图9-1　值日生制度

# 三、散步活动

 **情境案例**

## 饭后散步

老师在组织孩子们散步时，进行了一个小游戏。"我们都是木头人，不许说话不许动。""哈哈，丽丽动了，我们向前走十步，游戏重新开始。""1，2，3……我们都是木头人……"

问题：在散步环节做游戏，可行吗？

分析：一般幼儿园的散步安排在午餐后，目的是帮助幼儿消食，防止吃后就睡导致的食物倒流。但同样是为达到这一目的的散步活动，方法有很多。有些幼儿园会程序化地让幼儿跟在老师的身后走走就算了，往往这时的孩子是百无聊赖的，有时走走，队伍竟然会落下一大截，有时干脆就躲在后面追逐打闹。而案例中，教师在散步过程中，组织幼儿开展"木头人"的游戏，从孩子的表现可见，孩子非常喜欢这个游戏，不仅达到了消食的目的，而且愉悦了孩子的身心。由此可见，饭后散步时组织相对安静、运动量小的游戏十分适宜。

为避免幼儿饭后马上睡觉不利于消化，饭后幼儿园几乎都会组织幼儿散步10~15分钟。组织看似简单，却随处可见教育契机，教师要及时发现。

## （一）散步的组织与实施

（1）清点幼儿人数。
（2）说明散步的地点和任务。
（3）提醒散步时应注意的事情和具体要求。
（4）开展形式多样的散步活动。
（5）讲评小结。
（6）清点幼儿人数。

## （二）散步应关注的问题

### 1. 提出明确要求

在指定范围内散步，不打闹，不乱跑等。

### 2. 及时关注指导

（1）关注幼儿的安全。散步前后要清点幼儿人数，要保证所有的孩子都在教师的视线范围之内，不追打、不做剧烈运动和游戏。需下楼的班级，教师注意队尾和队首的呼应，挨着楼梯右侧有序下楼。如遇下雨、下雪等天气，可组织在走廊散步。

（2）关注散步的教育价值。教师要有一双善于发现的眼睛，根据幼儿的年龄特点，有计划地利用幼儿园的空间和资源，开展一些有趣的散步活动，如参观种植园等，使散步成为幼儿园一日生活的教育契机。

（3）激发兴趣。多采取游戏化的形式，引发幼儿的兴趣，规范幼儿的行为。例如，幼儿园的场地上一般都有图案，教师可以引导幼儿把地上的线条或方块想象成小桥，并用游戏的口吻说："要过小桥了，小心不要掉下去呦！"除游戏化的形式外，也可利用这一时间帮助幼儿复习所学儿歌、数数等。

## 四、午睡活动

 情境案例

### 危险的午睡

一天午睡，大家睡得正香时，一直在被窝里拱来拱去的刘佳走到杨老师身边说："刚刚我把拉链吃进去了，我想吐。"刘佳是一个非常聪明的大班孩子，好奇心和思辨能力都非常强，老师怎么也不相信会发生这种事，一面观察幼儿的状态急送医务室，一面了解具体情况。原来，刘佳在被窝里睡不着，就玩自己衣服上的拉链，玩着玩着，不小心将拉链扯了下来，在手上玩了一会儿，又放进了嘴里，用舌头翻着玩，不小心吞了进去。医务室在确定拉链头没有在咽喉处后，将她送到了医院，经拍片检查，拉链头已入胃。这个拉链头一周后才排出体外。

**问题**：是什么原因造成了这一事件的发生？

**分析**：在幼儿园，有个别孩子中午睡不着是常有的事情，有些孩子在老师细心的陪伴、安抚下，能慢慢睡着，有些孩子则会在被子里翻来覆去，甚至扯一些毛线头、线头、拉链等。这类孩子应该引起当班老师的高度重视，要多巡视、多引导，教育幼儿不要拉扯，更不能吞食。如果做到了这些，相信上述案例不会发生。

幼儿期正是生长发育的重要时期，保证幼儿充足的睡眠，对他们身体、大脑的发育有着重要的作用。

## （一）午睡的组织与实施

（1）铺。铺被子。

（2）脱。脱衣服、鞋子、裤子等。

（3）放。把衣服整理好后放在指定的位置。

（4）睡。钻进被窝入睡。

（5）穿。睡眠2~2.5小时后组织幼儿起床、穿衣。

（6）理。整理床铺。

## （二）午睡应关注的问题

### 1. 提出具体要求

（1）先铺被子，后脱衣服、鞋子和裤子。

（2）要坐在床上脱裤子。

（3）衣服要迅速脱好，然后放在指定的位置，要放整齐（大班幼儿自己折叠整齐，摆放在指定的地方；小班幼儿放平整就行）。

（4）安静入睡，不交头接耳，不在被子里玩耍。

### 2. 及时关注指导

（1）在睡前睡后提醒幼儿先大小便，特殊体质的幼儿，中途要叫醒撒尿一次。

（2）睡前注意检查床铺上有无杂物。禁止幼儿将小绳、橡皮筋、串珠、纽扣等物品带进寝室，以免幼儿玩弄，将之塞入鼻子、耳朵造成危险。

（3）根据季节、气温穿合适的衣服入睡，如夏季穿短裤背心；秋春季穿一条棉毛裤和一件棉毛衫；冬季穿一件薄毛衣和一条薄毛裤。

（4）要求大班幼儿自己脱衣服和鞋袜，并折叠整齐，摆放在指定的地方；小班幼儿则需要教师的帮助和个别指导。

（5）幼儿午睡时监护者必须来回检查，做到"一听""二看""三摸""四做"。"一听"：听听幼儿的呼吸是否正常，睡眠姿势是否正确；"二看"：看看幼儿的神态，严密注视幼儿的举动有无异常，发现问题，及时处理；"三摸"：摸摸幼儿的额头温度；"四做"：对个别踢被子的孩子要亲自为其盖好。

（6）要保持幼儿情绪的稳定和安静。对于有特殊需要的幼儿，教师可给予特殊关照，如有的幼儿要抱着家中的枕头或需要摸着大人的脸、耳朵、头发等才能入睡。另外，不应用惩罚睡觉或独处睡觉来恐吓和惩罚幼儿。

（7）监护者要学习一些必要的急救方法，如窒息、惊厥、流鼻血、中暑等，以便在关键时刻发挥重要作用，争取黄金急救时间，然后再交由医生处理。

（8）对于中、大班幼儿衣服和被褥的整理，要给予及时的指导和帮助。

## 五、喝水活动

 情境案例

### 关注幼儿喝水

户外活动回来，王老师提示小朋友撒尿、洗手、喝水。随后就坐在钢琴前写起了今天的幼儿入园登记表。这时，李佳大声叫起来："王老师，你快来看呀！李亚光一直在装开水，他会被烫死的。"这一嗓子可把老师吓坏了，连忙跑过去，原来是新入园的李亚光对着热水的放水孔在装水，于是赶紧夺下他的杯子，加上凉水，并告诉他要先装凉水再加一些热水。

**问题：** 教师在幼儿喝水环节的站位正确吗？

**分析：** 有些幼儿园用的是保温桶装着烧开后降了些温的开水，孩子装水时不存在烫伤的危险。但有些幼儿园用的是饮水机，一般到了秋冬季天气较冷时，都会引导幼儿装些热水饮用，而这一举措无疑有安全隐患，需要老师在幼儿喝水时监督和指导。而且，一般开水区活动空间都不是很大，孩子如果在这时出现打闹现象将会非常危险，因此，教师这时也必须要关注孩子的喝水情况。案例中的教师坐在钢琴旁写东西显然是非常不适宜的。

幼儿在幼儿园是否喝水、是否喝了足量的水，直接影响到幼儿的生长发育和健康成长。《3—6岁儿童学习与发展指南》中"健康"领域的论述也明确了大班主动饮用白开水的合理期望。由此可见，培养幼儿主动喝水、科学喝水的习惯非常重要。

### （一）喝水的组织与实施

（1）取。每位幼儿在茶杯架上取出自己的茶杯。

（2）装。喝水的幼儿在开水桶或饮水机前有序排队等待，依次装水，不推不挤。

（3）喝。装好开水后离开队伍，走到喝水区喝水。

（4）放。把水杯按相应的标记放好。

## （二）喝水应关注的问题

### 1. 提出明确要求

（1）"你不推，我不挤"，有序排队。

（2）用自己的杯子喝水，用完后放回原处。

（3）一次装半杯水即可，不够再加。

幼儿喝水儿歌

### 2. 及时关注指导

（1）茶桶或饮水机的热水开关处，最好放置（粘贴）一个醒目的符号标志，引起幼儿的注意。

（2）准备温度适中的白开水（一般25~30度）。如是饮水机，则要求幼儿先装凉水再装热水，以免烫伤。

（3）喝水前检查地面是否干燥，防止滑倒。喝水后应保持地面清洁干燥。

（4）孩子要保持在教师的视线范围之内，必要时可分小组进行。

（5）适时引导幼儿按时喝水，遇到特殊情况能及时喝水，如感冒发烧、火热内盛等。饭后半小时最好不要喝水。

（6）关注幼儿饮水的姿势是否正确（一手握住茶杯把手，另一手大拇指在上、食指在下端住茶杯口，保持杯子的稳定性）。

（7）茶杯要专人专用，且必须做到每天清洗、消毒一次。

（8）对于不愿喝水或没按需要及时喝水的幼儿，可以采取儿歌或"今天你喝水了吗"的互动墙等形式，激发幼儿喝水的兴趣，提高幼儿喝水的自觉性。

## 六、如厕活动

 情境案例

### 陈浩不愿去厕所

共同性活动过后，教师利用"黑白配"的游戏形式，自然安排胜出的幼儿去喝水、如厕，如厕后的孩子进入区角进行活动区活动，老师也自然地把视线转移到关注孩子的活动当中。正当老师走到建构区时，陈浩夹着双腿扭来扭去，又不放下手中积木的情形引起了她的关注，只见她连忙走上前："浩浩，你是不是想上厕所？""嗯！"陈浩连忙点头。"那你就赶紧去吧，尿湿裤子可不好。"他迟疑了一会儿，看看手里的积木，又看看老师。"我帮你守着这些玩具，你快去吧——！"老师好像明白了什么，连忙说道。这时孩子露出了灿烂的笑容，把玩具交到了老师手里，飞似的跑向了厕所。问题：如何帮助幼儿养成如厕的习惯？

**分析：** 爱玩是孩子的天性，特别是在没有监督的情况下，孩子更容易被玩具、游戏等吸引，忘记"课间"要及时如厕的事情。而往往当孩子尿湿裤子时，成人就会抱怨："玩疯了！"那么，如何帮助幼儿养成如厕的习惯呢？我们说，一种习惯的养成，不是一朝一夕的事情，而是一种长期的培养，需要不断地提示和规范。比如，案例中"黑白配"的游戏后，教师可以通过值日生的监督或者如厕插卡的形式，有意识地提示并规范幼儿的如厕行为，长此以往，慢慢使孩子能够克服玩具、游戏的吸引力，自觉如厕。

何为如厕，"如厕"即"往"厕，也就是上厕所。一些研究表明，幼儿如厕习惯的养成直接影响幼儿性格的养成，因此，如厕环节中成人的教养方式至关重要。那么教师该如何指导和组织幼儿如厕呢？

## （一）如厕的组织与实施（以大便为例）

（1）取。如要大便，先取厕纸。

（2）脱。按照规范要求脱下裤子。

（3）擦。用厕纸擦净。

（4）提。提好裤子，穿戴整齐。

（5）冲。便后冲水。

（6）洗。便后洗手。

## （二）如厕应关注的问题

### 1. 提出明确要求

（1）要注意安全，不追打。

（2）如位置不够需等待。

（3）小便撒进沟渠或小便池。

### 2. 及时关注指导

（1）分男女如厕。如厕前后保持地面干燥，以免滑倒。

（2）发现幼儿有夹紧臀部扭来扭去或双手护住下裆部的动作，应及时提示幼儿如厕。

（3）手纸应根据厚薄事先裁好（一般宽约10厘米、长约13厘米），放在方便幼儿取的指定位置。

（4）指导幼儿掌握正确的如厕方法（蹲厕时幼儿把裤子褪到膝盖处，并用一只手从下面把裤子拉向身前，避免无意尿湿裤子。幼儿大便后，一只手托住手纸从身体下面按从前往后的顺序擦拭，手纸对折再对折擦若干次，直至把大便擦拭干净）。

（5）关注幼儿小便颜色，并做好幼儿大便的记录，以便及时向家长反映。

（6）引导幼儿定时如厕，不要让幼儿长时间蹲厕所，以免影响正常的排便反射。

（7）对大小便拉在身上的幼儿，态度避免简单粗暴，并且帮助他们及时更换衣裤。

（8）可利用一些儿歌或增设打把图等形式，帮助幼儿掌握正确的如厕方法。

（9）厕所和便盆要经常刷洗，定期消毒。

《幼儿园工作规程》指出，幼儿园的任务是：贯彻国家的教育方针，按照保育和教育相结合的原则，遵循幼儿身心发展特点和规律，实施德、智、体、美等方面全面发展的教育，促进幼儿身心和谐发展。可见，保育非常重要，而其中生活活动是保育工作最不容忽视的。且由于幼儿身体各个器官的生理机能尚未发育成熟，年龄幼小缺乏独立生活能力和自我保护能力，需要成人悉心照顾、反复地指导帮助和培养，养成良好的生活与卫生习惯，提高自我保护能力，形成终身受益的生活能力和文明生活方式。

 ## 本章小结

"全部的课程包括全部的生活。一切课程都是生活，一切生活都是课程。"教育在幼儿园一日生活中无处不在，处处都是教育的契机，处处都蕴含着教育价值。本章从生活活动概述切入，分别就盥洗、进餐、散步、午睡、喝水、如厕六类活动进行阐述。不仅以具体实例为载体阐明了各自的定义，且提出了各自应关注的问题。

 ## 理论知识练习

### 一、名词解释

生活活动　盥洗　进餐　散步　午睡　喝水　如厕

### 二、简答题

1. 幼儿园的生活活动包括哪几个方面？

2. 组织幼儿的盥洗应注意哪些事项？

3. 组织幼儿午睡应注意哪些事项？

4. 组织幼儿喝水应注意哪些事项？

### 三、论述题

1. 有人认为，幼儿园生活活动非常简单，只要组织有序，不出安全事故就行，你认可这种观点吗，为什么？

2. 如何科学有效地组织幼儿的进餐活动？

 **实践能力提升**

就某一幼儿园的生活活动实施现状进行调研，形成报告。

# 附录一

## 幼儿园教育指导纲要（试行）

### 第一部分　总则

一、为贯彻《中华人民共和国教育法》《幼儿园管理条例》和《幼儿园工作规程》，指导幼儿园深入实施素质教育，特制定本纲要。

二、幼儿园教育是基础教育的重要组成部分，是我国学校教育和终身教育的奠基阶段。城乡各类幼儿园都应从实际出发，因地制宜地实施素质教育，为幼儿一生的发展打好基础。

三、幼儿园应与家庭、社区密切合作，与小学相互衔接，综合利用各种教育资源，共同为幼儿的发展创造良好的条件。

四、幼儿园应为幼儿提供健康、丰富的生活和活动环境，满足他们多方面发展的需要，使他们在快乐的童年生活中获得有益于身心发展的经验。

五、幼儿园教育应尊重幼儿的人格和权利，尊重幼儿身心发展的规律和学习特点，以游戏为基本活动，保教并重，关注个别差异，促进每个幼儿富有个性的发展。

### 第二部分　教育内容与要求

幼儿园的教育内容是全面的、启蒙性的，可以相对划分为健康、语言、社会、科学、艺术等五个领域，也可作其他不同的划分。各领域的内容相互渗透，从不同的角度促进幼儿情感、态度、能力、知识、技能等方面的发展。

#### 一、健康

##### （一）目标

1. 身体健康，在集体生活中情绪安定、愉快；
2. 生活、卫生习惯良好，有基本的生活自理能力；

3. 知道必要的安全保健常识，学习保护自己；

4. 喜欢参加体育活动，动作协调、灵活。

## （二）内容与要求

1. 建立良好的师生、同伴关系，让幼儿在集体生活中感到温暖，心情愉快，形成安全感、信赖感。

2. 与家长配合，根据幼儿的需要建立科学的生活常规。培养幼儿良好的饮食、睡眠、盥洗、排泄等生活习惯和生活自理能力。

3. 教育幼儿爱清洁、讲卫生，注意保持个人和生活场所的整洁和卫生。

4. 密切结合幼儿的生活进行安全、营养和保健教育，提高幼儿的自我保护意识和能力。

5. 开展丰富多彩的户外游戏和体育活动，培养幼儿参加体育活动的兴趣和习惯，增强体质，提高对环境的适应能力。

6. 用幼儿感兴趣的方式发展基本动作，提高动作的协调性、灵活性。

7. 在体育活动中，培养幼儿坚强、勇敢、不怕困难的意志品质和主动、乐观、合作的态度。

## （三）指导要点

1. 幼儿园必须把保护幼儿的生命和促进幼儿的健康放在工作的首位。树立正确的健康观念，在重视幼儿身体健康的同时，要高度重视幼儿的心理健康。

2. 既要高度重视和满足幼儿受保护、受照顾的需要，又要尊重和满足他们不断增长的独立要求，避免过度保护和包办代替，鼓励并指导幼儿自理、自立的尝试。

3. 健康领域的活动要充分尊重幼儿生长发育的规律，严禁以任何名义进行有损幼儿健康的比赛、表演或训练等。

4. 培养幼儿对体育活动的兴趣是幼儿园体育的重要目标，要根据幼儿的特点组织生动有趣、形式多样的体育活动，吸引幼儿主动参与。

# 二、语言

## （一）目标

1. 乐观与人交谈，讲话礼貌；

2. 注意倾听对方讲话，能理解日常用语；

3. 能清楚地说出自己想说的事；

4. 喜欢听故事、看图书；

5. 能听懂和会说普通话。

## （二）内容与要求

1. 创造一个自由、宽松的语言交往环境，支持、鼓励、吸引幼儿与教师、同伴或其他人交谈，体验语言交流的乐趣，学习使用适当的、礼貌的语言交往。

2. 养成幼儿注意倾听的习惯，发展语言理解能力。

3. 鼓励幼儿大胆、清楚地表达自己的想法和感受，尝试说明、描述简单的事物或过程，发展语言表达能力和思维能力。

4. 引导幼儿接触优秀的儿童文学作品，使之感受语言的丰富和优美，并通过多种活动帮助幼儿加深对作品的体验和理解。

5. 培养幼儿对生活中常见的简单标记和文字符号的兴趣。

6. 利用图书、绘画和其他多种方式，引发幼儿对书籍、阅读和书写的兴趣，培养前阅读和前书写技能。

7. 提供普通话的语言环境，帮助幼儿熟悉、听懂并学说普通话。少数民族地区还应帮助幼儿学习本民族语言。

## （三）指导要点

1. 语言能力是在运用的过程中发展起来的，发展幼儿语言的关键是创设一个能使他们想说、敢说、喜欢说、有机会说并能得到积极应答的环境。

2. 幼儿语言的发展与其情感、经验、思维、社会交往能力等其他方面的发展密切相关，因此，发展幼儿语言的重要途径是通过互相渗透的各领域的教育，在丰富多彩的活动中去扩展幼儿的经验，提供促进语言发展的条件。

3. 幼儿的语言学习具有个别化的特点，教师与幼儿的个别交流、幼儿之间的自由交谈等，对幼儿语言发展具有特殊意义。

4. 对有语言障碍的儿童要给予特别关注，要与家长和有关方面密切配合，积极地帮助他们提高语言能力。

# 三、社会

## （一）目标

1. 能主动地参与各项活动，有自信心；

2. 乐意与人交往，学习互助、合作和分享，有同情心；

3. 理解并遵守日常生活中基本的社会行为规则；

4. 能努力做好力所能及的事，不怕困难，有初步的责任感；

5. 爱父母长辈、老师和同伴，爱集体、爱家乡、爱祖国。

## （二）内容与要求

1. 引导幼儿参加各种集体活动，体验与教师、同伴等共同生活的乐趣，帮助他们正确认识自己和他人，养成对他人、社会亲近、合作的态度，学习初步的人际交往技能。

2. 为每个幼儿提供表现自己长处和获得成功的机会，增强其自尊心和自信心。

3. 提供自由活动的机会，支持幼儿自主地选择、计划活动，鼓励他们通过多方面的努力解决问题，不轻易放弃克服困难的尝试。

4. 在共同的生活和活动中，以多种方式引导幼儿认识、体验并理解基本的社会行为规则，学习自律和尊重他人。

5. 教育幼儿爱护玩具和其他物品，爱护公物和公共环境。

6. 与家庭、社区合作，引导幼儿了解自己的亲人以及与自己生活有关的各行各业人们的劳动，培养其对劳动者的热爱和对劳动成果的尊重。

7. 充分利用社会资源，引导幼儿实际感受祖国文化的丰富与优秀，感受家乡的变化和发展，激发幼儿爱家乡、爱祖国的情感。

8. 适当向幼儿介绍我国各民族和世界其他国家、民族的文化，使其感知人类文化的多样性和差异性，培养理解、尊重、平等的态度。

## （三）指导要点

1. 社会领域的教育具有潜移默化的特点。幼儿社会态度和社会情感的培养尤应渗透在多种活动和一日生活的各个环节之中，要创设一个能使幼儿感受到接纳、关爱和支持的良好环境，避免单一呆板的言语说教。

2. 幼儿与成人、同伴之间的共同生活、交往、探索、游戏等，是其社会学习的重要途径。应为幼儿提供人际间相互交往和共同活动的机会和条件，并加以指导。

3. 社会学习是一个漫长的积累过程，需要幼儿园、家庭和社会密切合作，协调一致，共同促进幼儿良好社会性品质的形成。

# 四、科学

## （一）目标

1. 对周围的事物、现象感兴趣，有好奇心和求知欲；

2. 能运用各种感官，动手动脑，探究问题；

3. 能用适当的方式表达、交流探索的过程和结果；

4. 能从生活和游戏中感受事物的数量关系并体验到数学的重要和有趣；

5. 爱护动植物，关心周围环境，亲近大自然，珍惜自然资源，有初步的环保意识。

## （二）内容与要求

1. 引导幼儿对身边常见事物和现象的特点、变化规律产生兴趣和探究的欲望。

2. 为幼儿的探究活动创造宽松的环境，让每个幼儿都有机会参与尝试，支持、鼓励他们大胆提出问题，发表不同意见，学会尊重别人的观点和经验。

3. 提供丰富的可操作的材料，为每个幼儿都能运用多种感官、多种方式进行探索提供活动的条件。

4. 通过引导幼儿积极参加小组讨论、探索等方式，培养幼儿合作学习的意识和能力，学习用多种方式表现、交流、分享探索的过程和结果。

5. 引导幼儿对周围环境中的数、量、形、时间和空间等现象产生兴趣，建构初步的数概念，并学习用简单的数学方法解决生活和游戏中某些简单的问题。

6. 从生活或媒体中幼儿熟悉的科技成果入手，引导幼儿感受科学技术对生活的影响，培养他们对科学的兴趣和对科学家的崇敬。

7. 在幼儿生活经验的基础上，帮助幼儿了解自然、环境与人类生活的关系。从身边的小事入手，培养初步的环保意识和行为。

## （三）指导要点

1. 幼儿的科学教育是科学启蒙教育，重在激发幼儿的认识兴趣和探究欲望。

2. 要尽量创造条件让幼儿实际参加探究活动，使他们感受科学探究的过程和方法，体验发现的乐趣。

3. 科学教育应密切联系幼儿的实际生活进行，利用身边的事物与现象作为科学探索的对象。

# 五、艺术

## （一）目标

1. 能初步感受并喜爱环境、生活和艺术中的美；
2. 喜欢参加艺术活动，并能大胆地表现自己的情感和体验；
3. 能用自己喜欢的方式进行艺术表现活动。

## （二）内容与要求

1. 引导幼儿接触周围环境和生活中美好的人、事、物，丰富他们的感性经验和审美情趣，激发他们表现美、创造美的情趣。

2. 在艺术活动中面向全体幼儿，要针对他们的不同特点和需要，让每个幼儿都得到美的熏陶和培养。对有艺术天赋的幼儿要注意发展他们的艺术潜能。

3. 提供自由表现的机会，鼓励幼儿用不同艺术形式大胆地表达自己的情感、理解和想象，尊重每个幼儿的想法和创造，肯定和接纳他们独特的审美感受和表现方式，分享他们创造的快乐。

4. 在支持、鼓励幼儿积极参加各种艺术活动并大胆表现的同时，帮助他们提高表现的技能和能力。

5. 指导幼儿利用身边的物品或废旧材料制作玩具、手工艺品等来美化自己的生活或开展其他活动。

6. 为幼儿创设展示自己作品的条件，引导幼儿相互交流、相互欣赏、共同提高。

## （三）指导要点

1. 艺术是实施美育的主要途径，应充分发挥艺术的情感教育功能，促进幼儿健全人格的形成。要避免仅仅重视表现技能或艺术活动的结果，而忽视幼儿在活动过程中的情感体验和态度的倾向。

2. 幼儿的创作过程和作品是他们表达自己的认识和情感的重要方式，应支持幼儿富有个性和创造性的表达，克服过分强调技能技巧和标准化要求的偏向。

3. 幼儿艺术活动的能力是在大胆表现的过程中逐渐发展起来的，教师的作用应主要在于激发幼儿感受美、表现美的情趣，丰富他们的审美经验，使之体验自由表达和创造的快乐。在此基础上，根据幼儿的发展状况和需要，对表现方式和技能技巧给予适时、适当的指导。

# 第三部分　组织与实施

一、幼儿园的教育是为所有在园幼儿的健康成长服务的，要为每一个儿童，包括有特殊需要的儿童提供积极的支持和帮助。

二、幼儿园的教育活动，是教师以多种形式有目的、有计划地引导幼儿生动、活泼、主动活动的教育过程。

三、教育活动的组织与实施过程是教师创造性地开展工作的过程。教师要根据本《纲要》，从本地、本国的条件出发，结合本班幼儿的实际情况，制定切实可行的工作计划并灵活地执行。

四、教育活动目标要以《幼儿园工作规程》和本《纲要》所提出的各领域目标为指导，结合本班幼儿的发展水平、经验和需要来确定。

五、教育活动内容的选择应遵照本《纲要》第二部分的有关条款进行，同时体现以下原则。

（一）既适合幼儿的现有水平，又有一定的挑战性。

（二）既符合幼儿的现实需要，又有利于其长远发展。

（三）既贴近幼儿的生活来选择幼儿感兴趣的事物和问题，又有助于拓展幼儿的经验和视野。

六、教育活动内容的组织应充分考虑幼儿的学习特点和认识规律，各领域的内容要有机联系，相互渗透，注重综合性、趣味性、活动性，寓教育于生活、游戏之中。

七、教育活动的组织形式应根据需要合理安排，因时、因地、因内容、因材料灵活地运用。

八、环境是重要的教育资源，应通过环境的创设和利用，有效地促进幼儿的发展。

（一）幼儿园的空间、设施、活动材料和常规要求等应有利于引发、支持幼儿的游戏和各种探索活动，有利于引发、支持幼儿与周围环境之间积极的相互作用。

（二）幼儿同伴群体及幼儿园教师集体是宝贵的教育资源，应充分发挥这一资源的作用。

（三）教师的态度和管理方式应有助于形成安全、温馨的心理环境；言行举止应成为幼儿学习的良好榜样。

（四）家庭是幼儿园重要的合作伙伴。应本着尊重、平等、合作的原则，争取家长的理解、支持和主动参与，并积极支持、帮助家长提高教育能力。

（五）充分利用自然环境和社区的教育资源，扩展幼儿生活和学习的空间。幼儿园同时应为社区的早期教育提供服务。

九、科学、合理地安排和组织一日生活。

（一）时间安排应有相对的稳定性与灵活性，既有利于形成秩序，又能满足幼儿的合理需要，照顾到个体差异。

（二）教师直接指导的活动和间接指导的活动相结合，保证幼儿每天有适当的自主选择和自由活动时间。教师直接指导的集体活动要能保证幼儿的积极参与，避免时间的隐性浪费。

（三）尽量减少不必要的集体行动和过渡环节，减少和消除消极等待现象。

（四）建立良好的常规，避免不必要的管理行为，逐步引导幼儿学习自我管理。

十、教师应成为幼儿学习活动的支持者、合作者、引导者。

（一）以关怀、接纳、尊重的态度与幼儿交往。耐心倾听，努力理解幼儿的想法与感受，支持、鼓励他们大胆探索与表达。

（二）善于发现幼儿感兴趣的事物、游戏和偶发事件中所隐含的教育价值，把握时机，积极引导。

（三）关注幼儿在活动中的表现和反应，敏感地察觉他们的需要，及时以适当的方式应答，形成合作探究式的师生互动。

（四）尊重幼儿在发展水平、能力、经验、学习方式等方面的个体差异，因人施教，努力使每一个幼儿都能获得满足和成功。

（五）关注幼儿的特殊需要，包括各种发展潜能和不同发展障碍，与家庭密切配合，共同促进幼儿健康成长。

十一、幼儿园教育要与0~3岁儿童的保育教育以及小学教育相互衔接。

# 第四部分　教育评价

一、教育评价是幼儿园教育工作的重要组成部分，是了解教育的适宜性、有效性，调整和改进工作，促进每一个幼儿发展，提高教育质量的必要手段。

二、管理人员、教师、幼儿及其家长均是幼儿园教育评价工作的参与者。评价过程是各方共同参与、相互支持与合作的过程。

三、评价的过程，是教师运用专业知识审视教育实践，发现、分析、研究、解决问题的过程，也是其自我成长的重要途径。

四、幼儿园教育工作评价实行以教师自评为主，园长以及有关管理人员、其他教师和家长等参与评价的制度。

五、评价应自然地伴随着整个教育过程进行。综合采用观察、谈话、作品分析等多种方法。

六、幼儿的行为表现和发展变化具有重要的评价意义，教师应视之为重要的评价信息和改进工作的依据。

七、教育工作评价宜重点考察以下几个方面。

（一）教育计划和教育活动的目标是否建立在了解本班幼儿现状的基础上。

（二）教育的内容、方式、策略、环境条件是否能调动幼儿学习的积极性。

（三）教育过程是否能为幼儿提供有益的学习经验，并符合其发展需要。

（四）教育内容、要求能否兼顾群体需要和个体差异，使每个幼儿都能得到发展，都有成功感。

（五）教师的指导是否有利于幼儿主动、有效地学习。

八、对幼儿发展状况的评估，要注意以下几个方面。

（一）明确评价的目的是了解幼儿的发展需要，以便提供更加适宜的帮助和指导。

（二）全面了解幼儿的发展状况，防止片面性，尤其要避免只重知识和技能，忽略情感、社会性和实际能力的倾向。

（三）在日常活动与教育教学过程中采用自然的方法进行。平时观察所获的具有典型意义的幼儿行为表现和所积累的各种作品等，是评价的重要依据。

（四）承认和关注幼儿的个体差异，避免用划一的标准评价不同的幼儿，在幼儿面前慎用横向的比较。

（五）以发展的眼光看待幼儿，既要了解现有水平，更要关注其发展的速度、特点和倾向等。

# 附录二

# 3—6岁儿童学习与发展指南

## 说　明

一、为深入贯彻《国家中长期教育改革和发展规划纲要（2010—2020年）》和《国务院关于当前发展学前教育的若干意见》（国发〔2010〕41号），指导幼儿园和家庭实施科学的保育和教育，促进幼儿身心全面和谐发展，制定《3—6岁儿童学习与发展指南》（以下简称《指南》）。

二、《指南》以为幼儿后继学习和终身发展奠定良好素质基础为目标，以促进幼儿体、智、德、美各方面的协调发展为核心，通过提出3—6岁各年龄段儿童学习与发展目标和相应的教育建议，帮助幼儿园教师和家长了解3—6岁幼儿学习与发展的基本规律和特点，建立对幼儿发展的合理期望，实施科学的保育和教育，让幼儿度过快乐而有意义的童年。

三、《指南》从健康、语言、社会、科学、艺术五个领域描述幼儿的学习与发展。每个领域按照幼儿学习与发展最基本、最重要的内容划分为若干方面。每个方面由学习与发展目标和教育建议两部分组成。

目标部分分别对3~4岁、4~5岁、5~6岁三个年龄段末期幼儿应该知道什么、能做什么、大致可以达到什么发展水平提出了合理期望，指明了幼儿学习与发展的具体方向；教育建议部分列举了一些能够有效帮助和促进幼儿学习与发展的教育途径与方法。

四、实施《指南》应把握以下几个方面。

1. 关注幼儿学习与发展的整体性。儿童的发展是一个整体，要注重领域之间、目标之间的相互渗透和整合，促进幼儿身心全面协调发展，而不应片面追求某一方面或几方面的发展。

2. 尊重幼儿发展的个体差异。幼儿的发展是一个持续、渐进的过程，同时也表现出一定的阶段性特征。每个幼儿在沿着相似进程发展的过程中，各自的发展速度和到达某一水平的时间不完全相同。要充分理解和尊重幼儿发展进程中的个别差异，支持和引导他们从原有水平向更高水平发展，按照自身的速度和方式到达《指南》所呈现的发展"阶梯"，切忌用一把"尺子"衡量所有幼儿。

3. 理解幼儿的学习方式和特点。幼儿的学习是以直接经验为基础，在游戏和日常生活中进行的。要珍视游戏和生活的独特价值，创设丰富的教育环境，合理安排一日生活，最大限度地支持和满足幼儿通过直接感知、实际操作和亲身体验获取经验的需要，严禁"拔苗助长"式的超前教育和强化训练。

4. 重视幼儿的学习品质。幼儿在活动过程中表现出的积极态度和良好行为倾向是终身学习与发展所必需的宝贵品质。要充分尊重和保护幼儿的好奇心和学习兴趣，帮助幼儿逐步养成积极主动、认真专注、不怕困难、敢于探究和尝试、乐于想象和创造等良好学习品质。忽视幼儿学习品质培养，单纯追求知识技能学习的做法是短视而有害的。

# 一、健康

健康是指人在身体、心理和社会适应方面的良好状态。幼儿阶段是儿童身体发育和机能发展极为迅速的时期，也是形成安全感和乐观态度的重要阶段。发育良好的身体、愉快的情绪、强健的体质、协调的动作、良好的生活习惯和基本生活能力是幼儿身心健康的重要标志，也是其他领域学习与发展的基础。

为有效促进幼儿身心健康发展，成人应为幼儿提供合理均衡的营养，保证充足的睡眠和适宜的锻炼，满足幼儿生长发育的需要；创设温馨的人际环境，让幼儿充分感受到亲情和关爱，形成积极稳定的情绪情感；帮助幼儿养成良好的生活与卫生习惯，提高自我保护能力，形成使其终身受益的生活能力和文明生活方式。

幼儿身心发育尚未成熟，需要成人的精心呵护和照顾，但不宜过度保护和包办代替，以免剥夺幼儿自主学习的机会，养成过于依赖的不良习惯，影响其主动性、独立性的发展。

## （一）身心状况

目标1　具有健康的体态

| 3~4岁 | 4~5岁 | 5~6岁 |
|---|---|---|
| 1. 身高和体重适宜。<br>参考标准：<br>男孩：<br>身高：94.9~111.7厘米<br>体重：12.7~21.2千克<br>女孩：<br>身高：94.1~111.3厘米<br>体重：12.3~21.5千克 | 1. 身高和体重适宜。<br>参考标准：<br>男孩：<br>身高：100.7~119.2厘米<br>体重：14.1~24.2千克<br>女孩：<br>身高：99.9~118.9厘米<br>体重：13.7~24.9千克 | 1. 身高和体重适宜。<br>参考标准：<br>男孩：<br>身高：106.1~125.8厘米<br>体重：15.9~27.1千克<br>女孩：<br>身高：104.9~125.4厘米<br>体重：15.3~27.8千克 |

续表

| 3~4岁 | 4~5岁 | 5~6岁 |
|---|---|---|
| 2. 在提醒下能自然坐直、站直。 | 2. 在提醒下能保持正确的站、坐和行走姿势。 | 2. 经常保持正确的站、坐和行走姿势。 |

注：身高和体重数据来源：《2006年世界卫生组织儿童生长标准》4、5、6周岁儿童身高和体重的参考数据

**教育建议：**

1. 为幼儿提供营养丰富、健康的饮食。如：

■ 参照《中国孕期、哺乳期妇女和0~6岁儿童膳食指南》，为幼儿提供谷物、蔬菜、水果、肉、奶、蛋、豆制品等多样化的食物，均衡搭配。

■ 烹调方式要科学，尽量少煎炸、烧烤、腌制。

2. 保证幼儿每天睡11~12小时，其中午睡一般应达到2小时左右。午睡时间可根据幼儿的年龄、季节的变化和个体差异适当减少。

3. 注意幼儿的体态，帮助他们形成正确的姿势。如：

■ 提醒幼儿要保持正确的站、坐、走姿势；发现有八字脚、罗圈腿、驼背等骨骼发育异常的情况，应及时就医矫治。

■ 桌、椅和床要合适。椅子的高度以幼儿写画时双脚能自然着地、大腿基本保持水平状为宜；桌子的高度以写画时身体能坐直，不驼背、不耸肩为宜；床不宜过软。

4. 每年为幼儿进行健康检查。

目标2　情绪安定愉快

| 3~4岁 | 4~5岁 | 5~6岁 |
|---|---|---|
| 1. 情绪比较稳定，很少因一点小事哭闹不止。<br>2. 有比较强烈的情绪反应时，能在成人的安抚下逐渐平静下来。 | 1. 经常保持愉快的情绪，不高兴时能较快缓解。<br>2. 有比较强烈情绪反应时，能在成人提醒下逐渐平静下来。<br>3. 愿意把自己的情绪告诉亲近的人，一起分享快乐或求得安慰。 | 1. 经常保持愉快的情绪。知道引起自己某种情绪的原因，并努力缓解。<br>2. 表达情绪的方式比较适度，不乱发脾气。<br>3. 能随着活动的需要转换情绪和注意。 |

**教育建议：**

1. 营造温暖、轻松的心理环境，让幼儿形成安全感和信赖感。如：

■ 保持良好的情绪状态，以积极、愉快的情绪影响幼儿。

■ 以欣赏的态度对待幼儿。注意发现幼儿的优点，接纳他们的个体差异，不简单与同

伴做横向比较。

- 幼儿做错事时要冷静处理，不厉声斥责，更不能打骂。

2. 帮助幼儿学会恰当表达和调控情绪。如：

- 成人用恰当的方式表达情绪，为幼儿做出榜样。如生气时不乱发脾气，不迁怒于人。

- 成人和幼儿一起谈论自己高兴或生气的事，鼓励幼儿与人分享自己的情绪。

- 允许幼儿表达自己的情绪，并给予适当的引导。如幼儿发脾气时不硬性压制，等其平静后告诉他什么行为是可以接受的。

- 发现幼儿不高兴时，主动询问情况，帮助他们化解消极情绪。

目标3　具有一定的适应能力

| 3~4岁 | 4~5岁 | 5~6岁 |
|---|---|---|
| 1. 能在较热或较冷的户外环境中活动。<br>2. 换新环境时情绪能较快稳定，睡眠、饮食基本正常。<br>3. 在帮助下能较快适应集体生活。 | 1. 能在较热或较冷的户外环境中连续活动半小时左右。<br>2. 换新环境时较少出现身体不适。<br>3. 能较快适应人际环境中发生的变化。如换了新老师能较快适应。 | 1. 能在较热或较冷的户外环境中连续活动半小时以上。<br>2. 天气变化时较少感冒，能适应车、船等交通工具造成的轻微颠簸。<br>3. 能较快融入新的人际关系环境。如换了新的幼儿园或班级能较快适应。 |

**教育建议：**

1. 保证幼儿的户外活动时间，提高幼儿适应季节变化的能力。

- 幼儿每天的户外活动时间一般不少于两小时，其中体育活动时间不少于1小时，季节交替时要坚持。

- 气温过热或过冷的季节或地区应因地制宜，选择温度适当的时间段开展户外活动，也可根据气温的变化和幼儿的个体差异，适当减少活动的时间。

2. 经常与幼儿玩拉手转圈、秋千、转椅等游戏活动，让幼儿适应轻微的摆动、颠簸、旋转，促进其平衡机能的发展。

3. 锻炼幼儿适应生活环境变化的能力。如：

- 注意观察幼儿在新环境中的饮食、睡眠、游戏等方面的情况，采取相应的措施帮助他们尽快适应新环境。

- 经常带幼儿接触不同的人际环境，如参加亲戚朋友聚会，多和不熟悉的小朋友玩，使幼儿较快适应新的人际关系。

## （二）动作发展

### 目标1　具有一定的平衡能力，动作协调、灵敏

| 3~4岁 | 4~5岁 | 5~6岁 |
|---|---|---|
| 1. 能沿地面直线或在较窄的低矮物体上走一段距离。<br>2. 能双脚灵活交替上下楼梯。<br>3. 能身体平稳地双脚连续向前跳。<br>4. 分散跑时能躲避他人的碰撞。<br>5. 能双手向上抛球。 | 1. 能在较窄的低矮物体上平稳地走一段距离。<br>2. 能以匍匐、膝盖悬空等多种方式钻爬。<br>3. 能助跑跨跳过一定距离，或助跑跨跳过一定高度的物体。<br>4. 能与他人玩追逐、躲闪跑的游戏。<br>5. 能连续自抛自接球。 | 1. 能在斜坡、荡桥和有一定间隔的物体上较平稳地行走。<br>2. 能以手脚并用的方式安全地爬攀登架、网等。<br>3. 能连续跳绳。<br>4. 能躲避他人滚过来的球或扔过来的沙包。<br>5. 能连续拍球。 |

**教育建议：**

1. 利用多种活动发展身体平衡和协调能力。如：

■ 走平衡木，或沿着地面直线、田埂行走。

■ 玩跳房子、踢毽子、蒙眼走路、踩小高跷等游戏活动。

2. 发展幼儿动作的协调性和灵活性。如：

■ 鼓励幼儿进行跑跳、钻爬、攀登、投掷、拍球等活动。

■ 玩跳竹竿、滚铁环等传统体育游戏。

3. 对于拍球、跳绳等技能性活动，不要过于要求数量，更不能机械训练。

4. 结合活动内容对幼儿进行安全教育，注重在活动中培养幼儿的自我保护能力。

### 目标2　具有一定的力量和耐力

| 3~4岁 | 4~5岁 | 5~6岁 |
|---|---|---|
| 1. 能双手抓杠悬空吊起10秒左右。<br>2. 能单手将沙包向前投掷2米左右。<br>3. 能单脚连续向前跳2米左右。<br>4. 能快跑15米左右。<br>5. 能行走1千米左右（途中可适当停歇）。 | 1. 能双手抓杠悬空吊起15秒左右。<br>2. 能单手将沙包向前投掷4米左右。<br>3. 能单脚连续向前跳5米左右。<br>4. 能快跑20米左右。<br>5. 能连续行走1.5千米左右（途中可适当停歇）。 | 1. 能双手抓杠悬空吊起20秒左右。<br>2. 能单手将沙包向前投掷5米左右。<br>3. 能单脚连续向前跳8米左右。<br>4. 能快跑25米左右。<br>5. 能连续行走1.5千米以上（途中可适当停歇）。 |

**教育建议：**

1. 开展丰富多样、适合幼儿年龄特点的各种身体活动，如走、跑、跳、攀、爬等，鼓励幼儿坚持下来，不怕累。

2. 日常生活中鼓励幼儿多走路、少坐车；自己上下楼梯、自己背包。

目标3　手的动作灵活协调

| 3~4岁 | 4~5岁 | 5~6岁 |
| --- | --- | --- |
| 1. 能用笔涂涂画画。<br>2. 能熟练地用勺子吃饭。<br>3. 能用剪刀沿直线剪，边线基本吻合。 | 1. 能沿边线较直地画出简单图形，或能边线基本对齐地折纸。<br>2. 会用筷子吃饭。<br>3. 能沿轮廓线剪出由直线构成的简单图形，边线吻合。 | 1. 能根据需要画出图形，线条基本平滑。<br>2. 能熟练使用筷子。<br>3. 能沿轮廓线剪出由曲线构成的简单图形，边线吻合且平滑。<br>4. 能使用简单的劳动工具或用具。 |

**教育建议：**

1. 创造条件和机会，促进幼儿手的动作灵活协调。如：

■ 提供画笔、剪刀、纸张、泥团等工具和材料，或充分利用各种自然、废旧材料和常见物品，让幼儿进行画、剪、折、粘等美工活动。

■ 引导幼儿生活自理或参与家务劳动，发展其手的动作。如练习自己用筷子吃饭、扣扣子，帮助家人择菜叶、做面食等。

■ 幼儿园在布置娃娃家、商店等活动区时，多提供原材料和半成品，让幼儿有更多机会参与制作活动。

2. 引导幼儿注意活动安全。如：

■ 为幼儿提供的塑料粒、珠子等活动材料要足够大，材质要安全，以免造成异物进入气管、铅中毒等伤害。提供幼儿用安全剪刀。

■ 为幼儿示范拿筷子、握笔的正确姿势以及使用剪刀、锤子等工具的方法。

■ 提醒幼儿不要拿剪刀等锋利工具玩耍，用完后要放回原处。

## （三）生活习惯与生活能力

目标1　具有良好的生活与卫生习惯

| 3~4岁 | 4~5岁 | 5~6岁 |
| --- | --- | --- |
| 1. 在提醒下，按时睡觉和起床，并能坚持午睡。 | 1. 每天按时睡觉和起床，并能坚持午睡。 | 1. 养成每天按时睡觉和起床的习惯。 |

续表

| 3~4岁 | 4~5岁 | 5~6岁 |
|---|---|---|
| 2. 喜欢参加体育活动。<br>3. 在引导下，不偏食、挑食。喜欢吃瓜果、蔬菜等新鲜食品。<br>4. 愿意饮用白开水，不贪喝饮料。<br>5. 不用脏手揉眼睛，连续看电视等不超过15分钟。<br>6. 在提醒下，每天早晚刷牙、饭前便后洗手。 | 2. 喜欢参加体育活动。<br>3. 不偏食、挑食，不暴饮暴食。喜欢吃瓜果、蔬菜等新鲜食品。<br>4. 常喝白开水，不贪喝饮料。<br>5. 知道保护眼睛，不在光线过强或过暗的地方看书，连续看电视等不超过20分钟。<br>6. 每天早晚刷牙、饭前便后洗手，方法基本正确。 | 2. 能主动参加体育活动。<br>3. 吃东西时细嚼慢咽。<br>4. 主动饮用白开水，不贪喝饮料。<br>5. 主动保护眼睛。不在光线过强或过暗的地方看书，连续看电视等不超过30分钟。<br>6. 每天早晚主动刷牙，饭前便后主动洗手，方法正确。 |

**教育建议：**

1. 让幼儿保持有规律的生活，养成良好的作息习惯。如：早睡早起、每天午睡、按时进餐、吃好早餐等。

2. 帮助幼儿养成良好的饮食习惯。如：

■ 合理安排餐点，帮助幼儿养成定点、定时、定量进餐的习惯。

■ 帮助幼儿了解食物的营养价值，引导他们不偏食不挑食、少吃或不吃不利于健康的食品；多喝白开水，少喝饮料。

■ 吃饭时不过分催促，提醒幼儿细嚼慢咽，不要边吃边玩。

3. 帮助幼儿养成良好的个人卫生习惯。如：

■ 早晚刷牙、饭后漱口。

■ 勤为幼儿洗澡、换衣服、剪指甲。

■ 提醒幼儿保护五官，如不乱挖耳朵、鼻孔，看电视时保持3米左右的距离等。

4. 激发幼儿参加体育活动的兴趣，养成锻炼的习惯。如：

■ 为幼儿准备多种体育活动材料，鼓励他选择自己喜欢的材料开展活动。

■ 经常和幼儿一起在户外运动和游戏，鼓励幼儿和同伴一起开展体育活动。

■ 和幼儿一起观看体育比赛或有关体育赛事的电视节目，培养他对体育活动的兴趣。

目标2　具有基本的生活自理能力

| 3~4岁 | 4~5岁 | 5~6岁 |
|---|---|---|
| 1. 在帮助下能穿脱衣服或鞋袜。<br>2. 能将玩具和图书放回原处。 | 1. 能自己穿脱衣服、鞋袜、扣纽扣。<br>2. 能整理自己的物品。 | 1. 能知道根据冷热增减衣服。<br>2. 会自己系鞋带。<br>3. 能按类别整理好自己的物品。 |

**教育建议：**

1. 鼓励幼儿做力所能及的事情，对幼儿的尝试与努力给予肯定，不因做不好或做得慢而包办代替。

2. 指导幼儿学习和掌握生活自理的基本方法，如穿脱衣服和鞋袜、洗手洗脸、擦鼻涕、擦屁股的正确方法。

3. 提供有利于幼儿生活自理的条件。如：

■ 提供一些纸箱、盒子，供幼儿收拾和存放自己的玩具、图书或生活用品等。

■ 幼儿的衣服、鞋子等要简单实用，便于自己穿脱。

目标3　具备基本的安全知识和自我保护能力

| 3~4岁 | 4~5岁 | 5~6岁 |
|---|---|---|
| 1. 不吃陌生人给的东西，不跟陌生人走。<br>2. 在提醒下能注意安全，不做危险的事。<br>3. 在公共场所走失时，能向警察或有关人员说出自己和家长的名字、电话号码等简单信息。 | 1. 知道在公共场合不远离成人的视线单独活动。<br>2. 认识常见的安全标志，能遵守安全规则。<br>3. 运动时能主动躲避危险。<br>4. 知道简单的求助方式。 | 1. 未经大人允许不给陌生人开门。<br>2. 能自觉遵守基本的安全规则和交通规则。<br>3. 运动时能注意安全，不给他人造成危险。<br>4. 知道一些基本的防灾知识。 |

**教育建议：**

1. 创设安全的生活环境，提供必要的保护措施。如：

■ 要把热水瓶、药品、火柴、刀具等物品放到幼儿够不到的地方；阳台或窗台要有安全保护措施；要使用安全的电源插座等。

■ 在公共场所要注意照看好幼儿；幼儿乘车、乘电梯时要有成人陪伴；不把幼儿单独留在家里或汽车里等。

2. 结合生活实际对幼儿进行安全教育。如：

■ 外出时，提醒幼儿要紧跟成人，不远离成人的视线，不跟陌生人走，不吃陌生人给的东西；不在河边和马路边玩耍；要遵守交通规则等。

■ 帮助幼儿了解周围环境中不安全的事物，不做危险的事。如不动热水壶，不玩火柴或打火机，不摸电源插座，不攀爬窗户或阳台等。

■ 帮助幼儿认识常见的安全标识，如：小心触电、小心有毒、禁止下河游泳、紧急出口等。

■ 告诉幼儿不允许别人触摸自己的隐私部位。

3. 教给幼儿简单的自救和求救的方法。如：

■ 记住自己家庭的住址、电话号码、父母的姓名和单位，一旦走失时知道向成人求助，并能提供必要信息。

■ 遇到火灾或其他紧急情况时，知道要拨打110、120、119等求救电话。

■ 可利用图书、音像等材料对幼儿进行逃生和求救方面的教育，并运用游戏方式模拟练习。

■ 幼儿园应定期进行火灾、地震等自然灾害的逃生演习。

## 二、语言

语言是交流和思维的工具。幼儿期是语言发展，特别是口语发展的重要时期。幼儿语言的发展贯穿于各个领域，也对其他领域的学习与发展有着重要的影响：幼儿在运用语言进行交流的同时，也在发展着人际交往能力、理解他人和判断交往情境的能力、组织自己思想的能力。通过语言获取信息，幼儿的学习逐步超越个体的直接感知。

幼儿的语言能力是在交流和运用的过程中发展起来的。应为幼儿创设自由、宽松的语言交往环境，鼓励和支持幼儿与成人、同伴交流，让幼儿想说、敢说、喜欢说并能得到积极回应。为幼儿提供丰富、适宜的低幼读物，经常和幼儿一起看图书、讲故事，丰富其语言表达能力，培养阅读兴趣和良好的阅读习惯，进一步拓展学习经验。

幼儿的语言学习需要相应的社会经验支持，应通过多种活动扩展幼儿的生活经验，丰富语言的内容，增强理解和表达能力。应在生活情境和阅读活动中引导幼儿自然而然地产生对文字的兴趣，用机械记忆和强化训练的方式让幼儿过早识字不符合其学习特点和接受能力。

### （一）倾听与表达

**目标1　认真听并能听懂常用语言**

| 3~4岁 | 4~5岁 | 5~6岁 |
| --- | --- | --- |
| 1. 别人对自己说话时能注意听并做出回应。<br>2. 能听懂日常会话。 | 1. 在群体中能有意识地听与自己有关的信息。<br>2. 能结合情境感受到不同语气、语调所表达的不同意思。<br>3. 方言地区和少数民族幼儿能基本听懂普通话。 | 1. 在集体中能注意听老师或其他人讲话。<br>2. 听不懂或有疑问时能主动提问。<br>3. 能结合情境理解一些表示因果、假设等相对复杂的句子。 |

**教育建议：**

1. 多给幼儿提供倾听和交谈的机会。如：经常和幼儿一起谈论他感兴趣的话题，或一起看图书、讲故事。

2. 引导幼儿学会认真倾听。如：

■ 成人要耐心倾听别人（包括幼儿）的讲话，等别人讲完再表达自己的观点。

■ 与幼儿交谈时，要用幼儿能听得懂的语言。

■ 对幼儿提要求和布置任务时要求他注意听，鼓励他主动提问。

3. 对幼儿讲话时，注意结合情境使用丰富的语言，以便于幼儿理解。如：

■ 说话时注意语气、语调，让幼儿感受语气、语调的作用。如对幼儿的不合理要求以比较坚定的语气表示不同意；讲故事时，尽量把故事人物高兴、悲伤的心情用不同的语气、语调表现出来。

■ 根据幼儿的理解水平有意识地使用一些反映因果、假设、条件等关系的句子。

### 目标2　愿意讲话并能清楚地表达

| 3~4岁 | 4~5岁 | 5~6岁 |
| --- | --- | --- |
| 1. 愿意在熟悉的人面前说话，能大方地与人打招呼。<br>2. 基本会说本民族或本地区的语言。<br>3. 愿意表达自己的需要和想法，必要时能配以手势动作。<br>4. 能口齿清楚地说儿歌、童谣或复述简短的故事。 | 1. 愿意与他人交谈，喜欢谈论自己感兴趣的话题。<br>2. 会说本民族或本地区的语言，基本会说普通话。少数民族聚居地区幼儿会用普通话进行日常会话。<br>3. 能基本完整地讲述自己的所见所闻和经历的事情。<br>4. 讲述比较连贯。 | 1. 愿意与他人讨论问题，敢在众人面前说话。<br>2. 会说本民族或本地区的语言和普通话，发音正确清晰。少数民族聚居地区幼儿基本会说普通话。<br>3. 能有序、连贯、清楚地讲述一件事情。<br>4. 讲述时能使用常见的形容词、同义词等，语言比较生动。 |

**教育建议：**

1. 为幼儿创造说话的机会并体验语言交往的乐趣。

■ 每天有足够的时间与幼儿交谈。如谈论他感兴趣的话题，询问和听取他对自己事情的意见等。

■ 尊重和接纳幼儿的说话方式，无论幼儿的表达水平如何，都应认真地倾听并给予积极的回应。

■ 鼓励和支持幼儿与同伴一起玩耍、交谈，相互讲述见闻、趣事或看过的图书、动画片等。

■ 方言和少数民族地区应积极为幼儿创设用普通话交流的语言环境。

2. 引导幼儿清楚地表达。如：

■ 和幼儿讲话时，成人自身的语言要清楚、简洁。

■ 当幼儿因为急于表达而说不清楚的时候，提醒他不要着急，慢慢说；同时要耐心倾听，给予必要的补充，帮助他理清思路并清晰地说出来。

### 目标3　具有文明的语言习惯

| 3~4岁 | 4~5岁 | 5~6岁 |
| --- | --- | --- |
| 1. 与别人讲话时知道眼睛要看着对方。<br>2. 说话自然，声音大小适中。<br>3. 能在成人的提醒下使用恰当的礼貌用语。 | 1. 别人对自己讲话时能回应。<br>2. 能根据场合调节自己说话声音的大小。<br>3. 能主动使用礼貌用语，不说脏话、粗话。 | 1. 别人讲话时能积极主动地回应。<br>2. 能根据谈话对象和需要，调整说话的语气。<br>3. 懂得按次序轮流讲话，不随意打断别人。<br>4. 能依据所处情境使用恰当的语言。如在别人难过时会用恰当的语言表示安慰。 |

**教育建议：**

1. 成人注意语言文明，为幼儿做出表率。如：

■ 与他人交谈时，认真倾听，使用礼貌用语。

■ 在公共场合不大声说话，不说脏话、粗话。

■ 幼儿表达意见时，成人可蹲下来，眼睛平视幼儿，耐心听他把话说完。

2. 帮助幼儿养成良好的语言行为习惯。如：

■ 结合情境提醒幼儿一些必要的交流礼节。如对长辈说话要有礼貌，客人来访时要打招呼，得到帮助时要说谢谢等。

■ 提醒幼儿遵守集体生活的语言规则，如轮流发言，不随意打断别人讲话等。

■ 提醒幼儿注意公共场所的语言文明，如不大声喧哗。

## （二）阅读与书写准备

### 目标1　喜欢听故事，看图书

| 3~4岁 | 4~5岁 | 5~6岁 |
| --- | --- | --- |
| 1. 主动要求成人讲故事、读图书。 | 1. 反复看自己喜欢的图书。 | 1. 专注地阅读图书。 |

| 3~4岁 | 4~5岁 | 5~6岁 |
|---|---|---|
| 2. 喜欢跟读韵律感强的儿歌、童谣。<br>3. 爱护图书，不乱撕、乱扔。 | 2. 喜欢把听过的故事或看过的图书讲给别人听。<br>3. 对生活中常见的标识、符号感兴趣，知道它们表示一定的意义。 | 2. 喜欢与他人一起谈论图书和故事的有关内容。<br>3. 对图书和生活情境中的文字符号感兴趣，知道文字表示一定的意义。 |

**教育建议：**

1. 为幼儿提供良好的阅读环境和条件。如：

■ 提供一定数量、符合幼儿年龄特点、富有童趣的图画书。

■ 提供相对安静的地方，尽量减少干扰，保证幼儿自主阅读。

2. 激发幼儿的阅读兴趣，培养阅读习惯。如：

■ 经常抽时间与幼儿一起看图书、讲故事。

■ 提供童谣、故事和诗歌等不同体裁的儿童文学作品，让幼儿自主选择和阅读。

■ 当幼儿遇到感兴趣的事物或问题时，和他一起查阅图书资料，让他感受图书的作用，体会通过阅读获取信息的乐趣。

3. 引导幼儿体会标识、文字符号的用途。如：

■ 向幼儿介绍医院、公用电话等生活中的常见标识，让他知道标识可以代表具体事物。

■ 结合生活实际，帮助幼儿体会文字的用途。如买来新玩具时，把说明书上的文字念给幼儿听，了解玩具的玩法。

**目标2　具有初步的阅读理解能力**

| 3~4岁 | 4~5岁 | 5~6岁 |
|---|---|---|
| 1. 能听懂短小的儿歌或故事。<br>2. 会看画面，能根据画面说出图中有什么，发生了什么事等。<br>3. 能理解图书上的文字是和画面对应的，是用来表达画面意义的。 | 1. 能大体讲出所听故事的主要内容。<br>2. 能根据连续画面提供的信息，大致说出故事的情节。<br>3. 能随着作品的展开产生喜悦、担忧等相应的情绪反应，体会作品所表达的情绪情感。 | 1. 能说出所阅读的幼儿文学作品的主要内容。<br>2. 能根据故事的部分情节或图书画面的线索猜想故事情节的发展，或续编、创编故事。<br>3. 对看过的图书、听过的故事能说出自己的看法。<br>4. 能初步感受文学语言的美。 |

**教育建议：**

1. 经常和幼儿一起阅读，引导他以自己的经验为基础理解图书的内容。如：

■ 引导幼儿仔细观察画面，结合画面讨论故事内容，学习建立画面与故事内容的联系。

■ 和幼儿一起讨论或回忆书中的故事情节，引导他有条理地说出故事的大致内容。

■ 在给幼儿读书或讲故事时，可先不告诉名字，让幼儿听完后自己命名，并说出这样命名的理由。

■ 鼓励幼儿自主阅读，并与他人讨论自己在阅读中的发现、体会和想法。

2. 在阅读中发展幼儿的想象和创造能力。如：

■ 鼓励幼儿依据画面线索讲述故事，大胆推测、想象故事情节的发展，改编故事部分情节或续编故事结尾。

■ 鼓励幼儿用故事表演、绘画等不同的方式表达自己对图书和故事的理解。

■ 鼓励和支持幼儿自编故事，并为自编的故事配上图画，制成图画书。

3. 引导幼儿感受文学作品的美。如：

■ 有意识地引导幼儿欣赏或模仿文学作品的语言节奏和韵律。

■ 给幼儿读书时，通过表情、动作和抑扬顿挫的声音传达书中的情绪情感，让幼儿体会作品的感染力和表现力。

**目标3　具有书面表达的愿望和初步技能**

| 3~4岁 | 4~5岁 | 5~6岁 |
| --- | --- | --- |
| 1. 喜欢用涂涂画画表达一定的意思。 | 1. 愿意用图画和符号表达自己的愿望和想法。<br>2. 在成人提醒下，写写画画时姿势正确。 | 1. 愿意用图画和符号表现事物或故事。<br>2. 会正确书写自己的名字。<br>3. 写画时姿势正确。 |

**教育建议：**

1. 让幼儿在写写画画的过程中体验文字符号的功能，培养书写兴趣。如：

■ 准备供幼儿随时取放的纸、笔等材料，也可利用沙地、树枝等自然材料，满足幼儿自由涂画的需要。

■ 鼓励幼儿将自己感兴趣的事情或故事画下来并讲给别人听，让幼儿体会写写画画的方式可以表达自己的想法和情感。

■ 把幼儿讲过的事情用文字记录下来，并念给他听，使幼儿知道说的话可以用文字记录下来，从中体会文字的用途。

2. 在绘画和游戏中做必要的书写准备，如：

■ 通过把虚线画出的图形轮廓连成实线等游戏，促进手眼协调，同时帮助幼儿学习由上至下、由左至右的运笔技能。

■ 鼓励幼儿学习书写自己的名字。

■ 提醒幼儿写画时保持正确姿势。

# 三、社会

幼儿社会领域的学习与发展过程是其社会性不断完善并奠定健全人格基础的过程。人际交往和社会适应是幼儿社会学习的主要内容，也是其社会性发展的基本途径。幼儿在与成人和同伴交往的过程中，不仅学习如何与人友好相处，也在学习如何看待自己、对待他人，不断发展适应社会生活的能力。良好的社会性发展对幼儿身心健康和其他各方面的发展都具有重要影响。

家庭、幼儿园和社会应共同努力，为幼儿创设温暖、关爱、平等的家庭和集体生活氛围，建立良好的亲子关系、师生关系和同伴关系，让幼儿在积极健康的人际关系中获得安全感和信任感，发展自信和自尊，在良好的社会环境及文化的熏陶中学会遵守规则，形成基本的认同感和归属感。

幼儿的社会性主要是在日常生活和游戏中通过观察和模仿潜移默化地发展起来的。成人应注重自己言行的榜样作用，避免简单生硬的说教。

## （一）人际交往

### 目标1　愿意与人交往

| 3~4岁 | 4~5岁 | 5~6岁 |
| --- | --- | --- |
| 1. 愿意和小朋友一起游戏。<br>2. 愿意与熟悉的长辈一起活动。 | 1. 喜欢和小朋友一起游戏，有经常一起玩的小伙伴。<br>2. 喜欢和长辈交谈，有事愿意告诉长辈。 | 1. 有自己的好朋友，也喜欢结交新朋友。<br>2. 有问题愿意向别人请教。<br>3. 有高兴的或有趣的事愿意与大家分享。 |

**教育建议：**

1. 主动亲近和关心幼儿，经常和他一起游戏或活动，让幼儿感受到与成人交往的快乐，建立亲密的亲子关系和师生关系。

2. 创造交往的机会，让幼儿体会交往的乐趣。如：

■ 利用走亲戚、到朋友家做客或有客人来访的时机，鼓励幼儿与他人接触和交谈。

■ 鼓励幼儿参加小朋友的游戏，邀请小朋友到家里玩，感受有朋友一起玩的快乐。

■ 幼儿园应多为幼儿提供自由交往和游戏的机会，鼓励他们自主选择、自由结伴开展活动。

目标2  能与同伴友好相处

| 3~4岁 | 4~5岁 | 5~6岁 |
|---|---|---|
| 1. 想加入同伴的游戏时，能友好地提出请求。<br>2. 在成人指导下，不争抢、不独霸玩具。<br>3. 与同伴发生冲突时，能听从成人的劝解。 | 1. 会运用介绍自己、交换玩具等简单技巧加入同伴游戏。<br>2. 对大家都喜欢的东西能轮流、分享。<br>3. 与同伴发生冲突时，能在他人帮助下和平解决。<br>4. 活动时愿意接受同伴的意见和建议。<br>5. 不欺负弱小。 | 1. 能想办法吸引同伴和自己一起游戏。<br>2. 活动时能与同伴分工合作,遇到困难能一起克服。<br>3. 与同伴发生冲突时能自己协商解决。<br>4. 知道别人的想法有时和自己不一样，能倾听和接受别人的意见，不能接受时会说明理由。<br>5. 不欺负别人，也不允许别人欺负自己。 |

**教育建议：**

1. 结合具体情境，指导幼儿学习交往的基本规则和技能。如：

■ 当幼儿不知怎样加入同伴游戏，或提出请求不被接受时，建议他拿出玩具邀请大家一起玩；或者扮成某个角色加入同伴的游戏。

■ 对幼儿与别人分享玩具、图书等行为给予肯定，让他对自己的表现感到高兴和满足。

■ 当幼儿与同伴发生矛盾或冲突时，指导他尝试用协商、交换、轮流玩、合作等方式解决冲突。

■ 利用相关的图书、故事，结合幼儿的交往经验，和他讨论什么样的行为受大家欢迎，想要得到别人的接纳应该怎样做。

■ 幼儿园应多为幼儿提供需要大家齐心协力才能完成的活动，让幼儿在具体活动中体会合作的重要性，学习分工合作。

2. 结合具体情境，引导幼儿换位思考，学习理解别人。如：

■ 幼儿有争抢玩具等不友好行为时，引导他们想想"假如你是那个小朋友，你有什么感受？"让幼儿学习理解别人的想法和感受。

3. 和幼儿一起谈谈他的好朋友，说说喜欢这个朋友的原因，引导他多发现同伴的优点、长处。

目标3　具有自尊、自信、自主的表现

| 3~4岁 | 4~5岁 | 5~6岁 |
|---|---|---|
| 1. 能根据自己的兴趣选择游戏或其他活动。<br>2. 为自己的好行为或活动成果感到高兴。<br>3. 自己能做的事情愿意自己做。<br>4. 喜欢承担一些小任务。 | 1. 能按自己的想法进行游戏或其他活动。<br>2. 知道自己的一些优点和长处，并对此感到满意。<br>3. 自己的事情尽量自己做，不愿意依赖别人。<br>4. 敢于尝试有一定难度的活动和任务。 | 1. 能主动发起活动或在活动中出主意、想办法。<br>2. 做了好事或取得了成功后还想做得更好。<br>3. 自己的事情自己做，不会的愿意学。<br>4. 主动承担任务，遇到困难能够坚持而不轻易求助。<br>5. 与别人的看法不同时，敢于坚持自己的意见并说出理由。 |

**教育建议：**

1. 关注幼儿的感受，保护其自尊心和自信心。如：

■ 能以平等的态度对待幼儿，使幼儿切实感受到自己被尊重。

■ 对幼儿好的行为表现多给予具体、有针对性的肯定和表扬，让他对自己优点和长处有所认识并感到满足和自豪。

■ 不要拿幼儿的不足与其他幼儿的优点作比较。

2. 鼓励幼儿自主决定，独立做事，增强其自尊心和自信心。如：

■ 与幼儿有关的事情要征求他的意见，即使他的意见与成人不同，也要认真倾听，接受他的合理要求。

■ 在保证安全的情况下，支持幼儿按自己的想法做事；或提供必要的条件，帮助他实现自己的想法。

■ 幼儿自己的事情尽量放手让他自己做，即使做得不够好，也应鼓励并给予一定的指导，让他在做事中树立自尊和自信。

■ 鼓励幼儿尝试有一定难度的任务，并注意调整难度，让他感受经过努力获得的成就感。

目标4　关心尊重他人

| 3~4岁 | 4~5岁 | 5~6岁 |
|---|---|---|
| 1. 长辈讲话时能认真听，并能听从长辈的要求。<br>2. 身边的人生病或不开心时表示同情。 | 1. 会用礼貌的方式向长辈表达自己的要求和想法。<br>2. 能注意到别人的情绪，并有关心、体贴的表现。 | 1. 能有礼貌地与人交往。<br>2. 能关注别人的情绪和需要，并能给予力所能及的帮助。 |

续表

| 3~4岁 | 4~5岁 | 5~6岁 |
|---|---|---|
| 3. 在提醒下能做到不打扰别人。 | 3. 知道父母的职业，能体会到父母为养育自己所付出的辛劳。 | 3. 尊重为大家提供服务的人，珍惜他们的劳成果。<br>4. 接纳、尊重与自己的生活方式或习惯不同的人。 |

**教育建议：**

1. 成人以身作则，以尊重、关心的态度对待自己的父母、长辈和其他人。如：

■ 经常问候父母，主动做家务。

■ 礼貌地对待老年人，如坐车时主动为老人让座。

■ 看到别人有困难能主动关心并给予一定的帮助。

2. 引导幼儿尊重、关心长辈和身边的人，尊重他人劳动及成果。如：

■ 提醒幼儿关心身边的人，如妈妈累了，知道让她安静休息一会儿。

■ 借助故事、图书等给幼儿讲讲父母抚育孩子成长的经历，让幼儿理解和体会父爱与母爱。

■ 结合实际情境，提醒幼儿注意别人的情绪，了解他们的需要，给予适当的关心和帮助。

■ 利用生活机会和角色游戏，帮助幼儿了解与自己关系密切的社会服务机构及其工作，如商场、邮局、医院等，体会这些机构给大家提供的便利和服务，懂得尊重工作人员的劳动，珍惜劳动成果。

3. 引导幼儿学习用平等、接纳和尊重的态度对待差异。如：

■ 了解每个人都有自己的兴趣、爱好和特长，可以相互学习。

■ 利用民间游戏、传统节日等，适当向幼儿介绍我国主要民族和世界其他国家和民族的文化，帮助幼儿感知文化的多样性和差异性，理解人们之间是平等的，应该互相尊重，友好相处。

## （二）社会适应

目标1　喜欢并适应群体生活

| 3~4岁 | 4~5岁 | 5~6岁 |
|---|---|---|
| 1. 对群体活动有兴趣。<br>2. 对幼儿园的生活好奇，喜欢上幼儿园。 | 1. 愿意并主动参加群体活动。<br>2. 愿意与家长一起参加社区的一些群体活动。 | 1. 在群体活动中积极、快乐。<br>2. 对小学生活有好奇和向往。 |

**教育建议：**

1. 经常和幼儿一起参加一些群体性的活动，让幼儿体会群体活动的乐趣。如：参加亲戚、朋友和同事间的聚会以及适合幼儿参加的社区活动等，支持幼儿和不同群体的同伴一起游戏，丰富其群体活动的经验。

2. 幼儿园组织活动时，可以经常打破班级的界限，让幼儿有更多机会参加不同群体的活动。

3. 带领大班幼儿参观小学，讲讲小学有趣的活动，唤起他们对小学生活的好奇和向往，为入学做好心理准备。

**目标2　遵守基本的行为规范**

| 3~4岁 | 4~5岁 | 5~6岁 |
| --- | --- | --- |
| 1. 在提醒下，能遵守游戏和公共场所的规则。<br>2. 知道不经允许不能拿别人的东西，借别人的东西要归还。<br>3. 在成人提醒下，爱护玩具和其他物品。 | 1. 感受规则的意义，并能基本遵守规则。<br>2. 不私自拿不属于自己的东西。<br>3. 知道说谎是不对的。<br>4. 知道接受了的任务要努力完成。<br>5. 在提醒下，能节约粮食、水电等。 | 1. 理解规则的意义，能与同伴协商制定游戏和活动规则。<br>2. 爱惜物品，用别人的东西时也知道爱护。<br>3. 做了错事敢于承认，不说谎。<br>4. 能认真负责地完成自己所接受的任务。<br>5. 爱护身边的环境，注意节约资源。 |

**教育建议：**

1. 成人要遵守社会行为规则，为幼儿树立良好的榜样。如：答应幼儿的事一定要做到、尊老爱幼、爱护公共环境，节约水电等。

2. 结合社会生活实际，帮助幼儿了解基本行为规则或其他游戏规则，体会规则的重要性，学习自觉遵守规则。如：

■ 经常和幼儿玩带有规则的游戏，遵守共同约定的游戏规则。

■ 利用实际生活情境和图书故事，向幼儿介绍一些必要的社会行为规则，以及为什么要遵守这些规则。

■ 在幼儿园的区域活动中，创设情境，让幼儿体会没有规则的不方便，鼓励他们讨论制定规则并自觉遵守。

■ 对幼儿表现出的遵守规则的行为要及时肯定，对违规行为给予纠正。如：幼儿主动为老人让座时要表扬；幼儿损害别人的物品或公共物品时要及时制止并主动赔偿。

3. 教育幼儿要诚实守信。如：

■ 对幼儿诚实守信的行为要及时肯定。

■ 允许幼儿犯错误，告诉他改了就好。不要打骂幼儿，以免他因害怕惩罚而说谎。

■ 小年龄幼儿经常分不清想象和现实，成人不要误认为他是在说谎。

■ 发现幼儿说谎时，要反思是否是因自己对幼儿的要求过高过严造成的。如果是，要及时调整自己的行为，同时要严肃地告诉幼儿说谎是不对的。

■ 经常给幼儿分配一些力所能及的任务，要求他完成并及时给予表扬，培养他的责任感和认真负责的态度。

目标3 具有初步的归属感

| 3~4岁 | 4~5岁 | 5~6岁 |
|---|---|---|
| 1. 知道和自己一起生活的家庭成员及与自己的关系，体会到自己是家庭的一员。<br>2. 能感受到家庭生活的温暖，爱父母，亲近与信赖长辈。<br>3. 能说出自己家所在街道、小区（乡镇、村）的名称。<br>4. 认识国旗，知道国歌。 | 1. 喜欢自己所在的幼儿园和班级，积极参加集体活动。<br>2. 能说出自己家所在地的省、市、县（区）名称，知道当地有代表性的物产或景观。<br>3. 知道自己是中国人。<br>4. 奏国歌、升国旗时能自动站好。 | 1. 愿意为集体做事，为集体的成绩感到高兴。<br>2. 能感受到家乡的发展变化并为此感到高兴。<br>3. 知道自己的民族，知道中国是一个多民族的大家庭，各民族之间要互相尊重，团结友爱。<br>4. 知道国家一些重大成就，爱祖国，为自己是中国人感到自豪。 |

**教育建议：**

1. 亲切地对待幼儿，关心幼儿，让他感到长辈是可亲、可近、可信赖的，家庭和幼儿园是温暖的。如：

■ 多和孩子一起游戏、谈笑，尽量在家庭和班级中营造温馨的氛围。

■ 通过和幼儿一起翻阅照片、讲幼儿成长的故事等，让幼儿感受到家庭和幼儿园的温暖，老师的和蔼可亲，对养育自己的人产生感激之情。

2. 吸引和鼓励幼儿参加集体活动，萌发集体意识。如：

■ 幼儿园和班级里的重大事情和计划，请幼儿集体讨论决定。

■ 幼儿园应经常组织多种形式的集体活动，萌发幼儿的集体荣誉感。

3. 运用幼儿喜闻乐见和能够理解的方式激发幼儿爱家乡、爱祖国的情感。如：

■ 和幼儿说一说或在地图上找一找自己家所在的省、市、县（区）名称。

■ 和幼儿一起外出游玩，一起看有关的电视节目或画报等；和他们一起收集有关家乡、祖国各地的风景名胜、著名的建筑、独特物产的图片等，在观看和欣赏的过程中激发幼儿的自豪感和热爱之情。

■ 利用电视节目或参加升旗等活动，向幼儿介绍国旗、国歌以及观看升旗、奏国歌的礼仪。

■ 向幼儿介绍反映中国人聪明才智的发明和创造，激发幼儿的民族自豪感。

# 四、科学

幼儿的科学学习是在探究具体事物和解决实际问题中，尝试发现事物间的异同和联系的过程。幼儿在对自然事物的探究和运用数学解决实际生活问题的过程中，不仅获得丰富的感性经验，充分发展形象思维，而且初步尝试归类、排序、判断、推理，逐步发展逻辑思维能力，为其他领域的深入学习奠定基础。

幼儿科学学习的核心是激发探究兴趣，体验探究过程，发展初步的探究能力。成人要善于发现和保护幼儿的好奇心，充分利用自然和实际生活机会，引导幼儿通过观察、比较、操作、实验等方法，学习发现问题、分析问题和解决问题；帮助幼儿不断积累经验，并运用于新的学习活动，形成受益终身的学习态度和能力。

幼儿的思维特点是以具体形象思维为主，应注重引导幼儿通过直接感知、亲身体验和实际操作进行科学学习，不应为追求知识和技能的掌握，对幼儿进行灌输和强化训练。

## （一）科学探究

### 目标1　亲近自然，喜欢探究

| 3~4岁 | 4~5岁 | 5~6岁 |
| --- | --- | --- |
| 1. 喜欢接触大自然，对周围的很多事物和现象感兴趣。<br>2. 经常问各种问题，或好奇地摆弄物品。 | 1. 喜欢接触新事物，经常问一些与新事物有关的问题。<br>2. 常常动手动脑探索物体和材料，并乐在其中。 | 1. 对自己感兴趣的问题总是刨根问底。<br>2. 能经常动手动脑寻找问题的答案。<br>3. 探索中有所发现时感到兴奋和满足。 |

**教育建议：**

1. 经常带幼儿接触大自然，激发其好奇心与探究欲望。如：

■ 为幼儿提供一些有趣的探究工具，用自己的好奇心和探究积极性感染和带动幼儿。

■ 和幼儿一起发现并分享周围新奇、有趣的事物或现象，一起寻找问题的答案。

■ 通过拍照和画图等方式保留和积累有趣的探索与发现。

2. 真诚地接纳、多方面支持和鼓励幼儿的探索行为。如：

■ 认真对待幼儿的问题，引导他们猜一猜、想一想，有条件时和幼儿一起做一些简易的调查或有趣的小实验。

■ 容忍幼儿因探究而弄脏、弄乱、甚至破坏物品的行为，引导他们活动后做好收拾整理。

■ 多为幼儿选择一些能操作、多变化、多功能的玩具材料或废旧材料，在保证安全的前提下，鼓励幼儿拆装或动手自制玩具。

目标2　具有初步的探究能力

| 3~4岁 | 4~5岁 | 5~6岁 |
|---|---|---|
| 1. 对感兴趣的事物能仔细观察，发现其明显特征。<br><br>2. 能用多种感官或动作去探索物体，关注动作所产生的结果。 | 1. 能对事物或现象进行观察比较，发现其相同与不同。<br>2. 能根据观察结果提出问题，并大胆猜测答案。<br>3. 能通过简单的调查收集信息。<br>4. 能用图画或其他符号进行记录。 | 1. 能通过观察、比较与分析，发现并描述不同种类物体的特征或某个事物前后的变化。<br>2. 能用一定的方法验证自己的猜测。<br>3. 在成人的帮助下能制定简单的调查计划并执行。<br>4. 能用数字、图画、图表或其他符号记录。<br>5. 探究中能与他人合作与交流。 |

**教育建议：**

1. 有意识地引导幼儿观察周围事物，学习观察的基本方法，培养观察与分类能力。如：

■ 支持幼儿自发的观察活动，对其发现表示赞赏。

■ 通过提问等方式引导幼儿思考并对事物进行比较观察和连续观察。

■ 引导幼儿在观察和探索的基础上，尝试进行简单的分类、概括。如：根据运动方式给动物分类，根据生长环境给植物分类，根据外部特征给物体分类等等。

2. 支持和鼓励幼儿在探究的过程中积极动手动脑寻找答案或解决问题。如：

■ 鼓励幼儿根据观察或发现提出值得继续探究的问题，或成人提出有探究意义且能激发幼儿兴趣的问题。如：皮球、轮胎、竹筒等物体滚动时都走直线吗？怎样让橡皮泥球浮在水面上？

■ 支持和鼓励幼儿大胆联想、猜测问题的答案，并设法验证。如：玩风车时，鼓励幼儿猜测风车转动方向及速度快慢的原因和条件，并实际去验证。

■ 支持、引导幼儿学习用适宜的方法探究和解决问题，或为自己的想法收集证据。如：想知道院子里有多少种植物，可以进行实地调查；想知道球在平地上还是在斜坡上滚得快，可以动手试一试；想证明影子的方向与太阳的位置有关，可以做个小实验进行验证等。

3. 鼓励和引导幼儿学习做简单的计划和记录，并与他人交流分享。如：

■ 和幼儿共同制定调查计划，讨论调查对象、步骤和方法等，也可以和幼儿一起设法用图画、箭头等标识呈现计划。

■ 鼓励幼儿用绘画、照相、做标本等办法记录观察和探究的过程与结果，注意要让记录有意义，通过记录帮助幼儿丰富观察经验、建立事物之间的联系和分享发现。

■ 支持幼儿与同伴合作探究与分享交流，引导他们在交流中尝试整理、概括自己探究的成果，体验合作探究和发现的乐趣。如一起讨论和分享自己的问题与发现，一起想办法收集资料和验证猜测。

4. 帮助幼儿回顾自己探究过程，讨论自己做了什么，怎么做的，结果与计划目标是否一致，分析一下原因以及下一步要怎样做等。

### 目标3　在探究中认识周围事物和现象

| 3~4岁 | 4~5岁 | 5~6岁 |
| --- | --- | --- |
| 1. 认识常见的动植物，能注意并发现周围的动植物是多种多样的。<br>2. 能感知和发现物体和材料的软硬、光滑和粗糙等特性。<br>3. 能感知和体验天气对自己生活和活动的影响。<br>4. 初步了解和体会动植物和人们生活的关系。 | 1. 能感知和发现动植物的生长变化及其基本条件。<br>2. 能感知和发现常见材料的溶解、传热等性质或用途。<br>3. 能感知和发现简单物理现象，如物体形态或位置变化等。<br>4. 能感知和发现不同季节的特点，体验季节对动植物和人的影响。<br>5. 初步感知常用科技产品与自己生活的关系，知道科技产品有利也有弊。 | 1. 能察觉到动植物的外形特征、习性与生存环境的适应关系。<br>2. 能发现常见物体的结构与功能之间的关系。<br>3. 能探索并发现常见的物理现象产生的条件或影响因素，如影子、沉浮等。<br>4. 感知并了解季节变化的周期性，知道变化的顺序。<br>5. 初步了解人们的生活与自然环境的密切关系，知道尊重和珍惜生命，保护环境。 |

**教育建议：**

1. 支持幼儿在接触自然、生活事物和现象中积累有益的直接经验和感性认识。如：

■ 和幼儿一起通过户外活动、参观考察、种植和饲养活动，感知生物的多样性和独特性，以及生长发育、繁殖和死亡的过程。

■ 给幼儿提供丰富的材料和适宜的工具，支持幼儿在游戏过程中探索并感知常见物质、材料的特性和物体的结构特点。

2. 引导幼儿在探究中思考，尝试进行简单的推理和分析，发现事物之间明显的关联。如：

■ 引导5岁以上幼儿关注和思考动植物的外部特征、习性与生活环境对动植物生存的意义。如兔子的长耳朵具有自我保护的作用；植物种子的形状有助于其传播等。

■ 引导幼儿根据常见物质、材料的特性和物体的结构特点，推测和证实它们的用途。如：带轮子的物体方便移动；不同用途的车辆有不同的结构等等。

3. 引导幼儿关注和了解自然、科技产品与人们生活的密切关系，逐渐懂得热爱、尊重、保护自然。如：

■ 结合幼儿的生活需要，引导他们体会人与自然、动植物的依赖关系。如：动植物、季节变化与人们生活的关系、常见灾害性天气给人们生产和生活带来的影响等。

■ 和幼儿一起讨论常见科技产品的用途和弊端，如：汽车等交通工具给生活带来的方便和对环境的污染等。

# （二）数学认知

### 目标1　初步感知生活中数学的有用和有趣

| 3~4岁 | 4~5岁 | 5~6岁 |
|---|---|---|
| 1. 感知和发现周围物体的形状是多种多样的，对不同的形状感兴趣。<br>2. 体验和发现生活中很多地方都用到数。 | 1. 在指导下，感知和体会有些事物可以用形状来描述。<br>2. 在指导下，感知和体会有些事物可以用数来描述，对环境中各种数字的含义有进一步探究的兴趣。 | 1. 能发现事物简单的排列规律，并尝试创造新的排列规律。<br>2. 能发现生活中许多问题都可以用数学的方法来解决，体验解决问题的乐趣。 |

**教育建议：**

1. 引导幼儿注意事物的形状特征，尝试用表示形状的词来描述事物，体会描述的生动形象性和趣味性。如：

■ 参观游览后，和幼儿一起谈论所看到的事物的形状，鼓励幼儿产生联想，并用自己的语言进行描述。如：熊猫的身体圆圆的，全身好像是一个个的圆形组成的。

■ 和幼儿交谈或读书讲故事时，适当地运用一些有关形状的词汇来描述事物，如看图片时，和幼儿讨论奥运会场馆的形状，体会为什么有的场馆叫"水立方"，有的叫"鸟巢"。

2. 引导幼儿感知和体会生活中很多地方都用到数，关注周围与自己生活密切相关的数的信息，体会数可以代表不同的意义。如：

■ 和幼儿一起寻找发现生活中用数字作标识的事物，如电话号码、时钟、日历和商品的价签等。

■ 引导幼儿了解和感受数用在不同的地方，表示的意义是不一样的。如天气预报中表示气温的数代表冷热状况；钟表上的数表明时间的早晚等。

■ 鼓励幼儿尝试使用数的信息进行一些简单的推理。如知道今天是星期五，能推断明天是星期六，爸爸妈妈休息。

3. 引导幼儿观察发现按照一定规律排列的事物，体会其中的排列特点与规律，并尝试自己创造出新的排列规律。如：

■ 和幼儿一起发现和体会按一定顺序排列的队形整齐有序。

■ 提供具有重复性旋律和词语的音乐、儿歌和故事，或利用环境中有序排列的图案（如按颜色间隔排列的瓷砖、按形状间隔排列的珠帘等），鼓励幼儿发现和感受其中的规律。

■ 鼓励幼儿尝试自己设计有规律的花边图案、创编有一定规律的动作，或者按某种规律进行搭建活动。

■ 引导幼儿体会生活中很多事情都是有一定顺序和规律的，如一周七天的顺序是从周一到周日，一年四季按照春夏秋冬轮回等。

4. 鼓励和支持幼儿发现、尝试解决日常生活中需要用到数学的问题，体会数学的用处。如：

■ 拍球、跳绳、跳远或投沙包时，可通过数数、测量的方法确定名次。

■ 讨论春游去哪里玩时，让幼儿商量想去哪里玩？每个想去的地方有多少人？根据统计结果做出决定。

■ 滑滑梯时，按照"先来先玩"的规则有序地排队玩。

### 目标2　感知和理解数、量及数量关系

| 3~4岁 | 4~5岁 | 5~6岁 |
| --- | --- | --- |
| 1. 能感知和区分物体的大小、多少、高矮长短等量方面的特点，并能用相应的词表示。<br>2. 能通过一一对应的方法比较两组物体的多少。<br>3. 能手口一致地点数5个以内的物体，并能说出总数。能按数取物。<br>4. 能用数词描述事物或动作。如我有4本图书。 | 1. 能感知和区分物体的粗细、厚薄、轻重等量方面的特点，并能用相应的词语描述。<br>2. 能通过数数比较两组物体的多少。<br>3. 能通过实际操作理解数与数之间的关系，如5比4多1；2和3合在一起是5。<br>4. 会用数词描述事物的排列顺序和位置。 | 1. 初步理解量的相对性。<br>2. 借助实际情境和操作（如合并或拿取）理解"加"和"减"的实际意义。<br>3. 能通过实物操作或其他方法进行10以内的加减运算。<br>4. 能用简单的记录表、统计图等表示简单的数量关系。 |

### 教育建议：

1. 引导幼儿感知和理解事物"量"的特征。如：

■ 感知常见事物的大小、多少、高矮、粗细等量的特征，学习使用相应的词汇描述这些特征。

■ 结合具体事物让幼儿通过多次比较逐渐理解"量"是相对的。如小亮比小明高，但比小强矮。

■ 收拾物品时，根据情况，鼓励幼儿按照物体量的特征分类整理。如整理图书时按照大小摆放。

2. 结合日常生活，指导幼儿学习通过对应或数数的方式比较物体的多少。如：

■ 鼓励幼儿在一对一配对的过程中发现两组物体的多少。如，在给桌子上的每个碗配上勺子时，发现碗和勺多少的不同。

■ 鼓励幼儿通过数数比较两样东西的多少。如数一数有多少个苹果，多少个梨，判断苹果和梨哪个多，哪个少。

3. 利用生活和游戏中的实际情境，引导幼儿理解数概念。如：

■ 结合生活需要，和幼儿一起手口一致点数物体，得出物体的总数。

■ 通过点数的方式让幼儿体会物体的数量不会因排列形式、空间位置的不同而发生变化。如鼓励幼儿将一定数量的扣子以不同的形式摆放，体会扣子的数量是不变的。

■ 结合日常生活，为幼儿提供"按数取物"的机会，如游戏时，请幼儿按要求拿出几个球。

4. 通过实物操作引导幼儿理解数与数之间的关系，并用"加"或"减"的办法来解决问题。如：

■ 游戏中遇到让4个小动物住进两间房子的问题，或生活中遇到将5块饼干分给两个小朋友问题时，让幼儿尝试不同的分法。

■ 鼓励幼儿尝试自己解决生活中的数学问题。如家里来了5位客人，桌子上只有3个杯子，还需要几个杯子等。

■ 购少量物品时，有意识地鼓励幼儿参与计算和付款的过程等。

### 目标3 感知形状与空间关系

| 3~4岁 | 4~5岁 | 5~6岁 |
|---|---|---|
| 1. 能注意物体较明显的形状特征，并能用自己的语言描述。<br>2. 能感知物体基本的空间位置与方位，理解上下、前后、里外等方位词。 | 1. 能感知物体的形体结构特征，画出或拼搭出该物体的造型。<br>2. 能感知和发现常见几何图形的基本特征，并能进行分类。<br>3. 能使用上下、前后、里外、中间、旁边等方位词描述物体的位置和运动方向。 | 1. 能用常见的几何形体有创意地拼搭和画出物体的造型。<br>2. 能按语言指示或根据简单示意图正确取放物品。<br>3. 能辨别自己的左右。 |

**教育建议：**

1. 用多种方法帮助幼儿在物体与几何形体之间建立联系。如：

■ 引导幼儿感受生活中各种物品的形状特征，并尝试识别和描述。如感受和识别盘子、桌子、车轮、地砖等物品的形状特征。

■ 鼓励和支持幼儿用积木、纸盒、拼板等各种形状材料进行建构游戏或制作活动。如用长方形的纸盒加两个圆形瓶盖制作"汽车"。

■ 收拾整理积木时，引导幼儿体验图形之间的转换。如两个三角形可组合成一个正方形，两个正方形可组合成一个长方形。

■ 引导幼儿注意观察生活物品的图形特征，鼓励他们按形状分类整理物品。

2. 丰富幼儿空间方位识别的经验，引导幼儿运用空间方位经验解决问题。如：

■ 请幼儿取放物体时，使用他们能够理解的方位词，如把桌子下面的东西放到窗台上，把花盆放在大树旁边等。

■ 和幼儿一起识别熟悉场所的位置。如超市在家的旁边，邮局在幼儿园的前面。

■ 在体育、音乐和舞蹈活动中，引导幼儿感受空间方位和运动方向。

■ 和幼儿玩按指令找宝的游戏。对年龄小的幼儿要求他们按语言指令寻找，对年龄大些的幼儿可要求按照简单的示意图寻找。

# 五、艺术

艺术是人类感受美、表现美和创造美的重要形式，也是表达自己对周围世界的认识和情绪态度的独特方式。

每个幼儿心里都有一颗美的种子。幼儿艺术领域学习的关键在于充分创造条件和机会，在大自然和社会文化生活中萌发幼儿对美的感受和体验，丰富其想象力和创造力，引导幼儿学会用心灵去感受和发现美，用自己的方式去表现和创造美。

幼儿对事物的感受和理解不同于成人，他们表达自己认识和情感的方式也有别于成人。幼儿独特的笔触、动作和语言往往蕴含着丰富的想象和情感，成人应对幼儿的艺术表现给予充分的理解和尊重，不能用自己的审美标准去评判幼儿，更不能为追求结果的"完美"而对幼儿进行千篇一律的训练，以免扼杀其想象与创造的萌芽。

## （一）感受与欣赏

**目标1　喜欢自然界与生活中美的事物**

| 3~4岁 | 4~5岁 | 5~6岁 |
| --- | --- | --- |
| 1. 喜欢观看花草树木、日月星空等大自然中美的事物。<br>2. 容易被自然界中的鸟鸣、风声、雨声等好听的声音所吸引。 | 1. 在欣赏自然界和生活环境中美的事物时，关注其色彩、形态等特征。<br>2. 喜欢倾听各种好听的声音，感知声音的高低、长短、强弱等变化。 | 1. 乐于收集美的物品或向别人介绍所发现的美的事物。<br>2. 乐于模仿自然界和生活环境中有特点的声音，并产生相应的联想。 |

**教育建议：**

1. 和幼儿一起感受、发现和欣赏自然环境和人文景观中美的事物。如：

■ 让幼儿多接触大自然，感受和欣赏美丽的景色和好听的声音。

■ 经常带幼儿参观园林、名胜古迹等人文景观，讲讲有关的历史故事、传说，与幼儿一起讨论和交流对美的感受。

2. 和幼儿一起发现美的事物的特征，感受和欣赏美。如：

■ 让幼儿观察常见动植物以及其他物体，引导幼儿用自己的语言、动作等描述它们美的方面，如颜色、形状、形态等。

■ 让幼儿倾听和分辨各种声响，引导幼儿用自己的方式来表达他对音色、强弱、快慢的感受。

■ 支持幼儿收集喜欢的物品并和他一起欣赏。

**目标2　喜欢欣赏多种多样的艺术形式和作品**

| 3~4岁 | 4~5岁 | 5~6岁 |
| --- | --- | --- |
| 1. 喜欢听音乐或观看舞蹈、戏剧等表演。<br>2. 乐于观看绘画、泥塑或其他艺术形式的作品。 | 1. 能够专心地观看自己喜欢的文艺演出或艺术品，有模仿和参与的愿望。<br>2. 欣赏艺术作品时会产生相应的联想和情绪反应。 | 1. 艺术欣赏时常常用表情、动作、语言等方式表达自己的理解。<br>2. 愿意和别人分享、交流自己喜爱的艺术作品和美感体验。 |

**教育建议：**

1. 创造条件让幼儿接触多种艺术形式和作品。如：

■ 经常让幼儿接触适宜的、各种形式的音乐作品，丰富幼儿对音乐的感受和体验。

■ 和幼儿一起用图画、手工制品等装饰和美化环境。

■ 带幼儿观看或共同参与传统民间艺术和地方民俗文化活动，如皮影戏、剪纸和捏面人等。

■ 有条件的情况下，带幼儿去剧院、美术馆、博物馆等欣赏文艺表演和艺术作品。

2. 尊重幼儿的兴趣和独特感受，理解他们欣赏时的行为。如：

■ 理解和尊重幼儿在欣赏艺术作品时的手舞足蹈、即兴模仿等行为。

■ 当幼儿主动介绍自己喜爱的舞蹈、戏曲、绘画或工艺品时，要耐心倾听并给予积极回应和鼓励。

## （二）表现与创造

### 目标1　喜欢进行艺术活动并大胆表现

| 3~4岁 | 4~5岁 | 5~6岁 |
|---|---|---|
| 1. 经常自哼自唱或模仿有趣的动作、表情和声调。<br>2. 经常涂涂画画、粘粘贴贴并乐在其中。 | 1. 经常唱唱跳跳，愿意参加歌唱、律动、舞蹈、表演等活动。<br>2. 经常用绘画、捏泥、手工制作等多种方式表现自己的所见所想。 | 1. 积极参与艺术活动，有自己比较喜欢的活动形式。<br>2. 能用多种工具、材料或不同的表现手法表达自己的感受和想象。<br>3. 艺术活动中能与他人相互配合，也能独立表现。 |

**教育建议：**

1. 创造机会和条件，支持幼儿自发的艺术表现和创造。

■ 提供丰富的便于幼儿取放的材料、工具或物品，支持幼儿进行自主绘画、手工、歌唱、表演等艺术活动。

■ 经常和幼儿一起唱歌、表演、绘画、制作，共同分享艺术活动的乐趣。

2. 营造安全的心理氛围，让幼儿敢于并乐于表达表现。如：

■ 欣赏和回应幼儿的哼哼唱唱、模仿表演等自发的艺术活动，赞赏他独特的表现方式。

■ 在幼儿自主表达创作过程中，不做过多干预或把自己的意愿强加给幼儿，在幼儿需要时再给予具体的帮助。

■ 了解并倾听幼儿艺术表现的想法或感受，领会并尊重幼儿的创作意图，不简单用"像不像"、"好不好"等成人标准来评价。

■ 展示幼儿的作品，鼓励幼儿用自己的作品或艺术品布置环境。

目标2　具有初步的艺术表现与创造能力

| 3~4岁 | 4~5岁 | 5~6岁 |
|---|---|---|
| 1. 能模仿学唱短小歌曲。<br>2. 能跟随熟悉的音乐做身体动作。<br>3. 能用声音、动作、姿态模拟自然界的事物和生活情景。<br>4. 能用简单的线条和色彩大体画出自己想画的人或事物。 | 1. 能用自然的、音量适中的声音基本准确地唱歌。<br>2. 能通过即兴哼唱、即兴表演或给熟悉的歌曲编词来表达自己的心情。<br>3. 能用拍手、踏脚等身体动作或可敲击的物品敲打节拍和基本节奏。<br>4. 能运用绘画、手工制作等表现自己观察到或想象的事物。 | 1. 能用基本准确的节奏和音调唱歌。<br>2. 能用律动或简单的舞蹈动作表现自己的情绪或自然界的情景。<br>3. 能自编自演故事，并为表演选择和搭配简单的服饰、道具或布景。<br>4. 能用自己制作的美术作品布置环境、美化生活。 |

**教育建议：**

尊重幼儿自发的表现和创造，并给予适当的指导。如：

■ 鼓励幼儿在生活中细心观察、体验，为艺术活动积累经验与素材。如观察不同树种的形态、色彩等。

■ 提供丰富的材料，如图书、照片、绘画或音乐作品等，让幼儿自主选择，用自己喜欢的方式去模仿或创作，成人不做过多要求。

■ 根据幼儿的生活经验，与幼儿共同确定艺术表达表现的主题，引导幼儿围绕主题展开想象，进行艺术表现。

■ 幼儿绘画时，不宜提供范画，特别不应要求幼儿完全按照范画来画。

■ 肯定幼儿作品的优点，用表达自己感受的方式引导其提高。如"你的画用了这么多红颜色，感觉就像过年一样喜庆""你扮演的大灰狼声音真像，要是表情再凶一点就更好了"等。

# 附录三

## 幼儿园工作规程

### 第一章　总则

第一条　为了加强幼儿园的科学管理，规范办园行为，提高保育和教育质量，促进幼儿身心健康，依据《中华人民共和国教育法》等法律法规，制定本规程。

第二条　幼儿园是对3周岁以上学龄前幼儿实施保育和教育的机构。幼儿园教育是基础教育的重要组成部分，是学校教育制度的基础阶段。

第三条　幼儿园的任务是：贯彻国家的教育方针，按照保育与教育相结合的原则，遵循幼儿身心发展特点和规律，实施德、智、体、美等方面全面发展的教育，促进幼儿身心和谐发展。

幼儿园同时面向幼儿家长提供科学育儿指导。

第四条　幼儿园适龄幼儿一般为3周岁至6周岁。

幼儿园一般为三年制。

第五条　幼儿园保育和教育的主要目标是：

（一）促进幼儿身体正常发育和机能的协调发展，增强体质，促进心理健康，培养良好的生活习惯、卫生习惯和参加体育活动的兴趣。

（二）发展幼儿智力，培养正确运用感官和运用语言交往的基本能力，增进对环境的认识，培养有益的兴趣和求知欲望，培养初步的动手探究能力。

（三）萌发幼儿爱祖国、爱家乡、爱集体、爱劳动、爱科学的情感，培养诚实、自信、友爱、勇敢、勤学、好问、爱护公物、克服困难、讲礼貌、守纪律等良好的品德行为和习惯，以及活泼开朗的性格。

（四）培养幼儿初步感受美和表现美的情趣和能力。

第六条　幼儿园教职工应当尊重、爱护幼儿，严禁虐待、歧视、体罚和变相体罚、侮辱幼儿人格等损害幼儿身心健康的行为。

第七条　幼儿园可分为全日制、半日制、定时制、季节制和寄宿制等。上述形式可分别设置，也可混合设置。

# 第二章　幼儿入园和编班

第八条　幼儿园每年秋季招生。平时如有缺额，可随时补招。

幼儿园对烈士子女、家中无人照顾的残疾人子女、孤儿、家庭经济困难幼儿、具有接受普通教育能力的残疾儿童等入园，按照国家和地方的有关规定予以照顾。

第九条　企业、事业单位和机关、团体、部队设置的幼儿园，除招收本单位工作人员的子女外，应当积极创造条件向社会开放，招收附近居民子女入园。

第十条　幼儿入园前，应当按照卫生部门制定的卫生保健制度进行健康检查，合格者方可入园。

幼儿入园除进行健康检查外，禁止任何形式的考试或测查。

第十一条　幼儿园规模应当有利于幼儿身心健康，便于管理，一般不超过360人。

幼儿园每班幼儿人数一般为：小班（3周岁至4周岁）25人，中班（4周岁至5周岁）30人，大班（5周岁至6周岁）35人，混合班30人。寄宿制幼儿园每班幼儿人数酌减。

幼儿园可以按年龄分别编班，也可以混合编班。

# 第三章　幼儿园的安全

第十二条　幼儿园应当严格执行国家和地方幼儿园安全管理的相关规定，建立健全门卫、房屋、设备、消防、交通、食品、药物、幼儿接送交接、活动组织和幼儿就寝值守等安全防护和检查制度，建立安全责任制和应急预案。

第十三条　幼儿园的园舍应当符合国家和地方的建设标准，以及相关安全、卫生等方面的规范，定期检查维护，保障安全。幼儿园不得设置在污染区和危险区，不得使用危房。

幼儿园的设备设施、装修装饰材料、用品用具和玩教具材料等，应当符合国家相关的安全质量标准和环保要求。

入园幼儿应当由监护人或者其委托的成年人接送。

第十四条　幼儿园应当严格执行国家有关食品药品安全的法律法规，保障饮食饮水卫生安全。

第十五条　幼儿园教职工必须具有安全意识，掌握基本急救常识和防范、避险、逃生、自救的基本方法，在紧急情况下应当优先保护幼儿的人身安全。

幼儿园应当把安全教育融入一日生活，并定期组织开展多种形式的安全教育和事故预防演练。

幼儿园应当结合幼儿年龄特点和接受能力开展反家庭暴力教育，发现幼儿遭受或者疑似遭受家庭暴力的，应当依法及时向公安机关报案。

第十六条　幼儿园应当投保校方责任险。

# 第四章　幼儿园的卫生保健

第十七条　幼儿园必须切实做好幼儿生理和心理卫生保健工作。

幼儿园应当严格执行《托儿所幼儿园卫生保健管理办法》以及其他有关卫生保健的法规、规章和制度。

第十八条　幼儿园应当制定合理的幼儿一日生活作息制度。正餐间隔时间为3.5—4小时。在正常情况下，幼儿户外活动时间（包括户外体育活动时间）每天不得少于2小时，寄宿制幼儿园不得少于3小时；高寒、高温地区可酌情增减。

第十九条　幼儿园应当建立幼儿健康检查制度和幼儿健康卡或档案。每年体检一次，每半年测身高、视力一次，每季度量体重一次；注意幼儿口腔卫生，保护幼儿视力。

幼儿园对幼儿健康发展状况定期进行分析、评价，及时向家长反馈结果。

幼儿园应当关注幼儿心理健康，注重满足幼儿的发展需要，保持幼儿积极的情绪状态，让幼儿感受到尊重和接纳。

第二十条　幼儿园应当建立卫生消毒、晨检、午检制度和病儿隔离制度，配合卫生部门做好计划免疫工作。

幼儿园应当建立传染病预防和管理制度，制定突发传染病应急预案，认真做好疾病防控工作。

幼儿园应当建立患病幼儿用药的委托交接制度，未经监护人委托或者同意，幼儿园不得给幼儿用药。幼儿园应当妥善管理药品，保证幼儿用药安全。

幼儿园内禁止吸烟、饮酒。

第二十一条　供给膳食的幼儿园应当为幼儿提供安全卫生的食品，编制营养平衡的幼儿食谱，定期计算和分析幼儿的进食量和营养素摄取量，保证幼儿合理膳食。

幼儿园应当每周向家长公示幼儿食谱，并按照相关规定进行食品留样。

第二十二条　幼儿园应当配备必要的设备设施，及时为幼儿提供安全卫生的饮用水。

幼儿园应当培养幼儿良好的大小便习惯，不得限制幼儿便溺的次数、时间等。

第二十三条　幼儿园应当积极开展适合幼儿的体育活动，充分利用日光、空气、水等自然因素以及本地自然环境，有计划地锻炼幼儿肌体，增强身体的适应和抵抗能力。正常情况下，每日户外体育活动不得少于1小时。

幼儿园在开展体育活动时，应当对体弱或有残疾的幼儿予以特殊照顾。

第二十四条  幼儿园夏季要做好防暑降温工作，冬季要做好防寒保暖工作，防止中暑和冻伤。

# 第五章  幼儿园的教育

第二十五条  幼儿园教育应当贯彻以下原则和要求：

（一）德、智、体、美等方面的教育应当互相渗透，有机结合。

（二）遵循幼儿身心发展规律，符合幼儿年龄特点，注重个体差异，因人施教，引导幼儿个性健康发展。

（三）面向全体幼儿，热爱幼儿，坚持积极鼓励、启发引导的正面教育。

（四）综合组织健康、语言、社会、科学、艺术各领域的教育内容，渗透于幼儿一日生活的各项活动中，充分发挥各种教育手段的交互作用。

（五）以游戏为基本活动，寓教育于各项活动之中。

（六）创设与教育相适应的良好环境，为幼儿提供活动和表现能力的机会与条件。

第二十六条  幼儿一日活动的组织应当动静交替，注重幼儿的直接感知、实际操作和亲身体验，保证幼儿愉快的、有益的自由活动。

第二十七条  幼儿园日常生活组织，应当从实际出发，建立必要、合理的常规，坚持一贯性和灵活性相结合，培养幼儿的良好习惯和初步的生活自理能力。

第二十八条  幼儿园应当为幼儿提供丰富多样的教育活动。

教育活动内容应当根据教育目标、幼儿的实际水平和兴趣确定，以循序渐进为原则，有计划地选择和组织。

教育活动的组织应当灵活地运用集体、小组和个别活动等形式，为每个幼儿提供充分参与的机会，满足幼儿多方面发展的需要，促进每个幼儿在不同水平上得到发展。

教育活动的过程应注重支持幼儿的主动探索、操作实践、合作交流和表达表现，不应片面追求活动结果。

第二十九条  幼儿园应当将游戏作为对幼儿进行全面发展教育的重要形式。

幼儿园应当因地制宜创设游戏条件，提供丰富、适宜的游戏材料，保证充足的游戏时间，开展多种游戏。

幼儿园应当根据幼儿的年龄特点指导游戏，鼓励和支持幼儿根据自身兴趣、需要和经验水平，自主选择游戏内容、游戏材料和伙伴，使幼儿在游戏过程中获得积极的情绪情感，促进幼儿能力和个性的全面发展。

第三十条  幼儿园应当将环境作为重要的教育资源，合理利用室内外环境，创设开放的、多样的区域活动空间，提供适合幼儿年龄特点的丰富的玩具、操作材料和幼儿读物，支持幼儿自主选择和主动学习，激发幼儿学习的兴趣与探究的愿望。

幼儿园应当营造尊重、接纳和关爱的氛围，建立良好的同伴和师生关系。

幼儿园应当充分利用家庭和社区的有利条件，丰富和拓展幼儿园的教育资源。

**第三十一条**　幼儿园的品德教育应当以情感教育和培养良好行为习惯为主，注重潜移默化的影响，并贯穿于幼儿生活以及各项活动之中。

**第三十二条**　幼儿园应当充分尊重幼儿的个体差异，根据幼儿不同的心理发展水平，研究有效的活动形式和方法，注重培养幼儿良好的个性心理品质。

幼儿园应当为在园残疾儿童提供更多的帮助和指导。

**第三十三条**　幼儿园和小学应当密切联系，互相配合，注意两个阶段教育的相互衔接。

幼儿园不得提前教授小学教育内容，不得开展任何违背幼儿身心发展规律的活动。

# 第六章　幼儿园的园舍、设备

**第三十四条**　幼儿园应当按照国家的相关规定设活动室、寝室、卫生间、保健室、综合活动室、厨房和办公用房等，并达到相应的建设标准。有条件的幼儿园应当优先扩大幼儿游戏和活动空间。

寄宿制幼儿园应当增设隔离室、浴室和教职工值班室等。

**第三十五条**　幼儿园应当有与其规模相适应的户外活动场地，配备必要的游戏和体育活动设施，创造条件开辟沙地、水池、种植园地等，并根据幼儿活动的需要绿化、美化园地。

**第三十六条**　幼儿园应当配备适合幼儿特点的桌椅、玩具架、盥洗卫生用具，以及必要的玩教具、图书和乐器等。

玩教具应当具有教育意义并符合安全、卫生要求。幼儿园应当因地制宜，就地取材，自制玩教具。

**第三十七条**　幼儿园的建筑规划面积、建筑设计和功能要求，以及设施设备、玩教具配备，按照国家和地方的相关规定执行。

# 第七章　幼儿园的教职工

**第三十八条**　幼儿园按照国家相关规定设园长、副园长、教师、保育员、卫生保健人员、炊事员和其他工作人员等岗位，配足配齐教职工。

**第三十九条**　幼儿园教职工应当贯彻国家教育方针，具有良好品德，热爱教育事业，尊重和爱护幼儿，具有专业知识和技能以及相应的文化和专业素养，为人师表，忠于职责，身心健康。

幼儿园教职工患传染病期间暂停在幼儿园的工作。有犯罪、吸毒记录和精神病史者不得在幼儿园工作。

**第四十条**　幼儿园园长应当符合本规程第三十九条规定，并应当具有《教师资格条例》规定的教师资格、具备大专以上学历、有三年以上幼儿园工作经历和一定的组织管理能力，并取得幼儿园园长岗位培训合格证书。

幼儿园园长由举办者任命或者聘任，并报当地主管的教育行政部门备案。

幼儿园园长负责幼儿园的全面工作，主要职责如下：

（一）贯彻执行国家的有关法律、法规、方针、政策和地方的相关规定，负责建立并组织执行幼儿园的各项规章制度；

（二）负责保育教育、卫生保健、安全保卫工作；

（三）负责按照有关规定聘任、调配教职工，指导、检查和评估教师以及其他工作人员的工作，并给予奖惩；

（四）负责教职工的思想工作，组织业务学习，并为他们的学习、进修、教育研究创造必要的条件；

（五）关心教职工的身心健康，维护他们的合法权益，改善他们的工作条件；

（六）组织管理园舍、设备和经费；

（七）组织和指导家长工作；

（八）负责与社区的联系和合作。

**第四十一条**　幼儿园教师必须具有《教师资格条例》规定的幼儿园教师资格，并符合本规程第三十九条规定。

幼儿园教师实行聘任制。

幼儿园教师对本班工作全面负责，其主要职责如下：

（一）观察了解幼儿，依据国家有关规定，结合本班幼儿的发展水平和兴趣需要，制订和执行教育工作计划，合理安排幼儿一日生活；

（二）创设良好的教育环境，合理组织教育内容，提供丰富的玩具和游戏材料，开展适宜的教育活动；

（三）严格执行幼儿园安全、卫生保健制度，指导并配合保育员管理本班幼儿生活，做好卫生保健工作；

（四）与家长保持经常联系，了解幼儿家庭的教育环境，商讨符合幼儿特点的教育措施，相互配合共同完成教育任务；

（五）参加业务学习和保育教育研究活动；

（六）定期总结评估保教工作实效，接受园长的指导和检查。

第四十二条　幼儿园保育员应当符合本规程第三十九条规定，并应当具备高中毕业以上学历，受过幼儿保育职业培训。

幼儿园保育员的主要职责如下：

（一）负责本班房舍、设备、环境的清洁卫生和消毒工作；

（二）在教师指导下，科学照料和管理幼儿生活，并配合本班教师组织教育活动；

（三）在卫生保健人员和本班教师指导下，严格执行幼儿园安全、卫生保健制度；

（四）妥善保管幼儿衣物和本班的设备、用具。

第四十三条　幼儿园卫生保健人员除符合本规程第三十九条规定外，医师应当取得卫生行政部门颁发的《医师执业证书》；护士应当取得《护士执业证书》；保健员应当具有高中毕业以上学历，并经过当地妇幼保健机构组织的卫生保健专业知识培训。

幼儿园卫生保健人员对全园幼儿身体健康负责，其主要职责如下：

（一）协助园长组织实施有关卫生保健方面的法规、规章和制度，并监督执行；

（二）负责指导调配幼儿膳食，检查食品、饮水和环境卫生；

（三）负责晨检、午检和健康观察，做好幼儿营养、生长发育的监测和评价；定期组织幼儿健康体检，做好幼儿健康档案管理；

（四）密切与当地卫生保健机构的联系，协助做好疾病防控和计划免疫工作；

（五）向幼儿园教职工和家长进行卫生保健宣传和指导。

（六）妥善管理医疗器械、消毒用具和药品。

第四十四条　幼儿园其他工作人员的资格和职责，按照国家和地方的有关规定执行。

第四十五条　对认真履行职责、成绩优良的幼儿园教职工，应当按照有关规定给予奖励。

对不履行职责的幼儿园教职工，应当视情节轻重，依法依规给予相应处分。

# 第八章　幼儿园的经费

第四十六条　幼儿园的经费由举办者依法筹措，保障有必备的办园资金和稳定的经费来源。

按照国家和地方相关规定接受财政扶持的提供普惠性服务的国有企事业单位办园、集体办园和民办园等幼儿园，应当接受财务、审计等有关部门的监督检查。

第四十七条　幼儿园收费按照国家和地方的有关规定执行。

幼儿园实行收费公示制度，收费项目和标准向家长公示，接受社会监督，不得以任何名义收取与新生入园相挂钩的赞助费。

幼儿园不得以培养幼儿某种专项技能、组织或参与竞赛等为由，另外收取费用；不得以营利为目的组织幼儿表演、竞赛等活动。

第四十八条　幼儿园的经费应当按照规定的使用范围合理开支，坚持专款专用，不得挪作他用。

第四十九条　幼儿园举办者筹措的经费，应当保证保育和教育的需要，有一定比例用于改善办园条件和开展教职工培训。

第五十条　幼儿膳食费应当实行民主管理制度，保证全部用于幼儿膳食，每月向家长公布账目。

第五十一条　幼儿园应当建立经费预算和决算审核制度，经费预算和决算应当提交园务委员会审议，并接受财务和审计部门的监督检查。

幼儿园应当依法建立资产配置、使用、处置、产权登记、信息管理等管理制度，严格执行有关财务制度。

# 第九章　幼儿园、家庭和社区

第五十二条　幼儿园应当主动与幼儿家庭沟通合作，为家长提供科学育儿宣传指导，帮助家长创设良好的家庭教育环境，共同担负教育幼儿的任务。

第五十三条　幼儿园应当建立幼儿园与家长联系的制度。幼儿园可采取多种形式，指导家长正确了解幼儿园保育和教育的内容、方法，定期召开家长会议，并接待家长的来访和咨询。

幼儿园应当认真分析、吸收家长对幼儿园教育与管理工作的意见与建议。

幼儿园应当建立家长开放日制度。

第五十四条　幼儿园应当成立家长委员会。

家长委员会的主要任务是：对幼儿园重要决策和事关幼儿切身利益的事项提出意见和建议；发挥家长的专业和资源优势，支持幼儿园保育教育工作；帮助家长了解幼儿园工作计划和要求，协助幼儿园开展家庭教育指导和交流。

家长委员会在幼儿园园长指导下工作。

第五十五条　幼儿园应当加强与社区的联系与合作，面向社区宣传科学育儿知识，开展灵活多样的公益性早期教育服务，争取社区对幼儿园的多方面支持。

# 第十章　幼儿园的管理

第五十六条　幼儿园实行园长负责制。

幼儿园应当建立园务委员会。园务委员会由园长、副园长、党组织负责人和保教、卫生保健、财会等方面工作人员的代表以及幼儿家长代表组成。园长任园务委员会主任。

园长定期召开园务委员会会议，遇重大问题可临时召集，对规章制度的建立、修改、废除，全园工作计划，工作总结，人员奖惩，财务预算和决算方案，以及其他涉及全园工作的重要问题进行审议。

第五十七条　幼儿园应当加强党组织建设，充分发挥党组织政治核心作用、战斗堡垒作用。幼儿园应当为工会、共青团等其他组织开展工作创造有利条件，充分发挥其在幼儿园工作中的作用。

第五十八条　幼儿园应当建立教职工大会制度或者教职工代表大会制度，依法加强民主管理和监督。

第五十九条　幼儿园应当建立教研制度，研究解决保教工作中的实际问题。

第六十条　幼儿园应当制订年度工作计划，定期部署、总结和报告工作。每学年年末应当向教育等行政主管部门报告工作，必要时随时报告。

第六十一条　幼儿园应当接受上级教育、卫生、公安、消防等部门的检查、监督和指导，如实报告工作和反映情况。

幼儿园应当依法接受教育督导部门的督导。

第六十二条　幼儿园应当建立业务档案、财务管理、园务会议、人员奖惩、安全管理以及与家庭、小学联系等制度。

幼儿园应当建立信息管理制度，按照规定采集、更新、报送幼儿园管理信息系统的相关信息，每年向主管教育行政部门报送统计信息。

第六十三条　幼儿园教师依法享受寒暑假期的带薪休假。幼儿园应当创造条件，在寒暑假期间，安排工作人员轮流休假。具体办法由举办者制定。

# 第十一章　附则

第六十四条　本规程适用于城乡各类幼儿园。

第六十五条　省、自治区、直辖市教育行政部门可根据本规程，制订具体实施办法。

第六十六条　本规程自2016年3月1日起施行。1996年3月9日由原国家教育委员会令第25号发布的《幼儿园工作规程》同时废止。

# 参 考 文 献

[1] 爱因斯坦. 爱因斯坦文集（第三卷）[M]. 许良英，等，译. 北京：商务印书馆，1979.

[2] 安·S. 爱泼斯坦. 学前教育中的主动学习精要：认识高宽课程模式[M]. 霍力岩，等译.北京：教育科学出版社，2012.

[3] 芭芭拉·鲍曼，苏珊娜·多诺万，苏珊·勃恩兹. 渴望学习：教育我们的幼儿[M].吴亦东，周萍，罗峰，刘红，译. 南京：南京师范大学出版社，2006.

[4] 曹传红. 灵台民俗[M]. 兰州：兰州大学出版社，2013.

[5] 陈秉龙，高培仁. 幼儿园教育活动设计与指导[M]. 武汉：华中师范大学出版社，2014.

[6] 陈鹤琴. 幼稚教育[M]. 南京：南京师范大学出版社，2012.

[7] 陈培爱. 中国元素与广告营销[M]. 厦门：厦门大学出版社，2010.

[8] 陈秀云. 我所知道的陈鹤琴[M]. 北京：金城出版社，2012.

[9] 陈秀云，陈一飞. 陈鹤琴全集（第二卷）[M]. 南京：江苏教育出版社，2008.

[10] 戴自俺. 张雪门幼儿教育文集（下册）[M]. 北京：北京少年儿童出版社，1994.

[11] 杜威. 民主主义与教育. 王承绪，译[M]. 北京：人民教育出版社，1990.

[12] 冯晓霞. 幼儿园课程[M]. 北京：北京师范大学出版社，2000.

[13] 福禄培尔. 人的教育[M]. 孙祖复，译. 北京：人民教育出版社，1991.

[14] 顾明远，梁忠义. 世界教育大系·幼儿教育[M]. 长春：吉林教育出版社，2000.

[15] 国家教育委员会基础教育司. 幼儿园管理工作法规文件选编[M]. 长沙：湖南师范大学出版社，1989.

[16] 简楚瑛. 学前教育课程模式[M]. 新北：心理出版社股份有限公司，1999.

[17] 教育部基础教育司.《幼儿园教育指导纲要（试行）》解读[M]. 南京：江苏教育出版社，2002.

[18] 卡洛琳·爱德华兹，莱拉·甘第尼，乔治·福尔曼. 儿童的一百种语言[M]. 罗雅芬，连英式，金乃琪，译. 南京：南京师范大学出版社，2008.

[19] 劳拉·E.贝克. 儿童发展[M].邵文实,译.南京:江苏教育出版社,2014.

[20] 李季湄,冯晓霞.《3—6岁儿童学习与发展指南》解读[M].北京:人民教育出版社,2013.

[21] 李慰宜.一课一案幼儿园优质案例汇编[M].上海:华东师范大学出版社,2007.

[22] 刘晶波.社会学视野下的师幼互动行为研究:我在幼儿园里看到了什么[M].南京:南京师范大学出版社,2006.

[23] 刘焱.幼儿教育概论[M].北京:中国劳动社会保障出版社,1999.

[24] 卢乐珍.卢乐珍文集[M].南京:江苏教育出版社,2007.

[25] 露易丝·博伊德·卡德威尔.把学习带进生活——瑞吉欧学前教育方法[M].刘鲲,刘一汀,译.上海:华东师范大学出版社,2006.

[26] 吕静,周谷平.陈鹤琴教育论著选[M].北京:人民教育出版社,1994.

[27] 玛利亚·蒙台梭利.蒙台梭利教育法[M].宏蒙,译.北京:中国商业出版社,2012.

[28] 蒙台梭利.家庭与孩子[M].何佳芬,译.台北:及幼文化出版股份有限公司,2000.

[29] 蒙台梭利.蒙台梭利儿童教育手册[M].肖咏捷,译.北京:中国发展出版社,2003.

[30] 蒙台梭利.蒙台梭利幼儿教育科学方法[M].2版.任代文,译.北京:人民教育出版社,2001.

[31] 皮亚杰.儿童的语言与思维[M].傅统先,译.北京:文化教育出版社,1980.

[32] 皮亚杰.皮亚杰教育论著选[M].卢濬选,译.北京:人民教育出版社,2015.

[33] 皮亚杰,英海尔德.儿童心理学[M].吴福元,译.北京:商务印书馆,1980.

[34] 赛菲尔.幼儿教师工作高效应对策略[M].曹宇,译.北京:中国轻工业出版社,2012.

[35] 山姆·麦克布雷尼.猜猜我有多爱你[M].梅子涵,译.济南:明天出版社,2016.

[36] 施良方.课程理论——课程的基础、原理与问题[M].北京:教育科学出版社,1996.

[37] 史坦丁.蒙台梭利:生平与贡献[M].徐炳勋,译.台北:及幼文化出版股份有限公司,1992.

[38] 唐淑.幼儿园课程研究与实践[M].南京:南京师范大学出版社,2000.

[39] 屠美如.向瑞吉欧学什么——《儿童的一百种语言》解读[M].北京:教育科学出版社,2002.

[40] 万虹. 图解民俗大全[M]. 呼伦贝尔：内蒙古文化出版社，2012.

[41] 王春燕. 幼儿园课程概论[M]. 北京：高等教育出版社，2007.

[42] 王春燕. 浙江民间文化与幼儿园课程[M]. 杭州：浙江大学出版社，2011.

[43] 王正可. 多元整合幼儿园活动课程·教师用书（中班上册）[M]. 北京：少年儿童出版社，2004.

[44] 魏美惠. 近代幼儿教育思潮[M]. 新北：心理出版社股份有限公司，1995.

[45] 谢冰. 端午节与赛龙舟[M]. 长春：吉林文史出版社，2010.

[46] 阎水金. 学前教育学[M]. 上海：上海教育出版社，2003.

[47] 虞永平. 生活化的幼儿园课程[M]. 北京：高等教育出版社，2010.

[48] 虞永平. 中国娃——幼儿园民间文化活动[M]. 南京：南京师范大学出版社，2014.

[49] 约翰·杜威. 民主·经验·教育[M]. 彭正梅，译. 上海：上海人民出版社，2009.

[50] 张明红. 学前儿童语言教育[M]. 上海：华东师范大学出版社，2007.

[51] 浙江省教育厅教研室. 幼儿园教育案例专题研究[M]. 杭州：浙江大学出版社，2005.

[52] 中央教育科学研究所. 中华人民共和国教育大事记（1949—1982）[M]. 北京：教育科学出版社，1984.

[53] 朱家雄. 幼儿园课程[M]. 上海：华东师范大学出版社，2011.

[54] 朱智贤. 儿童心理学[M]. 北京：人民教育出版社，2009.

[55] 陈淑萍，林国芬. 建构良好师幼互动的策略[J]. 学前教育研究，2005（10）：36-38.

[56] 陈思曼，王春燕. 幼儿园统整课程的现状、问题及对策分析[J]. 早期教育（教科研版），2016（10）：39-42.

[57] 丁月玲. 幼儿园课程游戏化的推进策略[J]. 学前教育研究，2015（12）：64-66.

[58] 窦向亲. 赵阳，门赟. 儿童脑发育时期的营养补充[J]. 现代中医药，2004（6）：75.

[59] 冯晓霞. 多元智能理论与幼儿园教育评价改革——发展性教育评价的理念[J]. 学前教育研究，2003（9）：5-7.

[60] 高敬，王梳园. 台湾幼儿园园长课程领导力指标的研究[J]. 上海教育科研，2016（1）：68-71.

[61] 何媛，张丽. 意大利瑞吉欧课程模式[J]. 学前教育研究，2003（2）：64.

[62] 侯莉敏. 幼儿园一日生活的教育价值[J]. 教育导刊（下半月），2013（10）：46-48.

[63] 华爱华. 关于幼儿园户外运动的几点思考[J]. 幼儿教育，2015（9）：18-21.

[64] 刘晓花. 美国的高瞻课程（High/Scope）[J]. 课程教材教学研究（幼教研究），2012（1）：53.

[65] 刘彦婷. 民族文化与艺术的融合：民间工艺在幼儿园课程中的实施[J]. 早期教育（教科研版），2016（5）：38-40.

[66] 钱峰. High/Scope课程实践的主要特点[J]. 早期教育（教师版），2014（12）：29-31.

[67] 裘指挥. 来自瑞吉欧理念的思考——关系和谐中建构幼儿教育[J]. 学前教育研究，2003（Z1）：18-20.

[68] 孙立明. 幼儿园课程的适宜性、文化性与生活性[J]. 学前教育研究，2015（1），70-72.

[69] 王爱民，夏明珠，刘文等. 大脑发展研究及其对儿童教育的意义[J]. 幼儿教育（教育科学版），2006（1）：48-50.

[70] 王春燕. 学习瑞吉欧重在把握其教育理念——瑞吉欧方案教学的教育精髓[J]. 学前教育研究，2002（5）：42-44.

[71] 王春燕，周草. 幼儿园课程研究热点透视——基于2011~2013年研究文献的分析[J]. 幼儿教育，2015（1-2）：1-6，16.

[72] 王芳. 把游戏时间还给幼儿——浅析游戏组织中时间的隐性浪费[J]. 学前课程研究，2009（4）：57-58.

[73] 王建英. 让家长成为幼儿园课程的推动者[J]. 早期教育（教师版），2016（7-8）：49.

[74] 吴振东. 蒙台梭利关于幼儿教师角色论述的启示[J]. 中国教育学刊，2001（4）：58-60.

[75] 徐小龙. HIGH/SCOPE学前课程模式近二十年的发展[J]. 学前教育研究，2001（4）：73-75.

[76] 杨莉君. 蒙台梭利教育法需要科学地解读和本土化[J]. 人民教育，2004（11）：23-25.

[77] 姚慧. 幼儿园课程能力建设的内涵与路径探索——基于《3~6岁儿童学习与发展指南》对幼儿园课程的要求[J]. 上海教育科研，2015（7）：90-94.

[78] 印小青，李娟. 幼儿园课程生活化的意蕴、误区与实施策略[J]. 学前教育研究，2016（2）：64-66.

[79] 虞永平.幼儿园教学活动的评价[J].早期教育，2005（3）：8-9.

[80] 周相全，唐浩.大脑研究对教育的启示[J].知识经济，2010（10）：176.

[81] 鲍亚.蒙台梭利儿童课程研究[D].南京师范大学硕士学位论文，2007.

[82] 康静. 兰州市幼儿园一日生活管理中的问题分析及策略研究[D]. 西北师范大学硕士学位论文，2004.

[83] 徐慧.瑞吉欧方案教学的考察与借鉴[D].华东师范大学硕士学位论文，2002.

[84] 闫颖.美国学前高瞻课程模式研究[D].哈尔滨师范大学硕士学位论文，2013.

[85] 杨艳芳. 意大利"瑞吉欧"小组合作学习方式研究[D]. 四川师范大学硕士学位论文，2009.

[86] 刘魁立.中国元素在哪里[N].社会科学报，2004-09-09（8）.

# 版权声明

根据《中华人民共和国著作权法》的有关规定，特发布如下声明：

1. 本出版物刊登的所有内容（包括但不限于文字、二维码、版式设计等），未经本出版物作者书面授权，任何单位和个人不得以任何形式或任何手段使用。

2. 本出版物在编写过程中引用了相关资料与网络资源，在此向原著作权人表示衷心的感谢！由于诸多因素没能一一联系到原作者，如涉及版权等问题，恳请相关权利人及时与我们联系，以便支付稿酬。联系电话：010-57749959；邮箱：2033489814@qq.com。